KB135261

여고나래

할아버지와 여고생 손녀의 인문학 대화

여고나래

박미소 지음 · **천광노** 도움

여는 글

박미소입니다.

아직 어린 제가 생애 첫 책을 냅니다.

세종시 양지고등학교 2학년 학생입니다. 아빠는 일찍(10년 전) 초등학교 3학년인 저를 이야기 할아버지 천광노 작가님께 보내셔서 일기부터 시작해 말하기, 글쓰기, 영상 만들기 공부를 시켜주셨습니다.

4학년이 되자 할아버지는 국문학을 가르치셔서 일찍 국어국문학에 눈을 뜨게 됐고, 제 꿈인 아나운서가 되는 데 필요한 말하기 공부도 하다 보니 타고난 글재주와 말재주가 있어 잘한다~ 를 연발하시는 칭찬에 겁 모르고 하라시는 대로 했습니다. 그 결과 초등학생으로는 국내 최초로 4학년인 제가 최교진 세종시교육감 취임식 사회자로도 선 적이 있습니다.

미숙한 줄도 잘 몰라 계속 전국 박물관과 유적지를 다니며 리포터랍시고 말을 하다 보니 제 꿈인 아나운서를 할 수 있겠다는 자신이 생기자, 아나운서는 말과 동시에 글공부도 해야 한다시는 아빠와 이야기 할아버지의 권고를 따라 책을 내자 하시기에 벅참을 무릅쓰고 집필에 들어가게 되었습니다.

집필과 관련 몸소 체험하며 직면한 점은 저의 부족함이었습니다. 고작 고등학교 학생에게 출중한 무언가를 바란다는 것 자체가 무리이기는 하지만 책 집필에 앞서 나 스스로는 내가 희대의 걸작을 만들어낼

줄 착각했기 때문입니다.

기대치를 너무 높게 잡은 탓인지 상상했던 완성도보다는 짜임새가 영 아니지만, 그럼에도 불구하고 글을 통해 독자에게 전달하고 싶은 부분들은 딴엔 잘 간추렸다고는 자평합니다.

그런데, 저는 다들 공부에 매진해 있던 고등학교 1학년 시절에 공부보다 더 흥미로운 것이 있었습니다.

바로 '어른들의 세상'이 궁금했던 것입니다. 어른들의 세상이라기보다는 '사람이 살아가는 세상'이 궁금해 알고 싶었습니다. 사람과 사람이 살아가는 세상 속 나의 생존 저력은 무엇인지도 궁금했습니다. 하여 좀 더 세상을 공부해 알아가 보기로 했습니다.

걸음마도 못 뗄 때부터 곁에서 함께해 오며 인성교육부터 시작, 미디어라는 것에 저를 녹여내 주신 할아버지께 여쭈어보니 세상을 알기 위해서는 필수로 먼저 사람을 알아야 한다는 말씀에 철학적 접근부터 시작해 다학제적 공부를 하며 글을 써내려 가기 시작했습니다.

쉽지 않았습니다. 참 어려웠습니다. 할아버지와 의견충돌도 잦았습니다. 사람 간의 복잡한 관계는 형질적으로 나타나지 않고 추상적이기에 확정지어 표현하기도 조심스럽고, 변화한 사회에서 사람이 살아가며 발생하는 인과관계에 대해 이렇다 하며 뾰족한 정답을 도출해 본다는 건 상당히 어려웠기 때문입니다. 원인에 대한 결과를 지나치게 일률적으로 도덕에 가치를 두어 저울질 하는 것 역시 인간세계에서는 변수가 많았습니다.

그래서 그런지 이 책의 대부분은 기독교사상의 정석과도 같은 할아버지의 의견과 그에 대드는 이른바 '요즘 것들'의 의견이 서로 다투며 합의의 쟁점이 된 결과물로 써낸 책입니다.

아이러니하게도 조손(祖孫)격 둘의 상관관계는 심히 모순적이면서도 서로를 보완하나 봅니다. 하여 힘겨운 날들이 나를 빛나게 만들기도 했고, 과거에 비해 빛나는 현재의 내 그림자는 나름 그럴듯하게 짙어졌습니다.

그러니까 어두운 과거를 통해 배운 점이 훨씬 많다고 할 수 있겠습니다. 어두운 이면들로 인해 할아버지에게 더욱 아양 부릴 수도 있었고, 그로 인해 배울 수 있는 부분이 많았던 것 말입니다. 어두웠던 기회는 찬란한 미래를 위한 기회였던 것이라 하겠지요?

이런 깨달음을 얻을 때까지 지도해주신 천광노 작가님(이야기 할아버지)께 감사의 말씀을 올리고 남부럽지 않을 만큼 본인만의 사랑 방식으로 뒷받침해 주신 부모님께 존경을 올립니다. 또 이 책을 읽고 나와 함께 전인적으로 성장해 나아갈 독자 여러분께도 감사의 말씀을 올립니다.

끝으로 한 아이를 잘 기르기 위해서는 온 마을이 필요하다는 말이 있는데, 나를 보다 '잘' 키우기 위해 대한민국의 온 어른들 도움이 너무 컸던 것 같습니다.

탈고하고 나니 늦게나마 이제야 깨달으면서, 추천사를 보내 주신 최교진 세종시교육감님과 도한호 전 침례신학대학 총장님, 고맙고 감사합니다. 특히 이렇게 이 책으로 저를 만나주신 독자 여러분 모두 행복한 날… 복된 시간 되시기 바랍니다~

2021년 8월 31일

지은이, 세종양지고등학교 2학년

박미소 올림

가르친 이의 말

4살 때 보고 부쩍 큰 초2 때 이 책을 쓴 박미소를 만나 초3 때부터 나름 말하기와 글쓰기를 가르치기 시작해 10년여…. 가르친 이나 글쓴이 둘 다 부족함에도 독자들 앞에 책을 내어놓다니 억만 감회가 솟아 가슴 벅차고 참 기쁩니다. 애쓴 여고생 미소에게 축하하며 큰 박수를 보냅니다.

좋은 스승만이 좋은 제자를 기른다지만, 개천처럼 아주 열악한 환경에서도 용이 난다 했으니 후자인 것 같습니다.

장하다 할지, 기특하다 할지… 아니면 이제 시작이라 해야 할지… 아니고 글을 참 잘 써냈다 해야 할지… 이번에도 마지막 줄 글이라 하겠습니다.

때는 트윗 디지털 영상 카카오 시대라 장문을 쓸 필요가 거의 없어 책을 낸다는 청소년을 찾기 어려운데, 그래도 미소는 이런 장편을 쓰고 책까지 내게 됩니다. 주변에 흔치도 않고 가(可)치도 않아 다시 한 번 높이 치하하며 구만 리 살아갈 앞날에 디딤돌이 되고 넘치는 에너지가 될 걸로 믿어집니다.

이 책은 1년 꼬박 주말 중 70여 일간 매일 8시간에서 10시간씩 700시간여에 걸쳐 쓴 책입니다.

저는 곁에서 키워드(제시어)를 내주고 아나운서 아닌 어떤 직종에서 무슨 일을 하든, 특히 누군가와 만나 가정을 꾸미고 자녀를 낳아 기르는 등 세상을 사는 누구에게나 꼭 필요한 일반상식과 지식 · 교양 공부를 하자고 해 잘 따라준 결과물로 인문학 계열의 어문저작물입니다.

제목부터 다양한 토론을 거쳐 합의를 본 다음 스스로 대형 서점 같은 인터넷 검색을 하도록 지도하여 전부 미소가 직접 찾아보고 확인해 미소가 알게 된 것을 책으로 써 펴내게 된 것이므로 완전 자기주도 학습이며 100% 미소가 쓴 창작물입니다. 보면 저자나 가르친 이의 집필 동기와 열정을 만나 유익하고 좋은 독후감이 나올 것으로 확신합니다.

2020년(고1) 8월부터 2021년(고2) 8월에 걸쳐 초고를 썼고, 2022년(고3) 출간합니다. 탈고 본은 1년 52주 365일에 딱 맞춰 365페이지에 52개 주제였습니다. 주제는 가르친 이가 쓴 키워드(제시어) 짧은 문장에 지은이 미소가 쓴 본문으로, 신국판 11포인트, 줄 간격190, 쪽당 700글자 총 24만여 글자에 본문만은 365쪽입니다.(한글 원고 기준)

전체 구성은 1부와 2부 각 26편(총 52편)입니다.

색션 1은 〈사람 편〉, 색션 2는 〈세상 편〉입니다.

마침 미소 아버지는 언론사 기자여서 직업이 글을 쓰는 것이라(박승철/미래세종일보사장) 환경 못지않게 딸을 사랑하는 마음까지 남달라 토대가 되었습니다. 특히 10년 넘는 세월 동안 초심을 유지하며 미소를 픽업시켜 오가며 엄청난 부성애(父性愛)를 쏟아 맺은 결실이니 드문 경우라 하겠습니다.

글(책)이란 과연 무엇을 썼느냐 하는 내용이 중요합니다. 흔히 아는 내용보다 처음 듣되, 읽어서 마음이 살찌고 교훈이 될 유익함이 있어야 하기에 양서(良書)가 있고 악서(惡書)가 있다고도 말한다면, 이 책은 양서가 되리라 확신합니다.

뭐든 새롭게 세상을 첫 경험 해가는 값지고 소중한 여고 시절…. 갓 사춘기를 지나 이제 막 미래를 향해 은빛 나래를 활짝 펴는 동시에, 정말 생각이 많아, 넓고 높고 깊게 두둑이 쌓여가는 여고 시절을 맞은 미소는 이 책을 냄으로써 자신도 모르게 어른이 되되 정말 좋은 어른이 되어가고 있다고 확신하기에 독자들에게도 의미가 있고 유익한 자극이 되고 동기부여가 되리라는 게 제 생각입니다.

미소야! 이 할아버지를 만나 잘 따라 줘서 나도 행복했다.

고생 많았고 애 많이 썼고 참 잘했고 고맙고 장하다!

2021년 8월 31일

세종인성학당장, 작가

천광노 올림

추천사 1

꽃들에게 희망을

처음에는 사람과 세상에 대한 모든 것을 다룬 백과사전을 보는 듯 했습니다. 세대 차이를 넘어 할아버지와 손녀가 둘도 없는 짝꿍이 되어 '사람'과 '세상'에 대한 온갖 이야기를 나누며 정리하였습니다. 세상만사 촘촘한 부분까지 들여다보고 생각을 담은 이른바 10여 년 세월이 묻은 '미소대백과사전' 같았습니다.

《꽃들에게 희망을》.

그러다 다 읽고 마지막 장을 덮었을 때 불현듯 떠오른 책이었습니다. 트리나 폴러스가 쓴 이 이야기는 먹고 자라는 단순한 삶보다 그 이상의 뭔가를 찾고자 하는 노랑 애벌레와 애벌레 기둥이 무엇을 의미하는지조차 모르고 무작정 다른 애벌레를 따라 애벌레 기둥을 오르는 호랑 애벌레에 대한 내용입니다.

이 두 애벌레는 처음에는 서로 각자 다른 길을 떠납니다. 그 과정에서 노랑 애벌레는 애벌레로 사는 것이 진정한 삶도 아니며 또한 진정한 나를 찾는 길도 아니라는 사실을 깨닫습니다. 불안하기는 하지만 고치를 만들어 마침내 아름다운 나비로 다시 태어납니다.

한편, 애벌레 기둥의 끝을 본 호랑 애벌레는 다른 애벌레를 무참히 짓밟으며 올라온 이곳이 아무것도 아니었음을 알고 크게 실망하지만 노랑 나비의 도움으로 고치를 만들고 나비가 됩니다.

이야기 할아버지와 함께하는 별난 공부가 마치 노랑 애벌레와 호랑 애벌레처럼 겹쳐 보입니다. 이야기 할아버지와 미소는 어떤 관계일까? 흔히 말하는 세대 차이도 있을 것 같은데 10년여 동안 서로의 생각을 주고받으며 이어진 힘은 어디서 나오는 것일까? 각자의 길이 전혀 다른 것 같은데, 오묘하게 만납니다. 마치 노랑 애벌레와 호랑 애벌레처럼.

이야기 할아버지는 미소에게 선문답 같은 질문을 던지고 미소는 그 선문답에서 자기만의 답을 찾아내는 과정에서 진정한 자아를 발견합니다.

미소는 지은이의 말에서 '이 책의 대부분은 기독교사상의 정석과도 같은 할아버지의 의견과 그에 대드는 이른바 '요즘 것들'의 의견이 서로 다투며 합의의 쟁점이 된 결과물로 써낸 책입니다. 아이러니하게도 조손(祖孫)격 둘의 상관관계는 심히 모순적이면서도 서로를 보완하나 봅니다.'라고 밝히고 있습니다.

분명 이야기 할아버지와 미소와의 10여 년의 긴 시간 중 많은 부분 서로 다름을 인정하는 시간이었을 것입니다. '서로 다름'을 인정하고 받아들이는 것은 쉬운 일이 아닙니다. 머리로 이해를 하지만 가슴으로 받아들이는 것은 어마어마한 내공이 필요한 일입니다. 그러나 미소는 그 과정을 담담하게 본인을 '요즘 것들'의 의견이라며 서로 다투며 합의 쟁점이 되었다고 합니다. 시간과 노력이 쌓아 올린 엄청난 내공입니다.

사람에 대한 예의, 자연에 대한 존중이라는 가치에 충실했기 때문에 가능했을 것입니다. 우리가 너무나 당연하게 생각해서 물음을 던져야 하는 것조차 잊었던 물음에 대해 다시 물음을 던지고 답을 찾습니다. 모르는 부분은 스스로 찾고 정리하며 자신의 생각을 퍼즐 맞추듯 하나씩 꿰어갑니다. 조그마한 퍼즐이 결국 하나의 큰 퍼즐이 되었고, 그 퍼즐을 보고 있으면 아름다운 생각과 생글생글한 미소를 지은 건강한 청년이 두 발을 힘껏 땅에 딛고서 넓은 세상을 당당하게 바라보고 있다는 것을 알게 됩니다.

이 책에는 이야기 할아버지와 아름다운 청년의 오랜 이야기가 구석구석 묻어 있습니다. 이 글을 읽는 여러분도 진정한 나를 다시 생각하고 가다듬는 소중한 시간이 될 것입니다.

박미소 작가는 '꽃들에게 희망을 주는' 진정 아름다운 청년입니다.

2021년 8월 31일
세종특별교육자치시 교육감
전국시도교육감협의회 회장
세종낮은자리감리교회/장로
최교진

추천사 2

장래가 촉망되는 뛰어난 재능의 소유자
박미소의 《여고나래》를 추천하며

필자가 미소 양을 처음 만난 것은 필자와는 오랫동안 지인으로 가깝게 지내 온 천광노 작가와 평생 언론인으로 살아온 미소의 아버지 현 〈미래세종일보〉 박승철 사장과 동석한 자리에서였다.

그때 미소 양은 초등학교 3, 4학년쯤 되었던 것으로 추측된다.

미소는 그때도 나이에 비해 총명하고 예의 바른 어린이였다고 기억한다. 미소 양은 천광노 작가뿐 아니라, 최교진 현 세종특별시의 교육감과 같은 훌륭한 교육가요 시민활동가요 인격자 선생님인 큰 선생님들에게 직접 또는 간접적으로 가르침을 받은 것이 오늘의 미소 양을 만들었다고 생각한다.

미소 양은 어려서부터 천광노 작가가 운영하는 '세종인성학당'에서 예의범절, 학문의 기초, 방송 통신 관련 기술, 대화의 방법 등 수많은 주제에 관해 교육받았고, 또 그 받은 바 교육을 주요 지방자치단체와 신문사 행사에서 사회자로 초대받거나 때로는 주요 인사들과 인터뷰를 하는 것으로 경험을 쌓아왔다.

다시 말하면, 미소는 매스컴을 공부하고 활동하면서 여러 관련 분야에서 실습해 온 셈이다. 이런 학습과 경험이 《여고나래》 같은 저술을 쓸 용기의 배경이 되었던 것 같다.

일전에, 필자가 받은 '여고나래' 원고는 365쪽이나 되는 분량이었다. 내용은 〈사람 편〉과 〈세상 편〉 2부로 나누어져 있었다. 대략 펼쳐 본 내용은 고등학교 학생이 썼다고는 믿을 수 없을 만큼 광범위하고 성숙한 내용이었다.

〈사람 편〉에서는 인간학과 사람의 출생에서부터 노년기까지, 결혼과 이혼 문제, 가족과 돈, 자신의 삶에 영향을 준 스승들에 대한 감사와 회고가 기술되었고, 〈세상 편〉에는 자구와 생태계에 대한 이해, 문명과 국가, 미국 일본 중국 등 우리나라에 영향을 준 국가들에 대한 이해 등이 기술되었다.

청소년의 시각에서 이해한 인간과 세상, 자연과 세상의 이치를 담담하게 설명한 책이다.

필자는 거의 평생을 학자의 신분으로 글을 쓰고 후진을 양육한 사람으로서 미소 양의 글을 보고 놀라움을 금할 수 없었다. 한 권의 책을 쓴다는 것은 한 사람의 인생을 산다는 것과 같을진대 젊어서 그와 같은 경험을 가진다는 것은 값진 일이라 생각한다.

미소 양이 지금까지 좋은 선생님들에게서 듣고 배운 지식을 토대로 해서, 앞으로는 스스로 읽고 터득한 지식으로 큰 저술가와 언론인이 되기 바란다.

이 책이 많이 읽혀서 다음 세대의 일꾼들이 신선한 도전을 받는 계기가 되기 바라며 필을 놓는다.

2021년 8월 31일

전 침례신학대학교총장

국제PEN한국본부/이사

도한호

목차

section-2 세상

section-1

사람

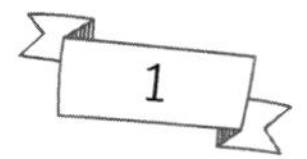

인간학

"모든 길은 로마로 통한다"라는 말이 있다. 마찬가지로 인생의 모든 수고 역시 인간학으로 연결된다. 먹고 자고 일어나 출근하고 음식을 만들거나 공부하는 이유도 다 인간을 위함이다. 인간과 사람은 같은 뜻이나 사람은 나와 가족, 이웃이지만 국민은 국가를 뜻하며, 인간이라 하면 75억 명 인류 전체를 뜻한다. 글은 왜 쓰고 공부는 왜 하느냐~ 나를 위해서지만 넓게는 지구촌 인류 전체에게 무언가 유익함을 주기 위해서다. 나만 잘 먹고 잘사는 사람을 위인이나 영웅이라 하지 않으며 노벨상을 타야 크게 공헌한 사람이듯이 나만을 위한 공부에서 인류를 위한 인간학으로 보다 높고 넓은 유익한 학문이 되어야 한다. 이게 인간학이다.

♡ 인간학이 삶의 목적

섹션 1, '사람 편'을 쓰기 위해 이제 나는 세상에서 가장 어렵다고 할 수 있는, 나로서는 한 번도 들어보지도 않은 인간학을 배우게 된다. 이렇게 어려운 학문을 왜 배우느냐, 할아버지께서는 이 학문을 배우지 않고는 사람을 모른다고 하셨다.

아무튼, 이 세상에 100% 완벽한 사람은 드물다. 아니, 없다고 해야 맞다. '신은 공평하다'라는 말뜻처럼 아무리 공부를 잘하는 천재라도 하나씩 단점이 있기 마련이고, 아무리 외모가 뛰어나도 하나씩 단점이 있기 마련이라는 뜻이다.

사실 어딘가 나사 빠진 것처럼 학식이 불완전하고 불안정한 사람이 사람을 대상으로 연구를 한다는 게 쉽지만은 않은 것이 사실이다. 나 역시도 할아버지께서 해주시는 인간학 기본 개념 설명을 듣는 도중에도 이해가 되지 않아 다시 되묻고 되물어보며 어렵게 공부하는 중이다.

할아버지는 가장 먼저 나에게 물으셨다. "공장은 왜 있니?"라고 말이다. 나는 그 물음이 쉬운 물음이 아니냐는 듯 "에이, 당연히 물건을 만들죠!"라고 대답했다.

이어지는 할아버지의 물음, "그럼 공장에서 왜 물건을 만드니?" 나는 당연하다는 듯 "물건 만들어서 돈 벌어야죠!"라고 대답했다.

♡ 목적이 돈이냐 인간이냐

할아버지는 이 대답이 올바르지 않다고 하셨다. 아니, 대체 왜? 공장이 굳이 일할 사람을 채용해 공장을 운영하고 물건을 만드는 이유는 아주 간단하지 않은가? 공장 사장도 돈 벌고, 공장에서 일하는 사람들도 월급 받고. 이게 정답 아닌가? 사람이 이른 아침 일어나 회사에 출근하는 이유는 월마다 들어오는 급여 때문 아닌가? 나는 할아버지께 의구심을 품고 되물었다.

"왜요? 돈 벌려고 일하는 거 아니에요?"라고 말이다. 할아버지 답변은 단순한 듯 단순하지 않았는데 공장이 물건을 만들어내는 이유는 바로 그 물건을 사용하는 사람이 있기 때문이라고 하셨다. 결론적으로 공장의 존재 이유는 인간을 위함이라는 것.

헛웃음이 나오는 게, 당연히 그 물건을 사용하는 사람을 대상으로 재화벌이를 하는 것이지 오로지 그 물건을 사용하는 사람을 위해 물건을 만든다니 윤리적이고 도덕적인 답변이 아닌가? 물론, 공장에서 만들어낸 물건을 더 이상 사람들이 찾지 않는다면 그 물건을 굳이 생산해낼 필요는 없지만 말이다.

음, 이해가 됐다 안 됐다 참 난해하다. 하긴 생각해보면 어떠한 물건을 만들어내는 공장도 결국은 사람에게 그게 필요하니까 만들어내는 것이다. 이런 관점에서 보면 모든 만물은 인간을 위해 존재하는 셈인데, 참 아리송하다. 마치 이 사회는 더도 말고 인간중심주의사회라 말해 주는 것 같다.

할아버지께서 밑도 끝도 없이 이 사회가 인간중심주의사회라고 말씀하실 분이 아닌데, 인간학이라는 학문의 서문을 여는 것부터 난관에 봉착했다.

♡ 인간학을 공부해 보니

인간학을 포털 사이트에서 검색해보니 인간성의 본질, 우주에 있어서의 인간의 지위와 외(外)의 따위를 해명하려는 철학적 연구라고 한다.

넓은 의미로 인간학은 ① 육체적인 면을 자연과학의 입장에서 연구하는 것(인류학), ② 정신적인 면을 경험적 · 심리학적으로 연구하는 것(인성학), ③ 인간 일반에 관한 지식을 통일하여 인간에 관한 여러 가지 현상을 인간의 본질로부터 밝히려는 철학적 연구(철학) 등으로 구별한다고 한다.

사실, 인간학은 철학자들이 다룬 내용이 많아 인간학이 무어라고 주장하는 철학자들마다의 인간학 총론은 다 다르기 마련이다. 대표적인 철학자인 임마누엘 칸트는 인간학을 생리적 인간학과 실천적 인간학 두 가지로 분류한다고 한다.

생리적 인간학은 자연이 어떻게 인간에게 영향을 주는지에 대한 것이고, 실천적 인간학은 인간이 자기 자신에게 어떻게 영향을 주는 건지에 대한 개념을 뜻한다고 한다.

할아버지가 주장하시는 인간학이란 단순 명료하게 '모든 학문의 시초이자 마지막'이라고 하셨다. 모든 학문의 기본이 되고 근본이 되는 학문이라고 하셨는데, 덧붙여 모든 학문과 산업과 정치와 국방, 안보, 의료, 기술 등 모든 것은 다 인간을 위해 존재하는 것이 올바른 것이라 하셨다.

♡ 모든 학문의 기본이자 근본

음, 예시를 몇 가지 들어보자면 아동학이나 교육학, 심리학 등은 모두 사람을 연구하고 공부하는 학문이다. 이는 인간에 대해 연구하고 공부하는 학문이기에 인간학이 근본이 될 수밖에 없다.

그렇다면 인간에 대해 배우고 연구하는 학문과는 다소 거리가 멀어 보이는 학과인 컴퓨터학과 등의 학과들도 그 학과에 관련한 세부적인 공부를 해서 인간의 문명을 발전시키는 것이라면 컴퓨터학과도 사람을 위한, 사람에 의한 학문이다.

이 세상에 사람을 위하지 않는 것은 없다. 그런 게 있어서도 아니 된다. (가령 불법 촬영물 등) 결국 우리가 공부하는 이유도 지식의 밑천을 넓히기 위한 것이지만 '우리'를 위한 것이고 '나'라는 자신을 위한 것인 동시에 인류의 미래를 위해서다.

인간학, 하지만 우리가 흔하게 접해보지 않은 학문이라 공부를 하기도 전에 거부감이 들기 마련이다. 인간학, 인류학이라는 것을 정규교육과정에 포함하고 있는 것도 아니고 이런 것에 관심이 있는 사람이 아니라면 접하기 어려운 분야이기 때문에 거부감이 당연히 들 수밖에 없을 것이다.

♡ 거꾸로 배우면 안 되는 인간학

인간학은 앞서 기재했던 것처럼 모든 학문의 기초가 되는 학문이다. 모든 학문이 인간을 위한 학문이라면 인간이 무엇이냐를 논하는 인간학이 가장 기초가 될 수밖에 없을 것이다.

우리는 왜 이러한 인간학을 배우지 않고 그에 부속되는 학문에 열중하는 것인가? 마치 덧셈과 뺄셈을 제외하고 바로 곱셈과 나눗셈을 배우는 격과 마찬가지로.

아직까지 나도 고등학교 교육과정을 학생 된 본분으로 훌륭한 선생님 밑에서 가르침을 받고 배움을 받는 입장이자 아직 어리기 때문에 함부로 우리나라 교육 시스템에 뭐라고 할 입장과 처지는 아니다. 내가 교육학자도 아니고, 선생님이나 정규교육 받는 자녀를 둔 학부모 입장도 아니기 때문에 오로지 교육을 받는 학생의 입장으로 무어라고 목소리를 내기에는 한없이 부족한 게 많은 것이 사실이다.

하지만, 할아버지께서는 이러한 인간교육의 부재를 말씀하시면서 모든 학문의 기초이자 마지막인 인간학을 배우지 않는 것은 올바르지 않다고 하셨다.

인간학의 인간은 대한민국에 살아가는 인간, 즉 우리나라 국민만을 위한 것이 아니다. 인간학에서 말하는 인간이란 이 세상에 사는 모든 인간(모든 인류)을 위한 것이라는 뜻이다.

이 세계, 이 사회는 결국 인간과 인간이 만들어내는 하나의 집단이라고 볼 수 있다. 바로 인간과 인간이 만들어내는 하나의 집단인데, 어떻게 인간이 무엇이냐는 기본적인 학문을 배우지 않고 공생하며 살아가는 법을 배우냐는 것이다.

사실, 이러한 학문을 듣도 보도 배우지도 않고서 결정지어 말하는 것보다는 인간학이라는 큰 바탕의 학문을 배우자는 생각을 하는 사람이 드물지 않을까라는 생각이 든다.

우리는 어쩌면 또 인간학에 부속되는 내용을 배우고 있었을지도 모른다. 할아버지께서 글을 쓰기 전에 주제에 대한 설명을 해주시는데 가만히 듣고 있으면 초등학교, 중학교, 고등학교 때 조금씩은 들어본 내용이다.

인간학도 그렇다. 할아버지께서 설명해 주신 내용이 어디서 배운 듯한 느낌이다. 그것이 설령 너무 세세한 내용이라, 인간학을 배웠다고 말하기에 어려운 수준이라고 할지라도 말이다.

예를 들자면 고등학교 1학년 통합사회만 보아도 함께 살아가는 사회가 얼마나 값진 것인지 알려주기도 한다.

♡ 왜 인간학을 배우지 않는가?

그런데 왜 인간과 인간이 협력하며 살아가는 세상에서 모든 학문의 근본이 되는 학문인 인간학을 배우지 않는 것인가? 인간학에서 줄기처럼 뻗어 내린 부속적인 내용만 배우기 급급한 것인가?

인간학을 배움으로 사람을 이해하는 것, 사람을 이해하고 나와 다른 집단을 인정하고 포용하는 것, 이건 우리가 글로벌 시대에 살아가면서 무조건적으로 필요한 기본 소양이 되어버렸다.

인간학을 배우는 것이 즉 사람을 알고 사람 사는 것을 이해하기에 수월할 것이다. 사람이 자기 자신을 알게 되면 남을 자연스럽게 익히게 될 것이다. 이게 성장의 밑거름이 될 수 있다는 것이다.

말 그대로, 사람 냄새나는 사회에서 또는 사람 냄새나는 세상에서 살기 원한다면 우리는 인간학을 배워야 할 것이다.

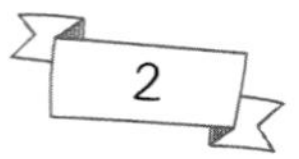

남녀 등 사람

KEYWORD

사람이라고 다 사람이냐, 사람다운 사람이라야 사람이라는 말이 있다. 사람이지만 말하고 생각하고 행동하는 것이 사람답지 못하면 벌레 같은 사람이라는 말이어서, 짐승 같은 놈이라는 말 역시 사람다운 사람이어야 한다는 뜻이다. 사람은 잘난 사람 못난 사람, 배운 사람 못 배운 사람, 돈 많은 사람 돈 없는 사람, 미국 사람 한국 사람, 착한 사람 나쁜 사람, 이로운 사람 해로운 사람, 돕는 사람 뺏는 사람… 사람은 여러 종류로 구분된다. 어떤 사람이 인간학적인 사람인가를 알아 다듬으면 나의 언행심사가 존경받는 인격으로 자란다. 특히 수많은 경우의 수에서 남자와 여자는 대표적인 분류라고 볼 것이다.

♡ 사람은 다르다

할아버지께서 오늘도 나에게 질문을 던지셨다. “사람을 어떻게 구분 짓니?”라고 말이다. 내가 생각하기에 사람을 가장 대표적으로 구분 짓는 방법은 바로 성별의 차이라고 생각한다. 실로 그러하지 않은가?

생각해보면 화장실도 남녀화장실 분간되어 있고 심지어 중 · 고등학교 역시 여자 중학교, 남자 중학교로 나뉘어 운영되는 모습도 보인다.

할아버지는 너무 단순한 대답이 아니냐며, 좀 더 생각을 해보라고 하셨다. 사람을 구분 짓다니… 사람의 종류? 생각해보면 사람을 구분 짓는 방법에는 여러 가지 방법이 있다. 과연 주관적일지라도 이 사람은 생김새가 괜찮나, 괜찮지 않느냐로도 사람을 구분 지을 수 있다.

할아버지께서도 덧붙여 사람을 구분 짓는 방법에는 돈이 많은지 적은지로도 구분 지을 수도 있다고 하셨다. 사실 이뿐만이 아니라 사람을 구분 짓는 것에는 수도 없이 많은 잣대가 있다고 하셨는데, 할아버지는 이가 올바르지 않다고 하셨다. 할아버지는 사람을 구분 짓는 방법을 다른 것이 아닌, 사람다운 사람인지 아닌지를 구별하라고 하셨다.

'사람'이라고 포털 사이트에 검색하면 세 가지로 정의되어 있는데, 생각을 하고, 언어를 사용하며, 도구를 만들고, 사회를 이루는 존재라고 기재되어 있으며, 중략하고 일정한 자격이나 품격 등을 갖춘 이를 뜻한다고 한다.

일정한 자격이나 품격이라…, '사람'이라는 존재만으로 다른 동식물보다 일정한 자격이나 품격 등을 갖추는 것일까?

♡ 됨됨이와 사람

사람 됨됨이가 어떤지를 가장 먼저 판별하라고 하셨는데 이게 참 말이 쉽지, 나 역시 스님처럼 또는 예수님처럼 또는 공자처럼 성인군자도 아닌데 남을 판단하고 사람 됨됨이가 어떤지 함부로 확립한다는 게 우스울 뿐이다.

글을 쓰기 바로 직전에 사람다운 사람은 어떤 사람일지 생각을 해 보았다.

할아버지께서는 사람다운 사람을 간단히 인향(人香)이 나는 사람이 사람 됨됨이가 된 사람이라고 하셨는데, 여기서 말하는 인향이란 한자 뜻풀이 그대로 사람 냄새가 풍기는 사람이라고 하신단다.

처음에 인향이라는 단어를 들었을 때는 추억의 냄새라고 할까나. 할아버지, 할머니 댁에 가면 왜인지 모르겠는 그 특유의 포근한 냄새? 그 냄새인 줄 알았다.

동물들이 자기 새끼를 특유의 체취와 울음소리로 알아내는 것처럼, 집집마다 각기 다른 집안의 포근한 향을 뜻하는 것이 즉 인향인 줄만 알았다.

♡ 사람다운 사람이란

할아버지는 그런 뜻이 아니라, 사람다운 모범적인 모습을 보였을 때 또는 동물과는 상반되는 면모를 보였을 때, 비로소 인간다움을 보였을 때 나는 체취라고 정의하셨다.

모든 사람에게 보편화된 수준으로 사람의 됨됨이가 된, 인향이 나는 사람의 기준은 무엇일까?

우리는 보통 극악무도 위법을 저지른 사람들의 기사를 접한 누리꾼들이 이렇게 표현하곤 하는 말을 듣는다. 바로 '짐승'만도 못한 사람이라는 말이다. 동물과 사람을 대조시켜 표현하고는 하는데, 동물과 사람의 가장 큰 차이점은 무얼까?

요즘은 반려묘(伴侶猫)다, 반려견이다 하여 동물의 입지 역시 광활하게 늘고 있는 추세인데 대체 동물과 사람의 경계에서 가장 크게 나타나는 차이점은 무엇일까?

내가 생각하기에 가장 큰 차이점은 바로 '학습 능력'에 있어서의 차이가 아닐까 싶다. 물론, 강아지나 고양이도 반복된 학습을 주입하듯 가르치면 앉으라 시키거나 기다리라 시키거나 또는 배변활동 등 간단한 학습을 행할 수는 있으나 반려묘나 반려견이 그 학습 능력을 습득해 다른 행동으로 파생시키지 못한다는 게 인간과 가장 큰 차이라 본다.

♡ 교육으로 만들어지는 사람

이 말인즉, 사람은 하나를 가르치면 열을 안다는 소리가 있을 정도로 두뇌가 명석한 사람 또는 이해를 올곧게 한 사람이라면 학습한 것을 저장하고, 학습 능력을 기반으로 여러 행동을 취할 수 있으나 강아지나 고양이들은 가르쳐준 것에만 여념한다는 것이다.

강아지와 고양이는 아무리 아이큐가 높아봤자 최대치가 미취학 아동인 5살에 한한다 하고, 사람처럼 배우려는 의지나 배우려고 하는 욕망이 없는 수준이다. 먹고 자고 싸는 본능에만 충실한 말 그대로 '동물'이다.

교육의 의지가 있고, 교육을 갈망한다는 것이 사람과 동물의 가장 큰 차이가 아닐까 싶다.

할아버지 말씀을 들어보면 조금 비관론적으로 말해, 점점 모든 사람이 침팬지로 퇴화되고 있는 것이 아닐까 싶기도 하다. 스마트 폰과 기계에 과 의존해 스스로 무언가를 창작하지 않으며 배우거나 가르침을 주려는 열정을 보이지 않는 동물, 본래의 아무것도 숙지하지 않은 자연 그 상태 그대로의 모습을 갈망하는 요즘 세대는 말 그대로 삼포세대(인간관계, 취업 결혼까지 전부 포기한 젊은 세대를 뜻하는 말)를 능가한 육포세대다.

♡ 사람에게도 등급이 있다?

할아버지께서는 우리 사회가 등급 사회라고 하셨다. 인도의 카스트 제도처럼 극단적인 등급 말고, 우리나라 공무원 계급만 봐도 9급부터 1급까지 나누어진 것을 볼 수 있다.

할아버지께서는 간혹 잘못된 고위층 간부들의 부정부패에 관해, 높은 관리로 권력을 잡은 사람들이 권력을 월권으로 사용하지 말고 누군가에게 가르침 하는 것에 있어서 정성을 쏟아야 한다고 했다.

앞서 말한 것처럼 사람이 동물과 차별화되는 부분은 바로 학습 능력에 있어서 능통하기 때문이다.

할아버지께서는 계속해 우리나라 교육의 진전이 있어야 한다고 하셨다.

도식화된 교과목이 아닌 정녕 필요한 인간학 등의 사람 냄새나는 과목만이 차세대 사람들을 사람답게 만들 수 있다고 하셨다.

사람이 사람답게 살기 위한, 모두가 사람답게 살기 위해서는 과히 교육 자체가 바뀌어야 한다고 하셨다.

이 교육을 받아 높은 권력을 꿰차는 것이 아닌, 인향이 나는 사람…

예전에는 사회의 전반적인 등급을 나타내는 것은 성별로 정해지고는 했다. 남아선호사상도 그렇고, 여자는 천대받았을 법한 시대를 거쳐 이제는 남녀에 국한되지 않고 사람다운 사람을 필요로 하는 시대가 되었다.

♡ 사람 냄새나는 사람

4차 산업혁명이 우리 생활에 도래하고 가까워진 만큼 기계화된 생활 속에서 인간만이 할 수 있는 고유한 인성을 얼마나 밝혀내느냐는 우리의 몫이다.

사람답게 살아가는 지구촌만이 아름다운 지구일 것. 그것이 우리가 원하는 평화이자 조상들이 원하는 사회상일 것이라고 믿는다.

사실, 이렇게 변화하는 것이 엄청난 큰 노력이 있어야 할 것이라고 생각한다. 정형화된 교육을 바꾸어 불완전한 사람이 누군가 사람 상대로 사람 냄새나는 사람이 되는 방법을 가르친다니, 참 웃긴 이야기지만 할아버지께서는 그럼에도 불구하고 해야 한다고 하신다.

할아버지께서는 우스꽝스러우라고 하신 말씀이신지, 농담 반 진담 반인지 내가 할아버지의 고견 자체가 너무 고지식하다는, 또는 너무 윤리적이라는 말을 할 때마다 자기는 이건 비정치적인 말이라며 꼴통 보수라고 하신다.

보수니 진보니 내가 함부로 말할 처지는 아니지만, 보수와 진보를 떠나서 인간성을 기르고 인간이 만들어 나가는 사회에서 같이하는 가치를 기르는 것은 앞으로 문명 발전 또는 사회 역량에 있어 필요한 가치라고 본다.

단순히 권력에 눈이 멀어 권력만을 위해, 원활한 재화벌이의 능력을 위해 공부하는 본능에 충실한 사람보다는 인향 폴폴 풍기며 서로 돕고 살아가는 지구촌만이 더 번성하고 번영할 수 있다는 것이 할아버지의 고견이다. 나도 실로 그러하다.

지금은 그런 말 한 기억이 희미한데 할아버지가 그런 말을 했다고 하시니 맞는 말이겠지만 사실 지금도 나는 왜 여자여서 남자와 달리 생리도 해야 하고 머리도 단장하는 등 생각하면 많은 차별을 당하는 것처럼 생각될 때가 없지 않았다. 물론 지금은 여자인 것이 참 다행이고 고맙고 감사하다는 생각을 자주 한다. 이유는 여러 차례 할아버지가 해 주신 말씀을 자주 들었기 때문이다.

"너 몰라서 그렇지, 여자가 남자보다 월등히 우수한 창조물(創造物)이란다" 이러시면서 여자가 없으면 모성애라는 것이 없는 남자가 출산하고 양육을 제대로 하겠느냐는 말씀과 더불어, 사실 남자는 여자를 돕는 이요 여자는 도움을 받는 존재이니 그 까닭은 여자에게 있는 난자(아가씨)가 태의 열매를 맺고 기르는 데 있어서 남자는 일종의 종이나 하인은 너무 심한 말이겠고 남자는 여자를 위해 살아야 하는 하늘의 명령이 주어진 존재란다, 이건 성경 창세기에 확실하게 정해 그어 주신 것이라는 말씀이시다.

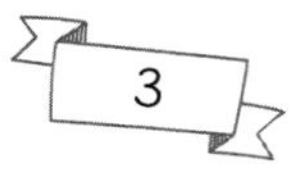

출생

사람은 태어남부터 시작한다. 남자의 씨가 여자의 씨와 합쳐져 여자가 아이를 낳지? 그런데 근간 출산율이 대폭 줄었다. 공부해 보면 알겠지만 출산율은 반에 또 반으로 줄어 이렇게 가면, 특히 대한민국이 지구상에서 사라지거나 반토막이나 버려 경제 강국 10위 대의 위상이 바닥으로 까라질까 걱정이다. 왜 출산이 줄까. 원인은 가정 환경, 사회 환경, 교육 환경, 경제적인 문제, 고용노동의 문제 등 다양하지만 탓만 할 게 아니다. 이 문제는 인간의 근본이 되는 인간의 정(情), 즉 사랑(인성)이 병든 이유가 제일 크다. 모두 이기주의에 빠져 좋으냐 편하냐 힘드냐에서 순간적 찰나의 편리함을 추구하기 때문에 하늘에 지은 죄이며 인류에게 짓는 중대 범죄다. 알아야 한다.

♡ 태어남과 저(底)출산

할아버지께서 가장 기초가 되는 질문부터 물어보셨다.

"출산과 출생의 차이가 뭐니?"라고 말이다. 나는 몇 초도 뜸들이지 않고 올바른 대답을 바로 말할 수 있었다.

"출산은 산모가 아이를 낳는 것이고, 출생은 아이가 세상에 나오는 걸 뜻하는 거잖아요."라고 말이다.

할아버지께서 여쭈어보시는 물음에 매번 우물쭈물 대답을 망설이기 일쑤였는데 그나마 아는 개념이 나와 기세등등하게 대답할 수 있었다. 할아버지께서는 옳은 대답이라는 듯 다음 질문을 나에게 던지셨는데 출산율이 높아지면 높아질수록 인구가 늘어나기 마련인데, 인구가 늘면 더 좋은 것을 쟁취하기 위한 경쟁률이 올라가게 되고, 부익부 빈익빈 현상이 더 극대화될 것인데 인구가 늘어나는 것이 과연 좋은 것이냐?라는 물음이었다.

인구 수가 늘어난 만큼 이윤이 되는 어떠한 것을 누리기 위한 사람들의 투쟁이라면 투쟁이 더 험난할 수는 있겠다.

사실 나는 이 물음에 제대로 대답할 수 없었다.

♡ 임신을 격려 안 해?

요즘 고령화 시대다 뭐다 말이 많은데 단순히 사람 간의 경쟁 심리가 커지게 되면 민족화합을 도모할 수 없다는 이기적이고 무언가 이상한 주장 때문에 대한민국의 인정을 받은 부부들의 임신을 격려하지 않는다는 것은 말이 안 된다.

그렇다고 해서, 미래사회는 지금과 다르게 많은 것이 바뀔 것이고 로봇이 더 우리 사회에 근본적인 편리 시스템으로 다가온다면 그에 맞춰 우리도 진보해가야 하는데 아무런 대책 없이 갑작스럽게 코로나로 인해 바뀐 모든 상황에 끼워 맞춰 죽지 못해 사는 심정으로 살아가라는 것은 말 그대로 곤욕이다.

할아버지께서는 내가 대답하지 못하고 입을 앙 다물고 있자 당연하다는 듯, 언제나 훌륭한 교육만이 살 길이라고 하셨다. 할아버지께서는 이의 뒷받침 근거로 언제나 1인이 1억 명을 먹여 살릴 수 있다는 말씀을 하셨는데 인구 수가 늘어나면 늘어날수록 어떻게 민족 화합을 도모해야 하는지, 살아감에 있어 선의의 경쟁이란 무엇인지를 가르치고 그를 배우는 학생들은 올바른 사상과 올바른 메커니즘을 익혀 가면 된다는 것이 할아버지의 고견이시다.

♡ 반에 반토막이 난 출생

현재 우리나라 생산연령인구 중에서도 청년층에 속하는 사람들의 인구 수는 27만 명으로 5천만 국민 수에 비하면 턱없이 부족한 숫자이다. 학교에서도 출산이라고 한다면 남녀가 사랑에 빠져 결혼을 하고, 하늘의 선물이자 사랑의 결실이라고 할 수 있는 2세가 생기는 것을 뜻한다. 고등학교에 올라오니, 출산이라는 것도 배우고 가임기에 맞춰 어떻게 하면 임신이 되는지 또는 피임법이 무엇인지 어렸을 적 성교육과는 완전 격이 다른 이론을 배우기 시작했다.

음, 결혼이라. 사실 결혼이라 하면 요즘 청소년들도 할 말이 많다.

20대, 30대만 결혼을 생각하는 것이 아니다. 요즘 10대들도 비(非)혼이냐 기혼이냐 결혼 유무를 따진다.

타이밍이 참 절묘한 게 오늘 이 글을 쓰는 날에 아빠의 지인 분 따님이 시집을 가신단다. 기분이 아리송하다.

♡ 얘, 너 그거 불효야

난 아무래도 눈에 넣어도 안 아플 늦둥이라 그런지 아빠 지인 분들의 자녀들은 다 결혼하고 손 자녀까지 품에 안겨주었다던데 난 아직 고등학교 졸업조차 못 한 아이일 뿐이다.

그러니 매번 친할머니는 나에게 이렇게 말씀하시고 하신다. "우리 미소 시집가는 것은 보고 죽어야 하는데"라고 말이다. 왜 이리 내 결혼에 걱정이 많으신지, 고모께서도 나 시집 갈 때까지는 두 다리로 튼튼하게 걸어서 갈 거라고 굳세게 말뚝을 박아놓으셨다.

생각이 참 많아진다. 중학생이나 초등학생 때는 결혼에 대한 언급이 일절 없으셨는데 이제 성인을 앞둔 나이라 그런지 어른들께서 연애나 결혼에 대해서 간혹 선한 훈수를 두시고는 한다. 그리고 나는 그 훈수가 지겹다는 듯 이렇게 되받아친다.

"저 결혼 안 할 거예요."라고 말이다. 이렇게 말씀드리면 어른 10명 중 7명은 이렇게 대답하신다.

"얘, 너 그거 불효야. 나이 먹고 부모 품에 그리 오래 있는 것도 마냥 효도는 아니다?"라든지, "아이고, 철이 없네. 아직"이라든지 아니면 "아직 네가 어려서 그래. 좋아하는 남자 생기면 시집가지 말라고 해도 보내달라고 울고불고 할 걸?"이라고들 말이다.

사실, 나는 참 무책임하다. 출생아 수보다 사망자 수가 많은 인구 데드크로스라는 사회적 기이한 현상이 즐비하는 상황에도 불구하고 결혼해 애를 낳을 생각은 일절 없다.

찾아보니 우리나라 합계 출산율은 OECD 37개 회원국 중 최하위라고 한다.

♡ 출산율은 OECD 37개 회원국 중 최하위

통계청이 발표한 '2020년 출생 또는 사망통계'에 따르면 우리나라 인구는 매년 3만 3000명이 자연 감소했다고 한다.

여기서 말하는 자연 감소란 자연스럽게 젊은 세대의 부부들이 아이를 낳지 않으니 태어나는 신생아 수가 부족해 자연스레 인구가 줄어든다는 뜻이라고 한단다. 종합하면 여성가임기간(15~49세)에 아이를 한 명도 낳지 않는다는 통계와 맞먹는다는 것이다.

우스갯소리처럼 하는 이야기지만 가끔 친구들과 작당 모의를 할 때면 이렇게 묻고는 한다. "야, 너 결혼 할 거냐?"라고 말이다. 아, 그런데 앞서 기재한 말을 다시 정정해야겠다. 결혼은 하고 싶다. 아, 생각해보니 결혼보다는 결혼식이 하고 싶다.

여자의 일생일대 로망이라는 웨딩드레스를 한번 입어보고 싶다는… 딱 그뿐.

결혼 기피 현상에 근본적인 원인이자 출생아 감소 배경에는 취업난, 부동산 가격 폭등 등 고단한 현실이 투영되어 있단다.

30대 결혼 적령기에 접어든 시민을 대상으로 인터뷰를 해 보자 이렇게 답했다고 한다.

"먹고 살기도 바쁜데, 언제 결혼하고 언제 애 낳아요? 차라리 결혼을 포기하는 게 낫지요."라고 말이다. 덧붙여, "애 낳아도 잘 키울 자신이 없어요. 결혼하기 싫어서 안 하는 게 아니라 결혼해서 딱히 좋은 점이 없으니까 결국 비혼을 선택하게 되는 게 아니겠어요?"라고 염세적으로 말하기도 하며 "결혼하는 순간 나를 위한 삶이 없어져요. 여기에 출산까지 하면 자식을 위해 경제적으로 허덕이면서 노후 준비를 해야 하는데, 누가 이런 상황에 결혼하고 싶겠어요?"라고 암담한 현실을 그려내듯 대답에 응했다.

♡ 나를 위한 삶이 없어져요

취업난, 부동산 폭등 등은 사회적인 문제다. 치솟는 집값과 어려운 취업 현실에 결혼이라니, 자기 처신도 못 하는 사람이 어떻게 남을 책임지고 나의 자식을 책임질 수 있냐는 말인가?

아니, 이젠 독신주의를 외치는 사람이 도도하고 현학적인 사람이 되어버렸다. 심지어는 선생님들도 그렇고 몇몇 젊은 어른들도 능력 있으면 혼자 사는 게 훨 낫다는 말씀을 하신다.

이러니 환경의 영향도 클 수밖에 없다. 이런 암담한 현실이 어서 빨리 개선되어야 할 것인데 말이다.

실제로 미래세대도 결혼을 의무로 받아들이지 않고 있다고 한다. 아동복지연구소가 초중고 학생 708명을 대상으로 설문을 한 결과, 전체 응답자 중 결혼을 반드시 해야 한다는 생각을 가진 학생은 불과 16.7%라고 한다(결혼은 의무가 아니다/ 67.4%). 또한, 결혼하더라도 자녀를 원치 않는다는 생각이 있는 학생이나 결혼하더라도 반드시 자녀를 가질 필요가 없다는 생각을 가진 학생은 70.3%로 상당히 높은 수치를 나타낸다.

모순된 것이, 자녀 안 갖기를 원하는 학생들 그리고 708명의 응답자 70.1%는 출산이 사회에 도움이 되는 것은 알고 있다고 응답했다고 한다. 출산이 사회에 도움이 되는 것임을 알고 있음에도 불구하고 10대 청소년과 20대 또는 30대 청년이 결혼을 포기한다.

이대로만 가면 2065년에는 65살 이상의 고령인구가 15~64살의 생산연령인구보다 많아질 것으로 예상하고 있으며, 2055년 국민연금 적립금을 모두 소진할 수 있는 사태가 발생할 것으로 내다보고 있다.

아주 큰일 났다. 공룡처럼 멸종하는 것이 아닐까라는 생각도 하게 된다. 결혼을 기피하고 출산을 기피하는 큰 이유가 가정 환경이라면 비굴한 환경에서도 강경대응 할 수 있는 인성 공부를 하고 진취적으로 나아가면 된다.

사회적인 제도의 문제가 있다면 어른들이 지금이라도 공부해서 미래세대가 살기 좋은 나라를 만들어주면 된다.

왜 망설이고 있는가? 당장의 실행력과 추진력에 우리가 공룡처럼 멸종에 이르게 될지 말지가 달려있음에도 말이다.

글을 마치는 이 순간까지도 나는 결혼을 할지 말지, 아이를 낳을지 말지 아직도 불투명한 내 미래와 접목시키면 한숨만 나올 지경이지만, 만약 이 사회의 제도가 확실시되고 그에 걸맞은 교육을 받으며 나아갈 수 있는 전체적인 환경이 조성된다면 아마 그때는 이런 생각이 들지 않을까?

'아, 내가 아이를 낳아도 우리 아이가 나보다 덜 상처받고 더 살기 좋은 환경이겠구나.'라고 말이다.

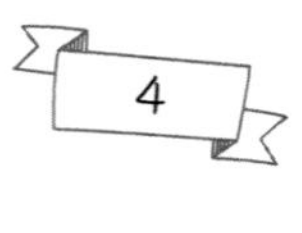

유아기

'모유'냐 '우유'냐에서 지금은 모유를 먹이는 엄마가 드물다. 더구나 맞벌이 부부가 대부분인 현대인이기에 모유가 좋다는 말은 이제 흘러간 세대의 무딘 시대 감각한 주장으로 들린다고 보여. 미소야, 너는 되도록 모유를 먹이라고 할 자신이 없는 세월이다. 하여 모유가 어째서 좋다는 말은 그저 노인의 말이거니 치부될 게 분명하여 모유도 좋은 거다 하고 말하고 싶지만 모유 문제는 경제 문제와 직결되어 미래 세대에게 모유를 권하고 싶어도 자제하지 않을 수 없으니 그냥 우유를 먹이되 이것만은 알아두라는 사족이나 한마디 덧붙인다면 중요한 것은 스킨십의 문제가 원천이라 하고 싶다. 하지만 국가가 책임지고 길러준다는 세월이다 보니 그저 호랑이 담배 피던 시절에는 모유를 먹였다 하고나 말자.

♡ 영아기 후 맞이하는 시기

나는 사실 사진이 없어서 엄마의 모유를 먹었는지 우유를 먹었는지도 기억나지 않는다. 그럼에도 불구하고 모순적이게 기억도 나지 않는 유아기부터 시작해 아직 경험하지 못한 장년기까지 쓸 것이다.

오늘의 주제는 유아, 바로 이전 글의 주제는 '출생'이었다. 이제 아이가 태어났으니, 부모 된 도리로 걱정할 것은 아이가 어떻게 자라느냐가 가장 큰 관심사일 것이다.

유아기라, 근래에 오른쪽 잇몸이 아파 진찰을 받은 적이 있었는데 의사선생님께서 별일도 아니라는 듯 사랑니가 나는 중이라 아픈 것이라고 하셨다.

사랑니라, 유치가 빠져 본 지도 오래됐고 영구치가 나오는 인체의 신비를 경험한 지도 오래됐다. 치아가 나다니 나도 아직 자라는 중인 것일까? 마냥 다 컸다고 생각했는데 말이다.

♡ 말을 배우는 시기

뭐, 아이가 크는 날 중 하루라도 중요하지 않은 날이 없겠지만 할아버지께서 말씀하시기를 그중 유아기와 교육기의 아이 교육이 잘 이루어져야 한다고 하셨다.

할아버지께서 말씀하시는 유아기란 사람마다 말하는 유아기의 기준이 다르겠지만, 말하고 뛰어다니며 육체적인 활동을 원활하게 할 수 있는 나이라고 정의하셨다. 유아기는 말 그대로 유치원을 졸업하기까지의 나이라 본다고 하셨다.

하여튼 아이의 유아 단계 즉, '발달 단계'라는 것이 있는데 이 발달

단계에 따라 보살필 수 있는 커리큘럼도 따로 있단다. 당연히 그렇듯 어릴 적 만들어지는 내적 조건(심성 또는 심리적 조건)과, 외적 조건(온도, 음식물, 문화의 영향)의 환경이 잘 조성돼야만 아이가 미숙한 존재에서 성숙한 존재로의 변화 과정 속에서 자랄 수 있다는 것은 누구나 알고 있는 사실일 것이다.

♡ 백년대계

자아를 찾고 발달해가는 미취학아동 시기에는 부모의 몫이 가장 중요하단다. 요즘은 맞벌이 때문에 어린이집이나 유치원에 아이를 맡기는 부모가 많은 추세지만 사실상 아이의 첫 사회성을 기르게 해주는 발판은 '가족', 특히 엄마라는 관계 속에서 배워나가는 것이란다.

실제로 교육학자들은 유아기 때의 부모 교육이 아이 성장에 있어 중요한 요인이 된다고 한다. 유아기 땐 인지발달이 시작하는 시기이기 때문이라는데 이 시기가 아이를 키우는 백년대계라고 한다.

♡ 4~10일 동안 분비되는 초유

물론 이런 교육적인 방면도 중요하지만, 내가 생각하기에 가장 중요한 것은 아이의 식습관을 바로 잡아주는 것이라고 생각한다. 먹고 살려고 공부한다는 말도 있고, 먹고 살려고 일한다는 말이 있는데 인간의 가장 큰 원동력이 되는 영양분을 제공해주는 음식은 과연 중요한 게 아닐 수 없다.

인간이 태어나 제일 처음 입으로 넘기는 음식이라고 하는 초유, 초유는 출산한 여성의 유방에서 처음 나오는 것으로 출산 후 4~10일 동안 초유를 분비한다고 한다.

찾아보니 초유는 보통 모유와는 다르게 진하고 노르스름하다고 한다. 보통 모유도 영양가가 많긴 하지만 초유에 비하면 아무것도 아니라고 한다. 초유의 경우는 꼭 필요한 무기로서의 영양 성분과 면역 성분이 있다고 한다.

내 생각에는 출산 직후 아이가 모유를 삼시세끼 넉넉히 먹을 수 있을 정도로 양이 적지 않게 나올 것이라 생각했는데, 아니라고 한다. 물론 사람마다 다르겠지만, 모유 수유량이 적어 아이에게 젖을 물리지 못하는 경우도 있다고 한다.

찾아보니 모유는 냉장보관 시 최대 3일, 냉동보관 시 최대 3개월 동안 보관할 수 있으며 신기하게도 모유은행도 있다고 한다. 사실, 모유수유는 엄마가 먹는 음식에 따라 영양분도 달라지고 맛도 달라지기 때문에 아이를 낳고도 엄마 역시 식이요법에 신경을 써야 한다고 한다.

♡ 모유와 우유

그렇기 때문에 산후조리원 설문조사에 따르면 적절한 영양소가 함유되어 있는 분유를 선호하는 경우도 있단다.

누군가가 했던 말인데, 대충 이런 말이었던 것으로 기억한다.

소의 젖은 어미 소가 낳은 새끼소를 위해 나오는 것인데 우리 아이가 그것을 먹고 자라니 우리는 사람의 아이가 아니라 소의 아이라고 해도 과언이 아니냐는 말이었던 것으로 기억난다. 물론 웃기라고 한 말이겠지만 할아버지께서도 모유는 아이를 뱃속에 잉태했을 때의 온도와 비슷하기 때문에 아이가 모유를 먹을 때 처음 입에 넘기는 음식임에도 불구하고 별로 거부감 없이 먹을 수 있는 것이라고 하셨다. 하지만, 요즘에는 초유 분유라고 하여 어미 소가 새끼소를 낳고 72시간 동안 나오는 젖을 분말 형태로 말려 나오는 분유도 있다고 한다.

모유 수유가 얼마나 힘든 것인지 알고는 있지만, 모성애는 아이를 낳자마자 바로 생기기도 하지만 아이를 낳아 안고 교감해가며 함께 살을 부비고 있어야만 더 강해진단다.

정상적인 사고를 가진 부모라면 아이를 어떻게 키워야 할지에 대한 관심이 아주 클 것이라고 생각한다.

할아버지께서는 이렇게 말씀하셨다. 무엇보다 아이가 먹는 것도 중요시해 잘 먹이는 것도 중요하지만 그 중 가장 중요한 것은 엄마아빠 즉 부모의 화목한 가정 환경 조성이 가장 중요하다고 하셨다.

♡ 부부 사랑이 최적의 아이 환경

그 이유는 아주 간단한데, 어린 아이들은 자의로 홀로서기 하며 온갖 역경을 이겨내고 커 가는 것이 아닌 부모의 지지를 받으며 타의로 커가기 때문이다.

먹이고 입히는 것은 일단 뒷전이고 부모가 아이를 낳고 부부가 서로를 사랑하고 애정을 표시할 때 아이들은 큰 편안함을 느낀다고 하셨다. 하긴, 내가 생각해 봐도 어린 아이들뿐만 아니라 다 큰 성인이라도 부모님이 매일 싸우며 큰소리를 내면 불안하고 신경이 곤두서고 아이가 위축되며 눈치를 보아 반듯한 성장에 지장을 받기 마련이다.

자아가 원숙하다고 해도 과언이 아닐 정도의 성인도 부모가 균형을 잘 잡지 않으면 다 큰 성인도 불안하고 신경이 곤두서는데 어린 아이들이면 얼마나 힘들까.

할아버지께서는 아직 말문도 못 떼고, 한참 어린 나이라 하더라도, 말을 알아듣고 혹 못 알아듣는 갓난아기라고 하더라도 부모 두 사람에 대한 영향을 받는다고 한다.

이 사실을 모르는 사람은 아무도 없을 것이다. 아이에게 좋은 것만을 물려주고 싶고 모자람 없이 키우고 싶은 것이 부모의 마음일 것이다.

그럼에도 불구하고 모자란 것이 사랑이고 애정의 표현이다.

♡ 고등학생의 성교육

이 글을 쓰며 계속해 든 생각인데, 나는 이러한 주제로 글을 쓸 자격은 아직 없는 것이 사실이다. 결혼을 해 본 것도 아니고 임신을 해 본 것도 아닌데 어떻게 출생에 대해 운운할 수 있고 유아에 대해 운운할 수 있을까. 사실 내가 이번 글에 대해 완벽한 결론을 지을 수는 없다.

이에 할아버지께서는 고등학생이면 학교에서도 성교육 시 동영상으로 출산 등 보다 더 잘 가르쳐주어야 하는데 시기상조라고 하나, 드문 경우 아이들은 숨어서 보고 있다 하신다.

앞의 '출생'에서는 요즘 젊은이들이 결혼이나 출산에 대한 생각이 비관적이라는 말을 기재한 적이 있다. 결혼과 출생이 경제적인 부분에서 부담이 되는 등 본인이 책임지지 못할 행동이라는 생각 때문에 기피하는 현상이 허다하다고 하는데 나 역시 결혼과 출산을 필수불가결한 인생의 절차처럼 생각하지 않는다. 굳이 할 필요가 있을까 생각하기도 하는데, 이런 생각을 가진 사람이 모유 수유가 어떻고, 부모의 환경이 잘 조성되어야 하고 이런 것들을 운운한다는 것 자체가 참 우스울 뿐이기는 하다만, 할아버지께서는 천륜과 인륜의 법칙에 따라 지금 이처럼 청소년들이 나 같은 생각을 하는 것은 고쳐주고 죽어야 한다고 말씀하시며 한숨을 쉬셨다. 그러니까 그럼에도 불구하고 이런 글을 쓰는 이유는 내가 이런 것들을 먼저 배워나가며 참 진리를 깨달아갈 때면 무언가 내 사고가 달라질 수 있을 것이라 믿기 때문이다.

인류에 대한 근본적인 사랑과 애정을 배우고 사람 냄새나는 공부를 하다 보면 무언가 달라지리라 믿는다.

♡ 1인이 1억 명을 먹인다

할아버지 말씀대로 1인이 1억 명을 먹이고 살릴 수 있는 시대라는데, 인간이 살아가는데 누구나 거쳐 가는 유아 단계를 배우고 어떻게 아이를 어떤 환경에서 성장시켜야 하는지 배운 것을 타인에게 가르쳐주며 올바른 것을 선도할 때 과연 지구 전체가 행복하고 완만한 환경이 조성되는 것이 아닌가 싶다.

그렇기 때문에 이 글을 작성하는 것이다. 아이가 살아가는 환경은 참 중요하다는 뜻이다. 사랑과 애정을 쏟아야 하고 서로를 배려하는 환경이어야만 아이가 잘 커갈 것이다. 어떻게 환경을 조성하고 아이가 편하게 자라날 수 있는 조건을 충족시키는 것은 부모의 몫이자 광활한 범위로는 국가의 책임이다.

나는 앞으로도 어떻게 우리 미래의 인재들이 좋은 환경에서 육아할 수 있는지 공부하고 나 먼저라도 노력에 앞설 것이다.

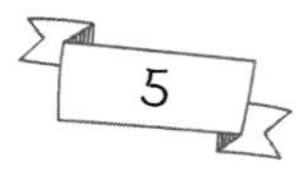

부모

세상의 시작은 부부 된 부모다. 부부가 있어야 내가 태어나기 때문에 부부 없이는 그 누구도 존재할 수 없다. 자식의 입장에서 보는 부부는 바람, 구름, 땅, 물, 하늘처럼 초자연 영역이다. 그러므로 부부를 안다는 것의 높이는 가히 하나님을 알고 부처님을 아는 신앙적 경지라고도 볼 것이므로 부부는 태초의 원리와도 같은 신성불가침이다. 부부는 크게 둘로 나누어 하나는 부모 된 부부와 또 하나는 부부가 되고 부모가 될 나다. 오묘하고 신비한 2체가 부부의 만남이며 어찌 보면 내가 나의 배우자를 선택하는 것 같지만 진실은 하늘이 맺어 준다 하여 인연을 넘어 천생연분이라고도 한다. 미소는 지금 예비부부요 부모다. 그러나 나는 부부 안 될 거라며 결혼까지 마다한다니 미소도 그렇게 생각하느냐?

♡ 자식을 낳아 기르는 사람

오늘도 할아버지께서는 아주 근본적인 질문부터 나에게 물어오셨다. "부모란 무엇이니?" 너무나도 기초적인 질문에 당연히 부모란 엄마, 아빠가 아니냐는 식으로 대답을 했다. 맞다, 정답이다. 자식을 낳고 길러주시는 사람이 부모이다.

하늘 아래 부모 없는 생명체는 존재하지 않는다는 말이 있을 정도로 누구에게나 나를 태어나게 한 부모님이 있다. 태어나게 한 사람이라, 가끔 친구들과 이런 이야기를 할 때가 있다.

부모님과 한 번씩 사소한 의견 차이로 말다툼을 한 친구들이 "꼭 내가 태어나고 싶어서 태어난 것도 아닌데"라는 말을 하고는 한다. 상당히 철부지 같은 발언이 아닐까 싶기도 한데, 곰곰이 생각해보니 나 역시 그런 말을 했던 기억이 난다. 심도 깊은 회의감이라고 해야 할까, 사춘기라 그런 것일까? 삶의 존재 자체에 대한 거부감이 들 때면 나는 태어나고 싶어서 태어난 게 아닌데 왜 이런 고초를 겪어야만 하냐는 생각을 하기도 했다.

나를 낳아준 부모님이 이런 생각 하는 것을 아신다면 분명 충격받으실 것이 분명하다.

♡ 낳아 달라 하여 태어났을까

하지만, 할아버지께서는 아이를 낳는 것은 본인의 결정과 결실의 결과로 아이가 태어난 것이니 결국 자기 자식이 '나는 태어나고 싶어서 태어난 게 아닌데'와 같은 말은 실로 맞는 말이라는 게 할아버지 말씀이다. 또 이런 말을 했다고 아이를 나무랄 일이 아니라고 하셨는데, 할아버지께서는 덧붙여 결국 부모 슬하의 자식들은 본인들이 좋아서 낳은 것이기 때문에 그에 대한 부모가 지녀야 할 막중한 책임 역시 똑바로 져야 한다고 말씀하셨다.

근래 들어 많이 공론화되고 있는 아동 살해나 유기 또는 방조가 어찌나 많아지고 있는지 이러한 안타까운 소식들을 접하며 할아버지께서는 부모의 역할에 대한 책임은 정말 중요하고 또 중요하다고 하셨다.

부모가 자녀에 대한 책임을 다 질 수 있을 때 비로소 부모라고 불릴 수 있는 참된 부모가 될 수 있다고 하셨는데, 당연히 그러하겠지만 나는 아이를 낳아 한 아이의 엄마로 육아를 한 경험이 없기 때문에 어떻게 해야만 부모 된 도리로 아이를 키우느냐의 답을 도출할 수는 없다.

아무리 자식을 다 키워 출가시킨 부모라고 하더라도, 어떻게 하면 자식을 올바르고 완벽하게 키울 수 있을지 100%의 완벽한 대답을 내놓을 수는 없을 것이다. 그러니 내가 어떻게 부모에 대해서 논할 수 있을까.

얼마 안 된 이야기다. 문제집을 사기 위해 서점에 간 적이 있었는데 예비 엄마를 위한 책과 육아에 관련한 책이 즐비했던 것을 본 적이 있었다.

♡ 영속적인 부모의 신기한 사랑

아이를 키우기 위한 정상적인 부모들의 열정은 정말 이루 말할 수 없다. 이러한 어머니의 과도한 열정을 부정적으로 이르는 말인 '치맛바람'이라는 단어가 있을 정도니 말이다.

필자인 내가 자식 된 입장에서, 부모님과 과연 티격태격할 때도 있고 야단을 맞을 때도 있지만 성인이 다 되어가는 시점에서야 느낄 수 있는 부모의 영속적인 사랑은 참으로 신기하다. 어릴 적에는 부모님이 무조건 나를 야단칠 때면 참 그 잔소리 듣기가 불쾌하기 마련이었는데, (사실 지금도 야단맞을 때면 눈물부터 핑 돌지만) 조금 커보니 야단도 애정에서 나온다는 것을 알게 되었다. 대처는 영락없는 짜증과 투정으로 하지만 말이다.

고등학교 2학년, 부모님 눈에는 한없이 어린아이에 불과할 것이다. 하긴, 우리 친할머니께서도 아직도 우리 아빠를 어린아이로 보시고는 매번 반찬을 챙겨 보내주신다.

내가 생각하는 부모는 오로지 자식을 부양하는 양육자로 생각할 뿐이었다. 모든 집안이 다 그렇지 않겠지만, 자식이 하루하루 무럭무럭 커갈 때면 점점 부모님과 함께할 시간이 없어진다는 것을 체감하게 된다.

고2인 나의 평일 하루 일과를 보아도 아침 7시 50분에 집에서 나와 저녁 11시경이 되어서야 집에 들어갈 수 있기에 평일에는 부모님과 대화 할 시간조차 없어졌다.

이러니 계속 굳혀져 간 부모에 대한 인식은 그냥 나를 양육하는 '보통의' 양육자로 굳혀질 수밖에.

그런데 자녀가 처음으로 유대감을 형성하고 사회성을 기를 수 있는 집단이 가족이라고 한다. 자식은 부모의 거울이라고 했던가. 할아버지께서는 아이를 키우기 위해 좋은 옷을 입히고 좋은 음식을 먹이는 것도 물론 중요하지만 그에 밑바탕이 되는 것은 부모의 극진한 사랑이라고 하셨다.

♡ 노래, 어버이 은혜

"낳실제 괴로움 다 잊으시고 기를제 밤낮으로 애쓰는 마음 진자리 마른자리 갈아 뉘시며 손발이 다 닳도록 고생하시네", "높고 높은 하늘이라 말들 하지만 나는, 나는 높은 게 또 하나 있지 낳으시고 기르시는 어머니 은혜 푸른 하늘 그보다도 높은 것 같아"

문득 이러한 가사를 쓰신 분들은 얼마나 부모님의 사랑과 은혜를 깊이 생각하셨는가 생각하게 된다.

사랑이야 안 주는 부모가 어디 있으랴. 아니, 자식을 사랑하지 않는 부모가 어디 있으랴. 그 흔하고 흔한 표현이 어려워 하지 못하는 것뿐이지. 이러한 사실을 가장 잘 알고 있는 나이지만 부모와 애정 표현을 한 게 까마득한 나다.

단 몇 줄에 모든 이론을 적기에는 수없이 부족한 복잡한 이론인 로렌츠의 각인 이론과 보울비의 애착 이론만 보아도 부모가 자식에게 미치는 영향이 얼마나 막대한지 알 수 있다.

올바르지 못한 생각일 수도 있으나, 나는 이렇게 생각한다. 아이를 가지고 그때서야 아이를 어떻게 키워야 되는지 계획을 세우는 것은 늦은 것이라고 본다.

사람은 불완전하고 불안정하다고 본다. 누구든지 장점 하나 없는 사람 없고, 단점 하나 없는 사람 없다. 100%의 완벽한 인격체는 없다는 소리다. 신은 공평하다는 인터넷 용어가 있을 정도니 말이다.

이 불완전하고 불안정한 사람이 사람을 부양한다는 것은 참으로 곤욕과도 다를 것이 없다. 기독교 세계관에 의하면 하나님은 아담과 하와에게 선악과를 따먹은 죄로 여자에게는 출산의 고통을, 남자에게는 평생토록 노동하며 가족을 부양할 의무의 벌을 주셨다고 했다.

♡ 양육의 어려움

'엄마도 엄마가 처음이라 미안해'라는 말이 있을 정도로 언제나 더 해주지 못해 미안해 하는 것이 부모라고 생각한다. 아예 내 자식이 나와 똑같은 생각을 하는 복제인간이라면 1부터 10까지 나와 다를 게 없으니 키우는 것에 있어서 불편함은 없겠지만 뭐, 아바타도 아니고 자식과 부모는 완전히 다른 인격체로 부모의 소유가 아니라는 점에서부터 양육의 어려움이 나타난다.

결국, 부모의 자식이라고 할지언정 아이가 어떠한 생각을 하고 어떠한 어려움에 처해 있는지 부모가 전지전능한 신이 아닌 이상 전혀 알 도리가 없다는 것. 부모는 안 봐도 자식의 마음을 안다는 말이 있지만, 그것은 20~40%에 불과한 부모의 추측이 들어맞은 것뿐이다.

이러니, 공부를 해야 할 수밖에 없다. 무슨 공부를? 바로 부모 되는 교육 말이다.

♡ 남의 자식을 사랑해야 내 자식 역시 잘 된다

참고로 내가 부모 되는 교육이 중요하다고 말은 했지만 (기성세대 독자들은 어떻게 생각하실지 모르겠으나) 결혼은 선택이고 아이를 낳는 것도 부부 본인들의 선택에 의한 것이다. 하지만, 부모라는 건 한 생명을 죽을 때까지 책임지고 영속적인 사랑과 관대한 포용심 안에서 인내를 기르며 키워 나가야 하기 때문에 이러한 과정이 사람과 사람 속에서 살아가는 인간사회에서의 가장 큰 소양 교육이 될 수 있으리라 믿는다.

'고슴도치도 제 새끼는 함함하다'라는 말이 있듯이, 네 자식을 내 자식처럼 내 자식을 네 자식처럼 사랑하는 것이 과연 좋은 것이 아닐까? 할아버지께서는 남의 자식을 사랑해야 내 자식 역시 잘 된다고 하셨다.

산업혁명이 더욱더 가속도로 발전할 때 '인간을 위한' 기술만이 빛을 보게 될 것이다. 인간을 위한 소양 교육, 인간을 위한 참된 사랑의 시발점은 부모의 영속적인 사랑이라고 해도 과언이 아닐 정도다.

청소년 때부터 이러한 것을 인지하고 공부를 해야만 한다.

모두가 꼭 부모가 되어야 한다는 주장이 아니라, 앞서 기재했던 것처럼 하늘아래 아비 없는 새끼는 없듯 우리 역시 부모로부터 사랑을 받아왔기 때문에 적어도 그 사랑의 근원은 무엇인지, 그 사랑은 어떠한 사랑인지, 더 나아가 내가 부모라면 어떠한 자세를 지니고 아이를 키워야 하는지에 대한 공부는 앞으로의 인간과 인간이 살을 부비고 살아가는 인간사회에서 필수불가결한 소양일 것이다.

예로부터, 어른들께서는 필자인 나를 보며 했던 "미소를 가장 사랑하는 사람은 아빠야"라는 말을 귀에 딱지가 앉을 정도로 많이 들어왔다. 나를 향한 목적 없는 가장 큰 사랑이 부모의 사랑이라면 그 가장 '큰 사랑'이 무엇인지를 배워보는 것이 살아감에 있어 필요한 교육일 것이다.

삶을 보다 편리하게 해주는 학교의 수업과목 역시 중요하지만, 사람답게 살아감에 있어 가치를 부여해주는 부모의 사랑, 올바른 부모가 되어가는 과정을 배우는 것 역시 인류를 발전시키는 가장 큰 원동력의 과목일 것이다.

글을 읽고 나신 할아버지께서는 내게 말씀하셨다.

"요즘 일찍 원룸 얻어서 나가는 아이들이 많은데, 너는 시집가기 전에는 아버지 곁을 떠나지 말았으면 좋겠다."라고 하셨다.

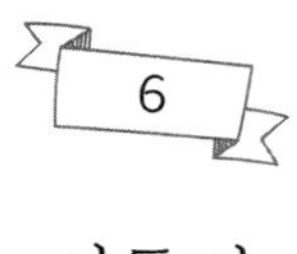

아동기

개구쟁이라도 좋다 튼튼하게만 자라다오~ 요즘 학생들도 아는 말인지 모르겠으나 아동기는 일생의 기초가 놓이는 중요한 시기여서 몸과 마음이 동시에 자라는 때다. 계절에 비유하면 초봄, 움튼 새싹이 뾰족 새순을 내미는 시기다. 그러니까 이 때에 중요한 것이 새싹 환경이라 하겠는데 부모의 사랑 환경과 가정, 유치원, 학교 등 사회교육환경이며 공부라는 이름의 지식기반 학교생활과 장래희망이라고 하는 적성을 발견해 관심 갖게 해주기 등등, 100년을 살아갈 인생의 기반을 다지도록 길러주어야 하는 시기다만, 또 미운 일곱 살이라는 말도 있으니 미운 짓 예쁜 짓 말썽꾸러기 쌈박질 등 하나에서 열까지 모두가 사랑받아야 할 시기다. 이의 첫째가 튼튼하게 자라는 것이라 하기도 하고.

♡ 아동기의 정의

이번 아동기를 주제로 한 글은 내가 겪어온 아동기에 대한 이야기와 학술적인 의미를 담아 함께 풀어내려고 한다.

먼저 학술적으로 풀어낸 아동기란 학자마다 그 기준이 다르기에 무궁무진하다. 어떤 학자는 만 2세부터 사춘기까지를 뜻한다 하고, 만 4세부터 만 7세까지 사춘기 이전의 시기를 '아동기'라고 서술하는 학자도 있다.

하지만, 나의 글에서 말하는 아동기란 만 6세부터 만 14세까지의 아이들을 주안점으로 삼았다.

할아버지께서는 이러한 아동기를 '학령기'라고 표현하셨는데, 할아버지 말씀에 따르면 실질적인 교육을 습득할 수 있는 기간이라고 하셨다. 덧붙여 엇나가는 시기라며 아이들이 슬슬 말을 안 듣는 시기라고도 하셨다. 심지어 미운 7살이라는 말이 있을 정도다.

7살이면 아직도 부모님의 관리가 필요할 때인데 그 조그마한 아이가 뭘 알겠냐며, 반항해봤자 무슨 반항이겠냐 하나 본데, 7살 아이들의 행동과 아동기의 특성에 대해 공부해 보니 '부모님이 힘들긴 힘들겠다…'라는 생각이 반사적으로 들었다.

사람의 생애주기에서 어떤 주기도 중요하지 않은 주기란 없지만, 에릭슨(독일 출신의 미국 정신분석학자)은 말하길 이 학령기가 포함된 아동기가 자아를 실현하는 데 가장 중요한 시기라고 말했단다.

♡ 자아가 확립되는 시기

자아와 초자아가 가장 확실히 확립되는 시기이자, 가족이라는 집단을 벗어나 학교라는 새로운 집단을 경험해보는 시기다. 구체적 조작기와 형식적 조작기라고 불리는 피아제가 형성되는 시기로, 전후 관계를 논리적이나 객관적으로 파악하려는 인지가 발달하고, 추상적이나 가설적인 사고를 할 수 있는 시기라고 한다. 공과 사가 어느 정도 생기고 그 공과 사를 기반으로 본인이 옳고 그름을 따질 수 있는 나이라는 것이다.

참 신기한 게, 나 역시 성인도 아니고 어찌 보면 아직 어리면 어린 나이인데 7살이나 14살 아이들을 보면 아주 어려 보이는데 이 아이들이 문제해결책을 궁리하고, 일반화된 지식체계를 구축할 수 있다는 것이 정말로 신기할 따름이다.

이 아동기에 뇌는 이미 성인의 95%가 완성된다고 한다.

너무 일찍 완성되는 게 아닌가 싶지만 이 때가 공부하기에도 가장 능률이 좋은 시기이자 잠재적 능력을 내포해 성장해가는 가장 중요한 특별시기라고 한다.

이젠 그럼 슬쩍 나의 이야기를 해 보려고 한다. 나의 아동기라… 어떻게 말하면 나의 아동기를 생동감 있게 전할 수 있을까 싶다. (솔직히 말하면 내 아동기는 잘 기억나지 않는다.)

기억이 잘 나지도 않는 아동기에 나라는 사람이 만들어진다니, 우스운 이야기지만 절대 간과해서는 안 될 이야기다.

내가 가장 기억나는 아동기라고 한다면 가장 먼저 초등학교에 첫 등교하는 날을 꼽을 수 있겠다. 처음 산 책가방에 할머니가 직접 칼로 깎아주신 형형색색의 연필을 넣고 학교에 간 기억이 난다.

♡ 할머니 품에서 자라

초등학교 입학 전부터 입학 후까지 나는 할머니 손에서 길러져 왔기 때문에 아동기의 추억을 말해보라고 한다면 할머니와의 추억을 줄줄이 내세울 수밖에 없다. 아빠는 저녁 늦게 들어오셔 할머니 방에서 자고 있는 나를 들어 올려 안방으로 데려가며 잠시 깬 나를 향해 아침 인사와 저녁 인사를 함께할 뿐, 얼굴을 보기 어려웠다고 할 수 있겠다.

할아버지께서는 미국의 경우 자녀가 만 12살까지 아이의 양육을 위해 양육자는 법적으로 일을 하러 가는 것이 금지되어 있다고 한다. 아무래도 엄마와 함께 있는 이 시기를 정말 중요시 여기는 것 같다.

할아버지는 덧붙여 아이들은 습관을 습득하고 예의범절에 대해 어머니로부터 배운다고 하며, 엄마 곁에 있으며 자연스럽게 습득하는 시기라고 하셨다.

나는 초등학교에 입학하고 얼마 안 되서 돌봄 교실에 가 방과 후를 보냈던 시간이 기억이 난다. 현재도 맞벌이 부모가 많은 것은 사실이지만 그때 역시 맞벌이 부모가 상당히 많았던 것으로 기억한다.

나를 제외해 방과 후 돌봄 교실에 남아 늦게까지 부모님을 기다리는 친구들도 있었고, 그것이 아니라면 일찍이 사교육 현장에 투입해 피아노 등등을 배우며 나지막한 오후를 보내는 친구들도 있었다.

코로나19가 한창 유행했을 때, 이런 뉴스를 본 적이 있다.

코로나19로 돌봄 교실의 운영이 불가피해지자 맞벌이 부부들은 말 그대로 봉변인 것.

시부모님과 부모님께도 맡길 수 없어 난감하다고 하는 부모들이 한두 명이 아니니, 또 이것이 공론화돼서 모두의 문제로 야기되니 참 안타깝다면 안타깝고 '그깟 돈이 뭔데?'라는 생각이 들기도 한다.

♡ 옛날, 여자는 살림

여자는 육아휴직을 낸 사람의 경우 승진을 잘 안 시켜준다고 해서 아이 계획을 미루는 사람도 많다고 한다. 사실, 아이를 위해 그리고 가장 중요한 아동기를 육아에 전념하며 자기의 삶을 포기한다는 것은 아주 큰 도전이자 결심일 것이라고 생각한다.

여자는 살림, 남자는 회사일, 여자는 집사람, 남자는 바깥사람이라는 수식어도 어색해진 지 오래다. 사실 이것이 나쁘다는 것만은 아니다. 여자도 일할 수 있고 능력이 출중하다면 일함으로 본인을 개발하는 것이 우선이기는 하다.

하지만, 소신 발언을 해 보자면 나는 누구보다 엄마의 사랑이 가장 필요한 아동기에 엄마와 같이 보낼 수 없었다. 아마도 이야기 할아버지를 초등학교 3학년 때 만나 실질적으로 이야기 할아버지와 조금은 특이한 공부를 시작한 게 초등학교 4학년이라고 할 수 있다.

♡ 이야기 할아버지로부터 별난 공부 시작

아무리 아빠의 사랑이 극진하고 할머니의 사랑이 극진해도 엄마의 사랑을 대신할 수 없는 것이 사실인가 보다. 엄마와는 일찍 사별했지만 엄마와 함께한 시간 속의 사랑을 느낀 아이는 그 엄마의 사랑 부재를 가장 크게 느끼는가 보다.

이 글에서 아빠를 험담하려는 것이 아니고, 아빠는 언제나 나를 핀잔주시기 일쑤였다. 물론, 현재는 아빠의 핀잔이 자식 잘 되라는 말인 줄은 알겠으나, 그 어린 나이에 대체 무엇을 알까. 또한, 약간 정형화된 부모님의 이미지도 엄마는 관대하고, 아빠는 무뚝뚝하며 무서운 이미지 아닌가?

매번 아빠께서 핀잔을 주시면 할머니께서 달래주시기 일쑤였지만, 그럼에도 불구하고 엄마의 사랑을 본능적으로 찾는 건 당연한 생존의 법칙과도 같았다.

그러다 이야기 할아버지를 만나 뵙고, 자아와 초자아가 실현되는 아동기에 용기를 불어 넣어 주는 칭찬의 말을 수도 없이 들어왔다. 실수해도 잘했다, 잘하면 더 잘했다 하며 매번 당근을 내어주셨는데 아마 채찍만 준 아빠와 대비돼서 그런지 마냥 할아버지가 좋아서 따라다녔던 게 생각난다. 아무래도 엄마에게서 받아야 할 격려와 사랑을 이야기 할아버지께 받은 게 아닌가 싶다.

♡ 엄마의 사랑이 절실한 시기

아동기는 생애주기에서 가장 특별하고 가장 중요한 시기로 뽑힌다. 누구나 커가며 아동기를 거치기 마련이다. 엄마의 사랑이 제일 절실한 시기이자, 어쩌면 부모님의 손길을 완곡히 거부하는 사춘기 이전에 엄마의 품에서 아양을 부리는 자녀의 모습을 볼 수 있는 마지막 기회이기도 하다.

할아버지께서는 사실상 아동기에 부모님과 많은 시간 떨어져 있는 것은 바람직하지 않다고 보는 분이시다. 바람직하지 않다고 하시면서도 맞벌이를 해야 하는 이 상황을 가장 안타까워하실 뿐이다.

내 생각이 틀릴 수도 있지만, 육아는 부모의 막연한 책임이 우선이지만 국가 사회의 책임도 있다고 본다. 아이를 키우기에 최적화된 환경을 조성하는 것이 가장 큰 급선무라고 본다. 내 욕심이지만, 내가 커서 결혼을 하고 아이를 키울 나이가 된다면 그때는 꼭 아이가 커가기 좋은 환경이 되어있었으면 좋겠다. 가정 환경이든, 사회 환경이든 내가 마음 놓고 아이를 키워도 별 어려움이 없을 정도로 말이다.

아동기에 못 받았던 사랑을 내 아이에게는 부담되지 않을 정도의 사랑으로 베풀고 싶다. 적어도 나만큼의 '사랑 갈증'은 느끼지 않게 말이다.

아동기에서 갓 벗어나 이제 18살이 되었건만, 아동기의 추억을 회상하라 한다면 자연스레 좋지 않았던 기억만 떠오른다. 물론, 그런 경험이 반석이 되었기는 하지만 아동기 때 부모님의 무한한 애정과 사랑은 아이에게 필수불가결하다. 너무나도 중요하고, 아이가 홀로서기를 하며 살아갈 때 가장 큰 원동력이 될 수 있을 것이다.

감히 아이를 낳아보지도 않고 육아를 해 보지도 않은 내가 말을 해 보자면, 아동기의 부모의 사랑과 애정은 아이에게 무조건 필요한 요소다. 이 점 모두 알고 있겠지?

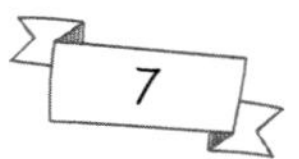

사춘기

KEYWORD

성장 전성기에 맞는 사춘기는 반항기라고도 하지만 진실 사춘기는 모든 것을 거꾸로 생각하고 행동하는 경험기에 속한다. 내가 왜 그래야 하는가… 사춘기가 되면 고분고분 시키는 대로만 하던 자신을 발견하면서 꼭 이래야 하는가에 대한 의문이 강해져 흔한 말로 이때를 성장하는 과정이라 하여 성장통 시기라 해석하는 학자도 있다. 나는 왜 여자인가, 나는 왜 공부를 해야 하나, 나는 왜 학교를 가야 하나, 나는 왜 나 좋은 대로 살지 못하나, 부모 말만 듣고 선생님 말만 잘 들으면 뭐가 좋다는 건가… 보이는 것, 들리는 것, 먹는 것, 공부하는 것, 모든 것이 '왜?'라는 의문과 맞물려 반항으로 나타나는데 할아버지가 보는 사춘기 소년소녀는 웃으면서 그래도 예쁠 뿐이지 야단칠 대상은 아니라는 사실이다.

♡ 사춘기에 대한 기억

생각 사(思), 봄 춘(春), 기약할 기(期) '사춘기', 대단히 빠르게 불어오는 바람과 미친 듯이 닥쳐오는 파도라는 뜻을 가진 질풍노도의 시기 사춘기는 무수히 많은 뜻에서 대단하다. 일명 자아도취적 망상증… 즉, 중2병이라는 인터넷 속어는 중학교 2학년 나이 또래의 사춘기 청소년들이 흔히 겪게 되는 심리적 상태를 빗댄 언어로, 우스갯소리지만 북한이 우리나라 중2들이 무서워서 쳐들어오지 않는다는 말이 있을 정도다.

♡ 외모에 꽂히는 관심

나의 사춘기를 크게 5가지로 나누어 이야기를 해 보자면 사춘기의 첫 시작이라고 할 수 있는 초5 때다. 초5 때부터 막 반항을 한 것이 아니라 서서히 외모에 관심을 가지면서 시작됐다고 할 수 있다.

나이가 어려서 그런지, 화장도 아빠 몰래몰래 했던 귀여운 추억이 가장 먼저 생각난다. 아빠에게 그 당시 유행했던 브랜드의 틴트를 사달라고 했는데, 단칼에 거절당해 속상했던 기억이 난다. 무조건 안 된다고 말하는 아빠가 미워서 고모에게 달려가 틴트를 사달라고 했던 그 추억이 생생하다. 고모도 처음에는 초5가 무슨 화장이냐며 다그쳤지만, 내 성에 못이겨 색립밤을 사주셨다.

초6에 들어서자, 이른바 틴트를 바르는 친구들이 늘어났다. 예쁜 파우치 안에 화장품을 가지고 다니는 친구들도 한두 명 늘어났고 나 역시 파우치를 들고 다니며 소위 어른 흉내를 내며 어른 그 자체를 동경해온 것이 나의 사춘기 전반부다.

초6 때의 사진을 보면 '흑역사'가 따로 없다. 얼굴은 하얗고, 눈은 판다 같고 입술은 쥐를 잡아먹은 듯 빨갰다. 화장도 지지리 못했구나 싶지만 아이들과 서로 화장해 주고, 화장품을 소개하며 하루 일과를 보냈던 그때의 추억 역시 손꼽을 만한 나의 추억이다. (그래도 집에 들어갈 때는 안 들키려고 화장을 꼼꼼히 지우고 들어갔다.)

♡ 아빠와도 대립

두 번째 나의 사춘기 기억 조각은 중1 때다. 점점 아빠와의 대립 관계가 심화되어 가고, 나 역시도 '나'라는 폭풍에 갇혀 허우적거렸던 통제 불가 시기였다.

아빠와의 관계가 심히 틀어졌다. 현재까지도 기억나는 말이자 내가 죽을 때까지 한으로 맺혀 살아갈 말을 이때 처음 들었다. 아빠에게 "왜 나는 화장하면 안 돼?"라고 되물었고 아빠는 이렇게 말씀하셨다. "넌 엄마가 없잖아. 엄마가 있으면 여자 입장에서 화장을 어떻게 지우고 무슨 화장품을 쓰면 좋을지 다 아는데 아빤 그런 걸 몰라서 널 케어할 수가 없어."

아, 나 참 엄마가 없지. 집안에 화장품이라고는 내가 사놓은 화장품 몇 개가 전부이고 그 흔한 향수도 없었다. 남의 집에 가면 엄마 화장품이다 뭐다 한 개씩 진열되어 있는 화장품이 우리 집에는 없었다. 엄마의 부재를 그깟 화장품에서 느끼다니. 머리를 한 대 맞은 것처럼 띵 하고 처음 느껴보는 지리멸렬한 감정을 그때 느꼈다.

다 컸다고 치부할 수 있는 지금이야 그런 소리 들어봤자 그러려니 하겠지만 그때부터 걷잡을 수 없는 회의적인 생각이 머릿속에 꽉 들어차기 시작했다.

♡ 친화가 깨지는 갈등

내 사춘기의 세 번째 기억 조각은 가장 사건사고가 많았던 시기이다. 바로, 중2병 시기 중2 때다.

중2가 되자, 세종 신도시 내 중학교로 전학을 가게 된다. 내가 나의 장점이라고 자긍하며 말할 수 있는 것이 바로 나의 붙임성이다. 나는 당연히 학교생활을 잘 할 수 있을 것이라고 생각했는데, 내 상상과는 딴판이었다.

소위 말하는 노는 여자 아이들의 집단 중 우두머리라고 할 수 있는 여자애와 나의 생김새가 오묘하게 닮았다는 이유로 시기를 받았고, 전학생이라는 타이틀에 쉬는 시간마다 반 앞으로 몰려오는 남자 아이들의 시선에 더욱 더 여자 아이들에게 괴롭힘을 당했다. 전학 온 지 몇 개월도 채 안 돼서 학생부장 선생님과 상담하며 분명 나는 괴롭힘을 당했을 뿐이고 난 내 생각을 올곧게 말했을 뿐인데 "전학 온 지 얼마나 됐다고 사고 치는 애는 네가 처음이다."라는 말을 들으며 배반당했던 느낌이 생각난다.

학생부장 선생님은 어느 날 나를 교무실로 부르더니, 동영상 하나를 보여줬다. 대충 영상 내용은 아이들이 괴롭힌다고 해서 나도 똑같이 성을 내지 말고 현명히 대처하라는 그런 류의 영상이었다.

나는 분명 학교생활을 잘 할 수 있을 것 같은데, 희망이 깨지니 학교 출석 자체를 거부하고 집에만 있었다. 며칠간 그렇게 아무런 희망 없이 사는 날 보며 아빠가 어지간히 화가 났는지, 아예 학교를 때려치우라고 하셨다.

그때 딱 든 생각은 '엄마였으면 안 이랬겠지.'였다.

엄마였으면 날 안아줬겠지? 엄마였으면 날 위로했겠지. 엄마였으면 날 더 포용해줬겠지 하며 별 추억도 없는 엄마를 찾기 시작했다.

♡ 엇나간 기억

며칠 내내 학교를 나가지 않으니, 학교 선생님이 찾아오고 학교에서 전화가 오고 잘 일단락 시키겠다고 학교와 아빠 사이에서 무언의 약속이 오고 갔다. (지금은 그 친구들과 둘도 없는 친구 사이이다. 그때 이야기는 만날 때마다 철없는 시절의 행동으로 인정하며 서로 웃어댄다.)

힘들다고 하니 전 학교 친구가 초콜릿을 잔뜩 사 들고 우리 집 앞까지 찾아와줬다.

기차를 타고 20분, 버스를 타면 1시간 거리인데 친구가 힘든데 그깟 거리야 아무것도 아니라는 그 친구에게 평생 느껴보지 못한 따스함을 느끼게 되었다. 일이 어영부영 넘어가듯 종결이 되니 가족도 싫고, 학교도 싫고, 올곧게 자라나는 것에 반항이 서서히 들기 시작했다.

누가 간섭하면 성질이 나 날카롭게 대들기 마련이었고 아예 '나'라는 파도에 허우적대는 정도가 아니라 파도에 푹 빠져 저 깊은 심해로 계속해 들어가는 듯했다.

남들은 집에 가면 엄마가 기다려주는데, 남들은 친구가 집에 오면 엄마가 맛있는 음식 만들어주는데, 나는 그러지 못하니까 괜히 되지도 않는 심술이 났다.

학원이 10시쯤에 끝나 집을 가려는데, 보나마나 집에 들어가면 적막이 기다릴 뿐이겠고, 내 눈에 보이는 것은 시계의 빨간 라이트에 물들은 아무도 없는 빨간색 거실뿐이었다.

'네 인생은 레드오션일 뿐이야.', '네 인생은 빨간 피를 흘려야만 해'라고 확정 짓는 듯한 집 분위기가 너무 싫었다.

♡ 가출인가 탈출인가

보통 할머니나 할아버지 댁에 가면 할아버지 할머니의 따스한 체취가 나기 마련인데 그 당시 우리 집은 아무 냄새조차 나지 않아 참 적막하기 따로 없었다. 그래서 그 날 하루는 집에 안 들어가기로 마음먹었다. 처음에는 길거리에서 방황하다가, 친구에게 양해를 구해 친구 집으로 밤늦은 오후에 들어가 잤다. 아빠에게 계속 전화 오는 것도 무시하고 말이다.

매번 늦게 들어오는 아빠라, 새벽에 들어오는 아빠가 굳게 닫힌 내 방을 보고 잘 거라고 생각해 들여다보지도 않았기에 당연히 가출한 날 당시도 그렇게 넘어갈 거라 생각했는데, 내 예상과는 정반대였다.

경찰이 날 찾았고 결국엔 붙잡히듯 잡혔다. 절차라느니 뭐라느니, 진술서를 쓰고 참 많은 일이 있었고 아빠에게도 많이 혼났다. 나는 그냥 위로 한번 받고 싶었을 뿐인데, 이해해 주지 못하는 아빠가 싫어 그 후 몇 개월 동안 아빠랑 말도 거의 섞지 않은 채 지냈고 우연히 아빠와 진솔한 이야기를 할 때 아빠 역시 나 못지않게 사고를 쳤고, 할아버지 속을 그렇게 썩였다고 한다.

그때 아빠 우는 걸 처음 봤는데, 언제나 면박만 주는 아빠가 우는 모습을 보고 내가 드디어 잘못되었다는 것을 알게 되었다.

중3이 되어서는 생각도 많이 바뀌고 이제는 그러려니 하고 물 흘러가는 듯 생각하는 어른스러움을 겸비하게 되었다. 어른 흉내만 내는 어린아이가 아닌, 이제 드디어 어른스러운 사고를 할 줄 알게 되었다. 참 놀라운 성장이다.

♡ 잘못도 해 가며 자란다

할아버지는 이 글을 보시고는 사춘기를 '자아 성장기'라고 표현하셨고 덧붙여 잘못을 일삼아 하는 시기라고 하셨다.

할아버지는 잘못도 해봐야 무엇이 옳고 그른 것인지 알 수 있다고 하셨다. 약간 소크라테스와 비슷한 사상 아닌가? 소크라테스는 알지 못하는 것이 악한 행동의 원인이라 보았다. 어떤 행동이 나쁜 행동이고 해롭다는 것을 정말 안다면 악을 행할 수 없다는 소크라테스의 사상과 이야기 할아버지의 사상은 꽤나 비슷하다. 할아버지는 이런 사춘기의 청소년들이 잘못을 저지르는 것에 대해 어른들의 포용이 필요하다고 하셨다. 잘못을 저질러봐야, 그래 봐야 안다고 말이다.

내 자식들이 태어나 사춘기를 겪게 된다면, 분명 나의 속을 무진장 썩일 것이다. 나는 그때, 무조건 면박을 주는 것보다 맛있는 음식을 먹이며 나 역시 그랬으니 너도 할 수 있을 만큼 삐뚤어져 보고 옳고 그름이 무엇인지 인지하라고 하고 싶다. 나는 그저 저 멀리서 지켜볼 테니 말이다.

♡ 품어줄 시기

나도 참 사춘기 때 아빠 속 썩이다 못해 갈기갈기 찢었지만, 내가 나 스스로의 무덤도 팠지만 그럼에도 불구하고 현재는 아주 올곧게 살아 간다고 자신만만하게 말할 수 있다.

사춘기, 아주 다루기 어려운 시기지만 포기해서는 안 된다.

사춘기를 이해하고 포용해야만 한다. 어른들이 아이들의 파도에 리듬을 맞추어 장단을 맞추다 보면 어느새 파도도 잠잠해질 것이다.

청년기

KEYWORD

삼위일체(三位一體)란 "셋이 하나"라는 뜻인데 청년기도 마찬가지이나 자주 삼위(三位)가 각체(各體)라고 보일 때도 있다. 취업, 결혼 준비, 노력과 고심이다. 물고기를 보면 청년기처럼 등, 배, 아가미, 꼬리, 3~4개의 지느러미를 가지고 있는데 이와 같이 지느러미 3~4개가 동시에 움직여야 미래로 잘 간다는 참 중요한 시기다. 낳고 자라 이제 사춘기가 지났으니 모든 면에 성숙해져 가는 중, 이 시기에 100년의 기초를 잘못 놓으면 늦게 후회해도 바로잡기 어려워진다. 등지느러미는 중심을 잡는 인격, 꼬리지느러미는 갈 길을 찾아가는 목적 방향키, 아가미와 배지느러미는 성실과 노력이다. 각체가 아닌 일체는 자신이 할 바여서 참 중요하나 이게 참 어렵다. 깊이 생각하여 지혜롭게 보내야 한다.

♡ 청년기 지느러미

할아버지는 청년기를 이렇게 비유하셨다. 바로 '물고기'라고 말이다.

처음 들었을 때는 의아했다. 보통의 청년기면 대개 20대 전후를 일컫는지라 '꽃다운 청춘'이다 하여 꽃으로 비유하는 경우도 많고 '찬란한 인생의 봄이다'라고 하여 봄으로 비유하는 경우가 많은데 물고기라니, 생뚱맞은 비유다.

처음엔 이해가 안 갔는데 할아버지께서는 물고기가 헤엄을 칠 수 있는 원동력이 무엇이냐 물어보셨고 나는 곧장 꼬리라고 대답했다. 할아버지는 정답이라고 하셨다. 덧붙여, 각각 꼬리와 날개, 지느러미 그리고 등지느러미가 어떠한 청년기의 특성을 띠는지도 설명해 주셨다.

아직은 청소년기지만 눈 깜빡할 틈에 청년기가 될 준비를 하고 있는 나는 할 말이 아주 많다. 내가 생각하기에, 아동기와 유아기도 자아 형성에 있어 참 중요한 시기지만 청년기는 내 인생의 최종적인 길을 선택하는 기로이니 이 역시 중요하다 할 수 있다.

♡ 점토 비유

최종적인 길이라니, 너무 표현이 극단적이라는 생각이 든다.

20대면 어리다면 아직 한창 어린 나이이고 기회의 가능성이 많으며 추진력 역시 일생일대 가장 크다고 할 수 있다. 20대에는 가장 활발하고, 가장 아름다울 나이인데 최종적인 길을 선택하는 나이라니 너무 무책임한 발언이다.

나 역시 할아버지처럼 청년기를 물고기로 비유하며 청년기가 역시 인생에서 중요하고, 길을 찾아 실질적으로 나서는 시기라고 하셨을 때 역시 막중한 책임감을 느끼게 되었다.

어렸을 적에는 마냥 성인이 되고 싶다는 생각만 하였다. 이유 불문 성인이 그냥 멋져 보였다. 자율적인 행위를 행할 수 있는 그 나이가 너무 멋져 보이고 그냥 그 나이 그 자체가 너무 대단해 보였다.

할아버지께서 청년기를 물고기로 비유한 것처럼 나는 청년기를 점토로 비유하려고 한다. 점토가 건조되어 더 이상 형태가 바뀌지 않는 그 완전한 상태가 우리의 성인 된 모습이라고 할 수 있겠다.

점토는 시간이 지나면 지날수록 더 단단하게 굳는다. 그 이전 상태에 잘못 만지게 되면 모양이 찌그러지거나 흠집이 나기 마련이다. 말랑말랑할 때 만지게 되면 쉽사리 모양이 변하게 되는 점토, 이것이 우리의 아동기 또는 청소년기다. 모양이 쉽게 변하고 흠집도 잘 나지만 아직은 점토가 말랑말랑한 상태라 다른 모양으로 만들기도 쉽고 흠집이 나거나 찌그러져도 다시 다듬으면 그만이다.

다만, 점토가 작은 충격에도 찌그러지는 바람에 많은 관심과 주의를 줘야 한다는 것이 크나큰 귀찮음이지만 연속적으로 모양을 변형할 수 있다는 게 큰 매력이라고 할 수 있다.

♡ 굳기 전 할 일

점토는 시간이 지나면 지날수록 굳기 마련이다. 이 과정이 바로 성인이고 청소년기의 막바지라고 할 수 있다. 이것을 우리는 점토를 다시 망가트리고 새로 시작하기에는 조금 무리하다 싶고, 시간이 더 필요한 현실적인 나이인 청년기라고 칭할 것이다. 점토가 단단하면 부서질 염려가 없으니 더 주의를 주지 않아도 점토가 자연 건조되기만을 기다리면 끝이다.

여기서 점토를 빚는 제작자는 부모님이다. 어느 정도의 형태를 잡아주면 건조되는 것은 기나긴 시간 속 오로지 점토의 몫이다. 점토가 단단하게 굳어가고 온전한 형태가 잡혀갈 때쯤 크나큰 충격을 받으면 지금까지 노력해왔던 것들이 모두 무용지물이라고 말해주는 듯 산산조각이 날 수도 있다.

거의 다 건조되어 가는 점토가 산산조각이 나면, 어느 지점부터 다시 이 점토를 다듬어야 하고 형태를 잡아야 할지 감이 안 올 것이다. 왜 어른들이 크면 커갈수록 조심을 중요시하시는지 크면 클수록 이해가 간다.

20살 때는 적어도 새로 시작하는 경험이 많을 터라 실패도 많이 경험할 것이다.

♡ 힘든 홀로서기

누구나 처음 하는 경험은 능숙하지 못하고 실수도 많을 것이다. 그것이 자연스럽고 이 실수를 통해 배워나가고 습득하는 것이 사람인지라, 이러한 실패에 대해 뭐라고 운운하는 사람들은 정말 개구리 올챙이 적 생각 못 하는 이기적인 사람일 것이다.

나 역시 크고 작은 성공과 실패를 경험하면서 배우고 느끼지만 언제나 홀로서기 하는 것은 나이가 한 살 그리고 두 살 점점 많아져도 가면 갈수록 힘들다는 것을 직접 체감하게 된다.

드디어 행동의 결정권을 실질적으로 가지고 있는 성인이라고 할지라도, 자유가 더 부가된 나이라고 하더라도 그에 따르는 책임은 막중

하니 홀로서기가 얼마나 힘들지 지금부터 체감하게 된다. 아마, 지구를 주제로 글을 썼을 때 이러한 문장을 기재했던 기억이 난다. 인간은 자연과 비슷한 유기적인 존재라고 말이다.

자연의 양상이 사람의 양상과 비스무리하고 사람이 지닌 특성 역시 자연에서 발견할 수 있다는 그런 문장 말이다. 아기 새가 어미 새의 보살핌을 받으며 어느덧 성체가 되면 둥지를 떠나듯 인간관계의 부모 자식 간의 연도 언젠가 부부와 자식의 독립체로 멀어져가기 마련이다.

점점 멀어져가고 부모와의 소통은 단절된다. 가장 조언을 필요로 하고 자신이 놓인 갈림길에서 헤맬 때 그 주변을 인도해줄 사람은 아직도 필요한 청년기인데 말이다.

♡ 터놓고 말할 사람이 없는 문제

할아버지는 이러한 것들을 정말 안타깝게 여기시며, 요즘 청년들은 자신의 속사정을 털어놓을 사람이 없다며 청년들의 말동무가 얼마나 절실한지를 나에게 말씀해주셨다.

요즘 세대의 노래만 들어보아도 세상의 어두운 면을 주제로 곡을 쓰며 대중을 위로하는 곡이 많다. 대표적으로는 잔나비의 〈작전명 청-춘!〉과 김윤아의 〈Going home〉 등이 있고 팝송도 젊은 세대를 위로하고 다독이는 노래가 수두룩하다. 나라 불문하고 20대는 왜 20대라는 이유만으로 힘든 것인가? 가장 완벽한 사람을 19살에 요구하는 이 나라에서 성인이 되어 홀로서기 할 때까지 어른이 되는 법은 배우지 못했다.

국어, 수학, 영어, 과학 등등의 이론적인 부분은 귀가 닳도록 들어왔다. 지식을 얻어 견해의 폭이 넓어지고 세상 살기 편리해진 것은 맞지만 어른 되는 법은 무엇인지, 사람 됨됨이가 무엇인지는 배우지 못했다.

그렇게 우리는 점토에서 가장 중요한 철대를 빼먹고 형태를 잡고 있었던 것이다. 반석이 세워지지 않은 건물처럼 실패를 몇 번 경험하면 처참히 되돌릴 수도 없이 깨질 수 있을 만한 나약함을 우리 스스로가, 또는 우리의 교육이 그렇게끔 만들어가고 있다.

♡ 실패하며 배워

교육 면은 참 조심스럽다. 난 아직 국가의 법 아래에서 촉법소년이라며 보호를 받으며 정해진 공교육을 받는 나이인지라 이런 발언은 정말 '소신 발언'이다. 음, 할아버지 말씀대로 정녕 어른 되는 방법의 절대적인 정답을 모색하지 않아도 배우지 않아도 괜찮다.

누구나 그렇듯 실패하며 배워가고 넘어졌어도 달려왔다는 그 증거 하나만으로 아직 살아가기에 20대는 너무 찬란하고 찬란한 나이이다. 충분한 가능성과 무한의 에너지가 있다.

할아버지 말씀처럼 적어도 물고기의 꼬리가 제 기능을 하기 위해서, 사람 됨됨이가 무엇인지 알기 위해서는 인생 선배들의 조언이 필요하다.

20대는 가장 쓸쓸하고 찬란한 존재다. 희고 흰 눈같이 청렴함을 겸비한 그 자체지만 그 눈의 본질은 차가울 뿐이다.

내가 일요일, 글 쓰는 요일이 기다려지는 이유는 할아버지가 맛있는 간식을 사주어서도, 맛있는 할아버지 표 집밥을 먹어서도 아니다. 사실 이런 이유도 있지만, 내 마음을 터놓을 수 있는 말 상대가 있다는 것에서 그냥 단순히 고개만 끄덕거리며 나의 실없는 말을 들어준다는 누군가가 있다는 것에서 가장 큰 힘이 난다.

청년기, '네 인생에서 무엇이 될 것이냐?'라는 폭넓은 주제의 잠정적인 가설을 세울 황금기. 그리고 그 가설을 수용시켜줄 수 있게끔 뒤에서 아무런 소리 없이 잔잔한 미소로 이야기를 들어주며 터벅터벅 같이 동행해 주는 동행자. 그것이 누가 된다 한들 아동기와 유아기 아이들을 돌보는 것처럼 많은 관심을 주고 과묵한 관심을 주는 것, 청년기의 돈 안 드는 원동력이 될 수 있을 것이다.

그 동행자가 부모라면 더할 나위 없이 참된 어른, 물고기 꼬리가 제 기능을 상실하지 않고 방향을 잘 잡아 헤엄칠 수 있는 가장 큰 원동력이 될 것이다.

할아버지께서는 앞서 기재한 글처럼 요즘 청소년들이 내 인생에 대한 생각을 깊이 하지 않음이 안타깝다고 하셨다. 이러한 생각이 정말 나만의 인생을 살아가는데 정해진 교육보다 어쩌면 더 중요할 수도 있다. 나에 대한 삶에 '나'라는 사람을 이해하고 내 삶을 이해하는 것이 수학을 이해하고 국어를 이해하는 것보다 더 중요한 발판이자 나의 미래를 점진적으로 그려가는 행위예술이다.

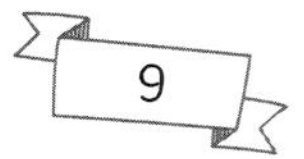

장년기

KEYWORD

네가 보는 장년기를 나는 중년기라 하고 싶은데 지식백과가 장년기라 한다니 그러자 한다만 이른바 장년기란 인생의 황금기라고도 하고 싶다. 부부가 되었고 자녀가 출생했고 부모가 되었으니 무엇 때문에 태어나 여기까지 왔느냐의 답이 장년기요 중년기이며 인생의 황금기다. 할아버지가 되고 보니 인생 최절정이 이때다. 아이들 크는 행복감, 부모로 사는 행복감, 그런데 가장 힘들기도 한 때여서 이때는 돈이 사람을 힘들게 한다. 직장이고 사업이고 절정에 올라야 하는데 가장 필요한 것이 돈벌이다. 또 세 가지가 맞물려 돌아가는 시기인데 위로와 즐거움은 남매든 삼남매든 아이들이 자라면서 얻어지는 보람이 한 덩어리로 뭉쳐서 어찌 보면 가장 힘들 때지만 절대적 가장 살맛 나는 시기이기도 하다.

♡ 장년기는 중년기

할아버지께서는 장년기를 산술적인 숫자로 몇 살부터 몇 살까지라고 표현하시는 것보다, '결혼을 한 나이 대'부터를 장년기라고 보셨다. 그 말인즉, 26살에 결혼을 하면 26살 역시 장년기에 접어들 수도 있다는 것이 할아버지의 말씀이다.

그렇다면 산술적으로 나타내는 장년기란 몇 살부터 몇 살까지일까? 찾아보니 대략 인간의 수명이 늘어남에 따라 대략 60대까지도 장년에 속한다는 견해도 지배적이지만 대략 30세에서 50세라고 한다. 어렸을 적부터 희망 사항이라면 바로 보란 듯이 취직해서 사원증을 목에 걸고 점심시간에 한 손에는 커피를 들고 또각또각 걸어가는 것. 이것이 나의 로망이다.

나의 30대를 상상해 보라면 용감하게도 취업에 성공해서 밥벌이하고 있을 거라고 떠올리게 된다.

그렇다, 20대 즉 청년기는 어쩌면 사춘기의 연장전이 아닐까 싶다. 사춘기가 매서운 파도라면 20대 청년은 어느 정도 예측 가능한 파도랄까? 하지만 장년기는 무언가 20대의 청년기보다 묵직하고 장엄한 느낌이 든다.

할아버지는 장년기를 사계절 중 여름이라고 표현하셨다.

♡ 인생의 여름

가장 왕성한 활동이 일어나는 여름. 열매가 가장 많이 맺어지게 되는 여름은 장년기가 되어 사회적 집단인 가족을 형성하고 눈에 넣어도 안 아프다는 자식을 사랑의 결실로 맺게 된다고.

포털 사이트에 장년기를 검색해보면 이렇게 서술하고 있다.

'사회적 역할도 크게 되어, 사람의 일생 중 심리적으로 가장 충실한 기간이라고 할 수 있을 것이다. 그러나 의학적으로는, 육체적 능력이 서서히 내리막으로 향하기 시작하는 시기로서, 노년기의 질병의 근원이 형성되어 가는 기간으로 볼 수가 있다.'라고 한다.

할아버지는 이 장년기에 가장 중요한 것은 바로 주어진 삶에 충실한 것이라고 하셨다. 주어진 삶에 충실한 것? 할아버지는 덧붙여, 가정을 꾸렸다면 가정에 충실해 아내 노릇과 남편 노릇 그리고 태어난 자녀에게 부모 노릇 하는 것이 주어진 삶에 충실한 것이라고 하셨다.

그렇다면, 주어진 삶에 충실한 것이 정말 괜찮은 사람으로 사람 됨됨이를 갖추며 살아가는 것은 무엇일까에 대한 의구심이 들었다.

♡ 청년기의 열매를 맺는 장년기

할아버지는 이 의구심의 답을 이렇게 도출해주셨다. 후손이 보기에 그리고 선조가 보기에 한 점 부끄러움 없이 떳떳하고 잘했다고 인정을 받을 정도면 괜찮은 사람이라는 것.

그럼 나의 서른 살은 어떠한 색일까. 적어도 장년기를 가장 불타오를 여름과 같이 살아가려면 청년기 때 어느 정도 준비가 되어야 할 텐데, 그 준비 과정이라는 게 언제나 변수가 있을뿐더러 미지수라는 게 참 두렵다.

남들과 같이 별다를 것 없이 초중고 나오고 비슷한 삶을 살아가는데 참 이기적이고 모순적이게도 사람 모두는 성공이라는 목적을 그리며 그 속에서 남들과 차별화되는 별난 사람이 되기를 원한다.

과연 장년기란 무엇일까? 청년기에 내 인생을, 그리고 그 인생의 실질적인 열매를 맺게 되는 시기? 할아버지 말씀을 들어보면 장년기는 행복으로만 가득 찰 것만 같다.

떡두꺼비 같은 아들을 낳고 참새 같은 딸을 낳아 오순도순 내 가족과 함께 살아간다면 안 좋을 이유가 없을 것이다. 내가 사랑해서 내 인생을 함께할 동반자를 수많은 사람 앞에서 약속하고, 사회적으로도 인정받은 관계를 유지해가며 살아가는 그 삶은 정말 동화 같은 삶일 것이다.

음, 나도 이렇게 가끔씩 결혼에 대하여 행복한 상상들을 하고는 한다.

장년기에 이러한 행복한 삶들은 나의 삶을 더욱 더 윤택하게 만들어 줄 것이다.

♡ 갱년기를 앞둔 증상

하지만 삶이란 언제나 동화 같을 수는 없다. 동화 속에서 여러 가지 인물 관계 간의 갈등이 고조되고 심화되는 부분이 있듯이 우리 삶에서도 불현듯 갈등이 초래되는데, 할아버지께서 말씀하시기를 장년기의 갈등은 바로 '갱년기를 앞둔 증상'이라고 하셨다. 갱년기는 사춘기보다 더 생각이 많아지고 자기 회의에 빠지는 시기라고 하셨다.

그럴 법도 한 게 사춘기는 당연한 듯 여자는 여자의 호르몬인 에스트로겐이 분비되고 남자는 남자의 호르몬인 테스토스테론이 분비되고 촉진되며 성인의 모습을 띠게 되는데 갱년기의 경우는 반대되는 호르몬이 분비하기 시작한다.

그래서 남자는 점점 여성성을, 여자는 점점 남성성을 띠게 된다고 한다.

아무렴 뭐 어때, 아빠가 주말연속극을 보고 눈물을 훔쳐도 내 아빠고 엄마가 전보다 더 괴팍해져도 그 모습을 지닌 엄마 역시 내 엄마다. 하지만, 이런 것들은 뒷전으로 보내고 갱년기에 접어들게 되면 외롭다는 감정이 많이 든단다. 사실 외로움이라는 감정은 연령대 불문하고 들 수 있는 감정이라서 외로움이 들어봤자 얼마나 들까 싶기도 했다.

하지만 그럴 법도 한 게 내 인생의 시간과 돈과 열정을 쏟아부어 키운 자식이 점점 자라 부모 손에서 벗어나 본인의 삶을 개척하고 출가하게 되면 부모는 인생을 걸어 키운 내 전부가 내 곁에서 멀찍이 떨어지는 것이니 얼마나 외로울지, 그 부재가 얼마나 클지 짐작이 간다.

♡ 가혹하기도 한 장년기

갱년기라, 그럼 외로움도 많이 타게 될 것이고 정서적으로 불안함 그리고 나태함에 빠져 살게 될 텐데 장년기의 성인들은 대체 누가 돌봐주는 것일까?

아무리 성인이라고 한들 누군가의 아들이자 딸로 부모의 보살핌을 받아오던 사람들이었는데 단순히 20대라는 이유만으로, 30대라는 이유만으로 모든 책임을 져야만 하는 잔인한 현실은 가혹하기만 하다.

18살이면 다 큰 나이라고 하지만 언제나 나는 물음표 속에서 살아간다. 그럴 때마다 어른들에게 자문을 구하고는 한다. 그 자문이 틀렸을지언정 나보다 더 오래 산 인생 선배의 조언은 경험에서 우러나오는 것인지라 한 번 더 귀담아 듣게 된다.

그 인생 선배는 가장 첫 번째, 영원한 내 편 부모님이 아닐까 싶다.

난 아직 18살, 결혼하려면 취직도 해야 하고 또 좋은 사람도 만나야 하고 좋은 사람을 만나기 위해 나 역시 좋은 사람이 되어야 하는 과정에서 많은 시행착오를 겪는다.

장년기에 접어들어 결혼하고 애를 낳아 기르는 부모를 보며 할아버지께서는 '애가 애를 낳아서 키운다.'라는 말씀을 하신다.

♡ 장년기에도 보살핌이 필요하다는데

청년기도 보살핌을 받아 커 가는 것처럼 장년기 역시 장년기보다 더 연륜이 있는 어른들이 장년기 어른들을 보살펴 주어야 한다고 할아버지께서 말씀하셨다.

그리고 그 장년기 어른은 그런 이야기들을 듣고 마찬가지로 자기보다 어린 청년기를 보살피고 다독여주는 것, 이러한 커뮤니케이션이 필요하다고 할아버지께서 말씀해 주셨다.

사실, 내 나약함과 마음의 소리를 입 밖으로 꺼낸다는 것은 정말 어렵다. 나 같은 경우도 혹여 마음의 문을 열어 낸 소리가 짓밟히면 어떨지 차라리 말 안 하고 나 혼자 끙끙 앓다가 시간이 약이라는 말이 있듯이 물 흐르듯 자연스럽게 넘기려고 할 때가 많다.

그때마다 드는 생각은 시간이 약이라는 생각뿐, 위로해 주는 존재 자체가 없으니 벌써부터 서운하고 적적하기도 하다.

장년기에는 왕성한 활동을 많이 한다고 한다. 사랑에 빠져 죽도록 사랑을 하고 그 사랑의 결실을 사랑스러운 자식으로 맺게 되어 지금까지 경험해보지 못했던 사랑을 주는 나이, 장년기.

내 인생의 새로운 제2막이 열리는 시기라고 할 수 있겠다.

지금까지 달려온 제1막 인생과는 사뭇 다른 시놉시스의 인생, 장년기.

찬란한 청년기를 디딤돌 삼아 장년기라는 여름과도 같은 생산적인 시기에 자식이라는 존재를 위해 희생하는 부모님, 또는 사회를 위해 헌신하는 모든 장년기 여러분들의 노고에 박수를 치며 나 역시도 그러한 어른이 되어야겠다고 생각했다.

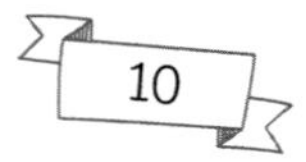

갱년기

사람을 알고 이해하며 산다는 것에는 늙고 병드는 아픔이 하나 있어 갱년기다. 사춘기에 성장통을 앓는다면 갱년기는 인생 마침통을 앓게 되는 시기다. 사춘기 통증이 열이라면 갱년기의 통증은 두 배가 넘는다고 보는데 권태기와 맞물려서다. 자녀들이 사춘기가 지나 뻣뻣해지고 부부는 그렇게 넘치던 단꿀 사랑도 질리는 측면이 있어 고민이 깊어지는 현상. 이건 특히 여성이 더 심하게 앓는데 여성호르몬 감소 현상과도 관계가 있다. 왜 사나, 이게 인생인가, 허무하다, 외롭다, 고생만 하고 산 인생 아닌가… 늙어간다는 것을 감정이 알고 몸이 알게 되면서 생기는 갱년기 우울증, 심지어 이혼을 생각하고 죽고 싶기까지 한 현상들… 하지만 이 역시도 흘러갈 것이니 노년기가 되면 회복된다.

♡ 우울한 갱년기

언젠가 사춘기 자식과 갱년기 아내를 둔 남편은 매일같이 전쟁터에서 살아가는 것이라는 유머 글을 본 적이 있었다. 그만큼 갱년기는 제2의 사춘기라고 할 정도로 감정 기복이 심하고 극심한 우울감에 빠지기도 한단다. 갱년기의 경우는 남성보다 여성에게 더 심한 증상으로 다가올 확률이 더 높고 실로 그런 것이 갱년기라고 한다. 찾아보면 이는 여성의 폐경 시기 전후로 보기도 한다. (하지만, 무조건 폐경이 되어야만 갱년기가 오는 것은 아니라고 한다.)

폐경 시기를 중심으로 갱년기 시기를 나누지만 남성 역시 갱년기가 오지 않는 것은 아니란다. 대한남성과학회가 조사한 결과 남성 갱년기의 경우는 30% 정도로 미미하지만 그 30% 안에 우리의 부모님이 속할 수도 있으며, 현재는 30%보다 더 높은 수치를 차지하고 있는 것으로 나타난다. 확실한 이야기는 아니나, 남성은 갱년기가 와도 갱년기인 사실을 모르고 지나가는 경우가 있다고 한다. 오늘 좀 무리를 했나? 그래서 몸이 안 좋나? 내가 늙어서 삭신이 쑤시나 보네 등의 생각으로 간과하고 마는 것.

♡ 권태기와 맞물린 갱년기

우리 아빠의 경우 역시 건강에 적신호가 와도 내가 늙는가 보다 하고 마신다. 몸살감기에 걸리셔서 병원에 가 보시라는 딸의 말에도 가볍게 무시하시고 내가 쓰는 미니 전기장판을 슬쩍 가져가 잠을 잘 때 배에 대고 주무시는 것이 끝이다.

그렇다면, 갱년기의 가장 큰 특징은 무엇일까? 이야기 할아버지께서는 갱년기의 가장 큰 특징이 좋아하던 것들이 점점 싫증이 나게 되는 것이라고 하셨다.

그렇다면 사춘기랑 다른 게 무엇일까? 내가 지나온 사춘기 역시 내가 평소에 좋아했던 것들이 점점 귀찮아지고 싫증이 났던 기억이 있다. 권태기마냥 무엇을 해도 손에 잡히지 않았고 꾸역꾸역 만들어낸 결과물이 제 눈에 보기에도 형편없을 정도였으니 회의감은 계속해 늘어났다.

나도 열심히 잘 해 오다가 어느 순간 갑작스럽게 권태증이 와 방황했던 적이 있는데 그 중 하나가 이야기 할아버지께 공부하러 가지 않는 현상이었다. 어렸을 때부터 할아버지 무릎에서 커왔다고 해도 과언이 아닐 만큼 할아버지와 함께 맛있는 음식도 먹고 그렇게 자라왔는데, 그냥 어느 순간 할아버지와 공부하는 게 귀찮아졌다. 사실 노는 것이 좋아서 노는 것에 정신 팔려서 그런 거다. 그렇게 긴 시간 몇 년 동안 놀 거 다 놀고 나서야 노는 것도 재미없어지자 할아버지께 자연스럽게 돌아오게 되었다.

♡ 갱년기 고민은 사춘기의 두 배

갱년기 역시 이러한 권태가 사춘기보다 더 심해진다고 하셨는데, 사춘기의 경우 새로운, 더 자극적인 행동을 찾아 떠나며 잘못도 하고 경험을 하는 시기라면 갱년기는 모든 것에 의미가 없다고 보이는 것이 대부분이라고 한다.

결혼도 해봤고 애도 낳아봤고 누군가를 사랑도 해 보고 사랑의 아픔도 겪어보고 스스로 돈도 벌어보고 지칠 때까지 놀아보고 뭐 등등의 경험을 거의 다 해 보았다고 해도 무관하기에 모든 것이 귀찮아지고 싫어지는 시기라고 한다. 게다가, 아이들은 청소년이 되어 자기 생활에 열중하느라 잘 부리던 애교도 사라지니까 등등….

이렇듯 사춘기는 성장하기 위한 성장통, 나를 알아가기 위해 고뇌하는 시기라고 했지만 더 이상 클 것이 없는 갱년기를 맞이한 사람들은 점점 늙고 쇠약해져 간다는 '사망통(?)'이라는 말까지 있다고 한다.

사춘기를 지나온 나는 사춘기가 와서 아프다 이런 소리는 들어본 적도 없고 나 역시 사춘기라 온몸이 저리고 쑤신다는 느낌을 겪어본 적은 단 1도 없었다.

하지만, 갱년기는 늙고 쇠약해져 감에 따라 몸이 약해지고 여러 가지 증후군을 동반한다고 한다. 늙는 것도 서러운데 말이다.

♡ 호르몬이 뭐길래

왜 우리는 어떠한 호르몬에 변화가 오면 권태를 겪는 것일까?

그리고 이 갱년기와 권태를 어떻게 이겨내야 할까?

의학적으로 갱년기를 이겨내는 방법은 호르몬제 복용이라고 한다. 다만, 이 호르몬제를 복용하는 방법에는 많은 구설수가 오르내리는데 암을 유발할 수 있다고도 하고 효용이 없다는 사람들도 있다.

하지만 나는 오로지 약만 복용해서는 100% 효과를 볼 수 없을 것이라고 본다. 사실, 약이라는 것이 복용하고 몇 시간 뒤 또는 몇 분 뒤 확실한 복용 효과가 나타나는 것은 극히 드물지만 말이다.

우리가 스트레스를 너무 많이 받아 과민 상태가 되면 몸이 아파 오기 시작한다. 나의 경우에는 그날 유독 학교수행평가가 하루에 몰려

있어 생각만 해도 머리가 지끈거리는 날이었는데 아침에 세수하며 그 생각을 하니 스트레스를 받아 열이 오른 적이 있었다. 그 외에, 시험기간 스트레스와 압박으로 인해 과민성 방광염이 나를 힘들게 한 경우도 있다.

그렇다면 사춘기보다 더 무섭다는 갱년기를 어떻게 하면 슬기롭게 이겨낼 수 있을까?

갱년기가 오면 일단 급격한 노화현상을 늦추기 위해 관련 약을 복용하기 위해 미리 내가 준비해야 할 것이 무엇인지 찾아봐야 할 것이고, 무엇보다 심신 안정을 위해 갱년기의 전초 증상이 생기면 안정을 취하고 갱년기에 좋은 활동을 이행하기 위해 노력하며 나를 다스려야 할 것이다.

♡ 갱년기의 자기관리

그렇다, 내가 나를 다스리는 것이 가장 중요하다. 약을 먹고 갱년기에 좋은 활동을 하는 것도 좋지만 갱년기가 오는 줄 알고 있으면 이를 인지하고 내가 나를 다스려야 한다.

사춘기 때도 내가 나를 제어하는 것이 중요하다고 본다. 나를 더욱 더 열심히 관리해 더 이상의 회의감에 빠지지 않도록 자기관리 하는 것이 중요하다고 보는데, 점점 늙고 쇠약해져 가는 갱년기의 입장에서는 더욱 더 자기관리의 필요성을 증진해야 할 것이다.

갱년기가 시작된 삶은 제2의 인생 말기가 다가오는 게 아닐까 싶다. 보통 갱년기는 60대 전후 또는 50대 중후반이라고 할 수 있겠고, 빠르면 40대 중후반이라고 할 수 있는데 그쯤이면 자식이 거의 커가는 시기 혹은 다 큰 시기 아니겠는가?

자식이 온전히 부모 곁에 살기 원하는 것은 부모의 욕심일 터, 자식 기르느라 자신의 삶을 살기보다는 누군가의 삶의 지도자로 투입되었으니 이제는 지난날의 무뎌진 감정이 한번에 몰아치는 것이라 생각하고 감정이 복받치면 울기도 하고 웃기도 하고 그저 그런대로 졸리면 자고 배고프면 먹고 내 몸의 순리를 따라 살아가며 나의 삶을 살면 어떨까?

하지만 이처럼 자기관리를 하는 것은 나이를 몇 살 더 먹든 덜 먹든 힘든 것이 사실이다. 몇십 년 나를 위한 삶이 아닌 남을 위한 삶으로 살았는데 갑자기 나를 위한 삶을 살아가자니 본전도 없고 일단 우울해진다고 한다.

이럴 때 드디어 자식들이 부모를 위해 할 수 있는 것이 생긴다. 바로 부모님을 이해해주는 것이다.

우리는 이미 커가면서 나의 철없던 시절의 잘못들도 사랑으로 감싸주신 분이시고 이해해주신 분들이 계셨다. 세상에 공짜는 없다. 어떠한 사람에게 호감을 사기 위해서는 호감을 느낄 수 있도록 얼굴도 치장하고 몸도 치장하고 현학적이어야 하고 참 바라는 것이 많다. 사랑 그 본능적인 감정에도 공짜란 없다. 하지만, 부모의 사랑은 유일한 공짜다.

이제 우리가 부모에게 나의 사랑을 줄 때가 되었다는 증거가 나타나고 있는 때가 갱년기다.

♡ 갱년기를 맞이할 부모님을 위해

자식 된 도리로 부모를 위해 한 발짝 더 양보하고 이해하는 것이 갱년기를 현명하게 극복할 수 있도록 도와주는 조력자의 역할일 것이다.

갱년기를 앞둔 사람들은 갱년기가 올 것을 미리 인지하고 그것을 위해 공부하는 대비 방법도 필요할 것이다.

갱년기라는 것을 오로지 나쁜 것으로 맞이하지 말고, 내 미래에 대한 걱정들을 파헤치고 이만큼 살아왔다는 것에, 또는 누군가를 육성해 키워냈다는 것에 자부심을 가지고 자기관리 하며 보다 나은, 나를 생각하는 인생의 시기를 보냈으면 좋겠다.

나 역시 언젠가 갱년기가 올 텐데 이렇게 미리 갱년기를 공부했으니 보다 갱년기를 현명하게 대처할 수 있도록 앞으로도 자기를 관리하며 신경 쓰고, 몸 관리도 열심히 해야겠다고 생각했다. 또한, 갱년기를 맞이할 부모님을 위해 나의 할 바 역시 준비된 자세로 기다려야겠다고 생각하며 글을 마친다.

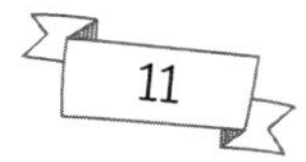

노년기

희망 사항에 그칠지 모르겠으나 인생은 60부터, 맞는 말이다. 갱년기가 지나고 나면 자녀들이 짝을 지어 손 자녀가 태어나면 인생 마침통이라고 하던 갱년기 병은 씻은 듯 낫고 할배병 할매병에 손자병이 생기면서 아하 이 맛에 살아왔구나 싶으니 이게 노년기다. 우울증은 노년기에도 있지만 사춘기 때부터 생긴 건데 이것도 치료가 되었다. 그래서 인생칠십고래희의 稀란 드물다는 뜻이지만 드물지 않게 기쁠 희(喜)로 맞게 되는 바 이건 나의 체험이다. 하여 인생은 노년이 행복해야 한다는 주장을 하련다. 늙어서 서럽다 하기보다 잘 살았구나, 고맙구나, 감사하구나, 모든 것이 아름답고 사랑스럽고 나를 기쁘게 하는구나 싶은 노년… 모든 어린이와 청소년, 장년 역시 그렇고 특히 미소는 내게 그런 존재다.

♡ 노인이 경험해 아는 것

노년기, 요즘은 과학기술의 발달로 인간의 평균 수명이 늘어나 불과 몇 년 전만 해도 65세 이상의 성인 남녀를 뜻했지만 현재는 평균 수명 10살씩 늘어나 75세 이상부터를 노년기라 뜻한단다.

노년기의 성인 남녀를 떠올리면 자연스럽게 우리의 조부모이신 할머니와 할아버지를 떠올리게 된다.

나는 지금은 떨어져 살기는 하지만 당시만 해도 할머니 손에서 커 한글을 떼고 청소년기의 절반은 이야기 할아버지 손에 컸다 해도 과언이 아닐 정도로 부모님보다는 노년층의 할머니 할아버지한테서 자라왔다.

고모할머니, 이모할머니, 할아버지, 할머니 댁에 가든 모두 들어가자마자 포근한 향기가 난다는 것에 있어 가는 것만으로도 심신이 안정되는 장소기도 하다.

그러나 현재는 대가족 형태보다 핵가족 형태를 나타낸 가족이 많기 때문에 조손이 한집에 사는 가족 형태를 보는 것이 어려워진 것이 사실이다.

♡ 부자들의 노년기

할아버지는 나에게 아주 단순한 물음을 던지셨다. "노년기를 접한 노년층의 사람들은 무엇을 하고 지내는 것처럼 보이니?"라고 말이다. 나는 아주 이상적인 삶을 떠올려 젊을 때부터 착실히 돈을 모아 적금도 하고 노후 대책도 준비하면서 그 돈으로 노후에 여행을 다니는 삶이 아마도 대부분의 노년층이 지내는 하루하루가 아닐까라고 답변했지만, 할아버지께서는 그러한 삶들은 소위 말하는 '부자'들의 삶이라 하셨다.

하긴, 30살이 되기까지 1억 모으는 것도 사실상 힘든데 노년기에 자녀 기르고 짝 지어 주고 하다 보면 후일 어디 놀러 가 마음껏 쓸 수 있을 만한 돈을 모은다는 것은 큰 부자가 아니라면 불가능에 가까운 것이 아닐까 싶다.

할아버지는 노년층에 가장 바람직한 삶은 손 자녀들 양육이라고 하셨다. 내가 초등학교 시절 크고 작은 잘못을 해 아빠께 다그침을 받을 때는 할머니께서 꼭 무슨 잘못을 했어도 애가 그럴 수도 있지라는 마인드로 나를 대변해주셨다. 언제나 할머니는 나의 안식처 같은 존재였고 어린 시절 내가 아빠의 다그침으로 도망칠 곳이 필요했을 때는 언제나 할머니 품으로 달려가고는 했다. (조금 더 큰 중학생이 되었을 때는 더욱 더 아빠께 혼나곤 했는데 그때마다 이야기 할아버지께 달려가서 일러 바쳤다.)

♡ 노년기를 사는 대개의 노인

비록 가정 환경에 의해 엄마의 빈자리가 있는 집이었지만, 할머니에게 떡볶이를 먹고 싶다고 하면 아이들이 좋아할 만한 달짝지근한 맛은 아니더라도 된장 맛에 고추장 맛에 미나리에 세상 좋은 건 다 포함한 영양 만점 떡볶이를 만들어 무언가 어정쩡해도 맛있는 떡볶이를 만들어 주시고는 했다.

이야기 할아버지와의 추억은 더 많지만 줄이고, 그 중 할머니 얘기를 하나 꺼내 보자면, 워낙 아빠도 산나물과 된장을 좋아하는 한식 입맛이고 아무렴 나 역시도 그런 할머니 밑에서 자라 삼시세끼를 호박잎에 된장, 뽕잎을 물에 삶아 고추장에 비벼주는 이른바 건강한 식단을 매일같이 먹었다.

할머니는 피자나 치킨 같은 것을 배달시킬 줄 모르셨고 아빠께서는 인스턴트 음식이 몸에 안 좋은 것을 당연 알고 계셨기에 사달라는 말에도 온갖 핑계를 대가시며 안 사주시는 편이었다. 사달라고 조르고 조르면 결국 사 오시는 게 팥 맛 아이스크림 아니면 건빵. 충격적인 것은 과자를 먹고 싶다고 하니 어디서 연근 튀김 과자를 가져오셔서 세상 맛있다며 날 꼬드겨 한입 베어 물자 생각했던 맛과 전혀 다른 맛에 놀라 충격받았던 그 일이 생생하다. 내가 연근을 싫어하는 근본적인 이유다.

♡ 노인은 바다인가

반면 이야기 할아버지는 일명 니글니글한 것들도 먹어야 한다는 마인드의 소유자라 한식과 양식 그리고 중식을 조화롭게 섞어서 먹이셨다. 그렇다고 해서 내가 소아 비만이 된 것도 아니고 식사 때마다 인스턴트 음식만 달라고 한 것도 아니었다.

노인은 바다인가? 모든 것이 안 되는 아빠에 비해 관대하고 맛있는 거 많이 사주시는 할아버지의 품은 그야말로 지상낙원이었다.

18살이 된 지금의 나이에도 할아버지는 매번 글을 쓰러 오는 일요일에는 내가 먹을 고기와 과자 그리고 음료수까지 다 구비해 놓고 기다리고 계신다.

아빠께서는 다 큰 애가 할아버지를 모셔야지 반대로 할아버지가 너를 상전 모시듯이 모신다고 하지만 할아버지는 언제나 애가 편해야 한다면서 밥 먹으면 아이스크림 꺼내주시고 아이스크림 먹으면 빵 꺼내주시고 어디선가 음식을 꺼내 계속 먹이시고는 하신다. 불가피한 일로 할아버지 댁에 연달아 방문할 때는 몇 주 내 살이 통통하게 오르는데 할머니께서 그런 얼굴을 보면 얼굴이 좋아졌다고 하는 정도이니 할아버지가 나를 단기간에 놀라울 만큼 육체적으로 성장 시켰다는 것은 아마 할머니 할아버지들만 할 수 있는 것이 아닐까 싶다.

♡ 똥강아지라는 말씀

이처럼 할머니 할아버지께서 아이들을 키우면 내가 장담컨대 아이의 심리가 안정이 된다. 아이를 기준으로 자신의 부모를 키운 사람이 내 편을 들어주니 얼마나 나에게는 큰 존재일까?

그리고 할머니 할아버지는 언제나 온화하다.

손 자녀들을 보고 나오는 첫 마디가 우리 강아지 아니면 똥강아지다. 왜 똥강아지인지는 모르겠지만 할머니 할아버지의 똥개 취급도 나쁘지 않다. 이처럼 할머니 할아버지들과 살면 요즘 바쁜 맞벌이 부모들 사랑의 빈자리를 채울 수도 있고 부모의 내리사랑을 포함해 조부모의 사랑까지 두 배의 사랑을 받고 자랄 수 있지만 사실상 조손이 함께 산다는 것은 자칫 부모가 눈치 보이는 눈칫밥 신세일 수도 있다. (또는 조부모들이 그것을 자식들에게 폐라고 생각하고 꺼리는 경우가 많다고 한다.)

이렇듯 서로가 서로를 꺼려하고 폐를 끼칠 거 같다는 생각 때문에 조손이 함께 사는 집을 찾아보기는 어렵다. 만약, 이 글을 읽고 있는 독자가 조손이 함께하는 대가족 형태라면 오늘과 같은 핵가족 사회에서 보기 드문 가족 형태인 것이다!

♡ 220,000가지의 지식

본론으로 들어가자. 할아버지께서는 손 자녀를 사랑하는 모든 할머니 할아버지들이 삶의 지식을 많이 알고 있는데 이러한 것들이 모두 오랫동안 살아오면서 경험한 부산물이라고 하셨다. 하루에 한둘씩 새로운 지식을 얻는다고 했을 때 70년 남짓 산 노인들은 약 22만 가지 생활의 경험과 지혜를 터득한 박학다식한 사람이라고 하셨다.

이 박학다식한 지식을 가진 노인들은 이 지식을 활용해 자신이 경험한 것들을 미래의 아이들에게 가르침을 줄 만한 노인이 되는 것이 바람직한 노년층의 삶이라고 하셨다. 애를 낳는 것은 어쩌면 누구나 할 수 있는 일이기도 하다. 하지만, 누군가에게 가르침을 주며 누군가의 스승이 된다는 것은 아무나 할 수 없는 일이기도 하다는 사실.

♡ 조손과 사제

할아버지께서는 자녀들보다 귀한 것이 제자라고 하셨는데 할아버지께서 집필하신 스승학의 첫 마디를 보면 세상은 사제지간의 연결끈으로 이어진 유기체라는 문장이 나온다. 할아버지는 덧붙여 모든 노인은 누군가를 가르칠 만한 자격이 있다고 의미 부여를 하셨으며, 나도 그렇게 생각하는 것이 우리가 무언가를 갈망할 때 현명한 해답을 내어주시는 분은 언제나 나보다 먼저 경험한 어른들이기 마련이다.

단순하게 가르치는 것이 노년 인생의 순기능이 아니라, 노인 된 자신의 모습은 곧 내 자식의 미래라고 할아버지께서 말씀하셨다. 부모는 자식의 거울이라는 말도 있고, 노인이 돼서 존경받는 노년의 삶을 사는 것만이 오랜 시간 노력해 가며 목적을 달성하고, 목적을 달성한 그 결과가 어느새 희끗한 머릿결을 지닌 노인의 모습일 터이니 노인의 삶이 더욱 더 고고하고 온화해야 할 것이다.

어지러운 이 세상에 모든 할머니 할아버지들은 언제나 해답을 내어주는 존재이자 온화하다는 단어 그 자체였다. 이 22만 가지를 초월하는 경험을 겸비한 할머니 할아버지께서 스승 된 몫으로 제자를 육성한다면 더할 나위 없는 최적화된 교육 현장일 것이다.

♡ 노인들이 즐기는 것을 보며

할아버지께서 보시는 현재의 노년은 관광이나 술, 놀이 등으로 보내는데 이는 스스로가 가르칠 것이 없다고 단정하기 때문이나, 사실 노인은 누구나 가르칠 만한 것이 있어 교수나 박사만 가르치는 것이 아니라고 하신다. 또 교육의 기본은 애정이 바탕이 되어야지 청소년과 어린이들에게는 지식만의 교육으로는 부족한 부분이 있다고 하셨다.

나 역시도 나의 노년에는 누군가를 육성하며 사랑하는 삶을 살아가며 많은 어린 친구들에게 나의 경험을 나누어주고 싶다. 그렇게 살아가며 나의 경험을 통해 나와 함께하는 어린 친구들이 한 발짝 더 자신의 꿈에 다가갈 수 있도록 도움을 준다면 이것이 가장 바람직한 삶이 아닐까 생각한다.

모두들 노년에 바람직한 삶을 살길 바라며, 이 글을 읽고 노년을 준비하고 하루에도 많은 경험을 하는 사람이라면 누군가의 스승이 될 준비가 되었다는 것이다.

음식

KEYWORD

미소야, 너의 근본을 이루는 요소가 뭐지? 답은 네가 먹는 음식이 바로 너다. 네가 먹은 그대로가 네 살이 되었고, 네 피가 되었고, 네 눈동자, 네 입술, 네 손과 발, 너의 모든 것은 네가 먹는 음식이 너를 그렇게 만든 거란다. 무엇을 먹느냐 하는 것은 건강도 바꾸고, 인물도 바꾸고, 심지어는 생각까지도 바꾸어 풀을 먹는 소는 풀만 찾고, 날고기를 먹는 사자는 생명을 보면 식욕이 돌아 잡아먹으니 사람은 사람다운 음식을 먹어야 사람다워진다. 음식은 인간에게 있어 사는 것의 근본이 된다. 그러니 뭘 먹으면 좋을까? 답은 네가 검색도 하고 깊이 생각해 보아라. 음식은 너의 인생을 좌우한다. 너의 기분을 조종한다. 좋은 음식이 행복하게 한다면 맛없고 나쁜 음식은 뭘까….

♡ 나와 너는 음식이다

오늘의 주제는 '음식'이다. 먼저, 글의 본론으로 들어가기 전에 독자께 간단한 질문을 여쭙겠다. 독자들 삶에 있어서 음식이란 무엇인가? 나로서는 필요한 것 훨씬 그 이상의 절대적 존재가 바로 음식이다. 맛있는 음식이나 좋아하는 음식을 먹으면 절로 감탄사가 나오며 행복을 느끼게 되는 것이 소소하지만 확실한 행복이라고 할 수 있겠다.

또 나에게 있어 음식이란 사랑의 전유물이라고 할 수 있는데, 그 이유 중 하나가 할머니 할아버지 댁에 가면 분명 집에서 냉장고를 샅샅이 찾아봐도 없던 맛있는 음식이 하나둘씩 나와 내 입에 물려준다는 이유에서다. 살이 찐 게 분명한데도 할머니 할아버지들은 애 얼굴이 수척해졌다면서 음식으로 무한 애정을 쏟아내신다.

나를 위해 준비했다는 그 애정 어린 마음, 무엇을 좋아할까 고뇌하며 준비한 그 음식이 설령 맛이 없더라도 그 안에 사랑이 들어 있기에 그 사랑이 천연 MSG 역할을 하게 되는 것이다.

♡ 정이 먹는 음식과 몸이 먹는 음식

아이들은 사랑을 먹고 자란다는 말이 있다. 단순한 비유적 표현으로, 부모님의 사랑과 주변 환경의 사랑을 받고 자란다는 표현이지만 엄마가 손수 만든 음식을 먹는 것이 말 그대로 사랑을 먹고 자라는 게 아닐까.

엄마의 음식이 모두 좋은 것을 아는지 외식사업을 하는 자영업자들은 부모님의 마음으로 조리했다며 간판에 내걸기도 한다.

음식을 공부하면서 곰곰이 생각해 보았는데, 집밥 못 먹은 지 좀 오래됐다. 불과 몇 년 전만 해도 내 일과의 끝은 부모님과 마주 앉아 된장찌개를 먹는 게 일상이었는데, 아침은 거르다시피 바쁘게 학교 갈 준비를 하고 중식은 학교에서 먹고 석식도 학교에서 먹으니 집에서 밥을 먹을 시간이 없다.

바쁜 아침에 부모님 얼굴 보고 인사드릴 시간도 없이 바쁘게 나가고 저녁이면 늦게 들어와 다들 자고 있을 시간에 슬금슬금 들어오니 집은 그냥 말 그대로 잠만 자고 나가는 곳이나 다름 없는 지경이다.

외식에 입맛이 길들여져 그런지 더욱 더 자극적인 음식을 찾게도 된다. 맵고, 짜고, 단 것들….

♡ 먹는 것의 여러 가지

그건 엄마의 밥상에서는 도무지 찾을 수 없는 음식이었다. 아무렴, 아이들이 음식 투정을 하는 이유가 밖에서 먹는 것처럼 자극적인 요인이 없어서 그런 것이 아닐까? 사실 몸에 나쁜 것이 더 맛있다.

햄버거, 피자, 라면 등등…. 다행인 것이 나는 체질이 살이 잘 찌지 않는 터라 분명 며칠간 쉬지도 않고 살이 찔 만큼 먹었는데도 살이 찌질 않는다. 물론 불균형한 식습관으로 근육량은 빠지고 체지방만 늘었겠지만 말이다.

그에 비해 내 친구 중 한 명은 나보다 더 적게 먹었음에도 불구하고 물만 먹어도 살이 찌는 친구가 있다.

할아버지께서는 모든 병의 원인은 음식에서 시작하고 모든 병은 음식으로 낫는 것이 기본이라고 하셨다. 처음에는 아주 의아했다. 괜히 뭐 하나 더 먹이려고 듣기 좋은 미사여구 다 붙여서라도 애한테 콩 반

쪽 더 먹이려는 어른들의 상술 같았는데, 곰곰이 생각해보니 정말 병의 원인과 건강의 시초는 음식이 맞았다!

곧 있으면 수험생이라고 어디선가 가져오신 총명탕과 어릴 적부터 허약체질인 나를 위해 직접 가져오신 산삼을 입 안에 넣어 주시며 "꼭꼭 씹어 먹어"라고 하셨는데, 총명탕과 산삼 등의 건강식품 모두 음식이다. 또한, 부족한 영양소는 건강보조식품인 비타민으로 섭취하고 있다.

너무나도 기본적인 이론이지만, 음식이 우리 몸의 신진대사를 일으키는 주 영양분이니 당연히 음식이 우리 몸의 많은 대사를 일으키는 것이 사실이다.

♡ 음식과 균형

모두들 균형 잡힌 식생활이 얼마나 좋은지 알 것이기에 이번에는 대사성 질환의 위험성을 써 내려가려 한다.

대사성 질환 또는 대사증후군, 생활 습관의 서구화로 인해 질병의 양상이 높아지는 것으로 유전적 소인과 환경적 인자에 의한 것이 대부분이다. 예로는 대사성 질환 중 하나인 당뇨병이 있는데, 체내에서 일어나는 화학반응이 잘 일어나지 않을 때 주로 야기되는 질병이다. 줄곧 성인병이라고 불렸던 것들의 발병 연령대가 낮아짐에 따라 10대 청소년도 이러한 질병에 취약한 상태다.

할아버지께서는 음식을 선택해 먹는 식습관으로 그 사람을 알 수 있다 하셨는데, 음식을 먹을 때 그 사람의 성격이 나오고 그 사람의 체질을 알 수 있다고 하셨다.

덧붙여 음식으로 못 고치는 병은 아무리 약을 써도 고칠 수 없다고 말씀하셨다. 심지어 음식으로 병을 고친다는 책이 있을 정도로 음식의 초월적인 힘은 위대하다.

생각해보니, 몸이 유독 안 좋았던 엄마의 안방에는 요리책이 있었는데 아마도 좋은 식자재가 무엇인지, 그 식자재의 장점을 되살려서 조리를 어떻게 하는지 빼곡하게 써놓은 책들이 몇 권 있었던 것으로 기억한다.

이렇게 우리는 음식에서 필요한 영양소를 얻을 수 있고 몸의 균형을 이룰 수 있기 때문에 좋은 음식을 찾아 먹어야 한다. 채소 등 비타민과 섬유질이 많은 음식을 섭취해야 한다.

♡ 뭐든 먹되

그렇다면, 인스턴트 음식은 지양해야 하는 것일까? 할아버지 말씀은 전혀 그렇지 않다고 하신단다. 의외의 답변이다. 원래 부모님들은 인스턴트 같은 음식을 멀리하라 하시고 심지어는 편의점 음식도 먹지 말라고 하시는데 할아버지는 이와 같은 음식도 먹어줘야 한다고 하셨다.

분명 인스턴트 같은 음식에도 우리가 필요로 하는 영양소가 들어 있을 것이라는 것. 또 인스턴트 음식의 순기능은 바로 간편하고 맛있다는 것.

음식에서 건강을 찾을 수 있는 것처럼, 음식에서 행복을 얻을 수 있다면 인스턴트도 주기적으로 먹어줘야 한다는 것이다.

사실상 음식을 먹음으로 체내에 일어나는 첫 번째 변화는 몸의 변화이기 때문에 무엇인가를 섭취하는 행위는 건강과 직결된다. 건강을 중요시 여기면서 비타민도 챙겨 먹고 운동도 하고 헬스도 하는 요즘 사람들이 어째서 음식 먹는 중요함을 간과하는지 잘 모르겠다. 나 역시도 맛있으면 0칼로리라는 자기 위안을 삼아 고칼로리 음식을 섭취하고, 계속해 자극적인 음식을 찾아 굳이 MSG 덩어리를 사서 먹는지 모르겠지만, 참 모순된 행동이다.

♡ 건강 조건 첫째는 음식

건강을 지키기 위한 첫 번째 방법은 한약을 지어 먹는 것도 아니고 비타민을 챙겨 먹는 것도 아닌 식습관을 되돌아보는 것이다.

할아버지께서는 인생은 음식에 의해 결정된다고 하는데 처음엔 이 소리가 상당히 의아했다. 음식으로 인생이 결정된다니, 우리가 매일 같이 먹는 밥으로 인생이 결정된다니 조금은 우스운 소리겠지만 실로 맞는 소리다.

음식에 의해 아프고 음식에 의해 살아난다. 음식이 인생을 좌지우지하기 때문에 인생의 전부가 음식이라고 해도 과언이 아닐 정도다. 심지어 음식에서 얻게 되는 병은 단일치료법도 없다 하고, 각 질환에 대한 개별적 치료가 이뤄져야 하기 때문에 치료에 있어 많은 관심과 섬세함이 필요해 음식에 대한 많은 관심과 고뇌가 필요하다.

탄탄하게 균형 잡힌 몸을 위해서라면 음식도 균형 잡힌 음식을 먹어야 할 것이다. 실제로 운동하는 사람들은 탄수화물, 단백질, 지방 비율을 맞추어서 먹는다고 하는데 그렇게까지 섬세함을 기울이면 참 좋겠지만 매번 위계적인 식단을 꼬박 챙길 수 없으니 작은 것부터 섬세하게 하나하나 바꾸어 나가는 것이 나의 몸을 바꾸고 점차 나의 모든 것을 바꾸는 시초가 될 것이다.

음식은 그 사람 자체이고, 사람은 음식으로 이루어진 하나의 큰 개체다. 음식을 통해 건강을 찾고, 음식을 통해 행복을 찾도록 하는 삶이 가장 평탄하고 평온한 삶일 것이다.

다행히 우리 학교는, '식품 안전과 건강'이라고 해서 음식 관련 과목을 시범교육학교로 운영하면서 음식에서 얻는 건강에 대한 많은 지식을 중요시 여기며 나누고 있다. 앞으로 이러한 과목이 더욱 확대되어 학생 건강을 학생이 직접 관리할 수 있는 때가 왔으면 좋겠다.

병

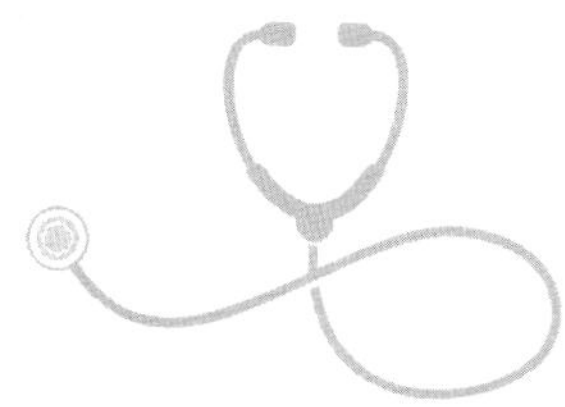

병은 왜 나나… 병은 공기, 온도, 음식, 습관 등 오만 가지 원인에서 생기는 거지만 정답은 오만 가지 환경에도 나를 지켜내기 위해 치료가 필요하다고 콕 집어 여기를 고쳐야 한다는 일종의 육체 내부의 전쟁, 죽느냐 사느냐에서 외침(병)을 물리치고, 건강하게 살기 위해 총력전을 펼치는 현상이다. 그러니 원인을 제대로 알아야 하는 것이 예방의학과 진찰이며, 알아 고쳐야 하는 게 의술인데, 방법은 세 가지로써 하나는 자정 치료(몸이 스스로 고치는 인체의 원리작동), 둘은 병원 치료, 셋은 음식 치료와 습관 바꾸기 등, 자기직접 치료다. 최상은 건강관리라고 말하는 예방 치료를 친다. 이보다 더 상위는 정신 무장이다. 투병이란 정신적으로 까짓것 나는 치료된다, 고치고 만다는 등 대응 정신이다.

♡ 생로병사(生老病死)

생로병사(生老病死), 이 중 인간이 반드시 거치며 사는 고통 중 하나인 질병은 우리의 삶에 밀접하게 엮여있다.

코로나바이러스를 예방하기 위해 마스크를 착용하고, 외출 후 손을 씻는 등 많은 노력을 보이는 이 시점에 당연한 듯 병을 이겨내는 것이 국가와 국민의 의무가 되었다.

병은 보통 면역력이 떨어지면 내가 본래부터 나약했던 기관이나 후천적인 요인으로 망가진 기관부터 시발점이 되어 발병한다고 하는데, 그러면 보다 구체적으로 우리 몸에 병은 왜 생길까?

당연히 독자들은 '면역력이 약해졌으니 생기겠지.'라고 생각할 것이다. 하지만, 할아버지께서 말씀하시기를 발병하는 이유는 우리 몸이 우리에게 '이곳이 고장 났으니 얼른 치료해줘!'라고 표현하는 신호라고 한다.

하긴 아프면 치료를 받으러 가야만 한다. 그래서 더 심해지는 병을 막아야 할 것이다. 그러므로 우리 몸이 어디가 아픈지 알았으면 내가 왜 아픈지에 대한 원인을 곰곰이 생각해보는 것이 순서일 것이다.

배가 아프다면 내가 어제 너무 과식한 것이 아닌지, 매운 것을 먹은 게 아닌지, 몸에 안 맞는 음식을 먹은 것이 아닐지 생각해 봐야 한다는 것이다.

♡ 우리 몸의 자정치료능력

할아버지께서는 원인을 알고 대처할 수 있는 것이 기초 치료이며, 예방의학이며 자정치료능력이라 하신다.

몸이라는 것에는 자정치료능력이 있는데 대부분 이로써 낫는 경우가 많다고 하셨다.

할아버지께서는 이 자정능력을 통해서도 치유가 안 된다면 병원에 가 약물로 인한 치료를 받는 것이 그 다음 순서라고 보신단다.

나의 경우 또 기말고사 기간이 다가와서 그런지 생리가 끝난 지 얼마 되지 않았음에도 주기가 안 맞게 한 달에 두 번 오는 대참사가 일어날 때도 있다.

할아버지가 말씀하시기를, 생리불순도 일종의 자정능력을 통해 치유되는 것이라고 보셨는데 보통 사람들은 생리불순이 심할 경우 경구피임약을 복용 받아 주기를 맞추는 게 대부분이고, 생리 촉진 주사를 맞기도 하는데 할아버지와 아빠는 질색하신다.

할아버지께서는 일단 아직 나는 커 가는 입장이기에 잦은 스트레스와 환경 요인들로 인해 생리가 미뤄질 수도 있고 예상치도 못하게 갑작스럽게 올 수도 있기 때문이라는 것.

♡ 음식 습관을 통한 치료

이런 것들은 무조건적으로 약을 통해 바로 잡는 것보다, 음식과 관련한 생활 방면에서 올바른 습관을 들여놔 고쳐나가는 것이 좋다는 말씀을 하셨다.

나 역시도, 생리불순 때문에 약도 처방받고 주사를 맞기도 하였는데 이것을 단순히 음식으로 고친다니… 우리가 매일 먹는 것이 음식인데 말이다.

이렇게 보면 가장 힘든 것이 어쩌면 음식 습관을 바로잡는 것이 아닐까 싶다. 음식으로 병을 치유했다는 긍정적 사례의 TV 프로를 본 적이 있다. 보통 그런 프로그램에서는 약으로도 고칠 수 없었던, 어떠한 치료로도 고칠 수 없는 병을 음식으로 고쳤다고 주장하는 사람들이 나온다. 어렴풋이 기억나는 친엄마와의 추억 중 하나는 엄마가 자기 전에 항암 환자들이 먹으면 좋은 야채와 채소를 선정해 옮겨놓은 요리책을 읽는 모습이었다.

♡ 생리로 보는 자정능력의 예

하긴 내 생리주기만 보아도 그리 영양가 없는 음식을 근 한 달간 먹었거나, 스트레스를 받았을 경우 생리가 미뤄졌는데 그 이유가 음식이라는 것을 간과하고 있었고 오늘을 통해 확실하게 알게 되었다.

또 생리불순이 자정능력이라니(여자가 생리를 한다는 것은 다음에 새로운 집을 만들기 위해 몸에서 성숙된 난자를 배출하는데, 생리하지 않는 것은 아직 새로운 난자를 만들 만한 생체 환경이 조성되지 않아 몸이 그를 알고 미루는 것이라고 한단다.) 터무니없는 소리라 생각했지만 가만 듣고 보니 할아버지 말씀이 맞았다. 왜 스트레스를 받으면 생리가 미뤄지는 것인지도 드디어 그 원인을 알 수 있었다.

여자는 한 달에 한 번 성숙된 난자를 양성피드백 활동으로 배란한다. 이때 난자가 생리하는 것은 가임기 기간 내 정자가 난자와 만나지 않아 만들었던 집을 허물고 새로운 아기집을 만들기 위한 행동이라고 할 수 있다.

할아버지께서는 생리불순이 일어나는 이유로 과도한 스트레스를 받았을 경우 몸 자체가 '아 큰일 났다. 지금 이 상태에서 아기를 가지면 큰일 난다, 집 철수해 헐고 다시 지어!'라고 하는 것이라고 한다. 아기를 과민한 상태에서 가지면 산모도, 아이도 좋지 않을 것이 뻔하니 짓고 있던 집을 허무는 고생을 하면서도 건강을 지키는 자정능력이라는 것.

음, 할아버지 말씀을 듣고 나니 아프기만 하면 병원에 전전긍긍한 내 자신이 부끄러워진다. 어쩌면 내 몸의 T림프구가 자가 재생을 하기 위해 항원을 만들어내는 순간에 독하고 독한 약을 투약했으니 우리 몸의 세포는 마땅한 일거리도 없고 얼마나 힘이 빠질까.

♡ 마음의 병

하지만 이러한 육체적인 질병 말고도 우리는 또 하나, 정신적인 질병으로 고생하기도 한다. 문제는 이 정신적인 질병에 대한 원인과 치료 방법은 보다 난해하다는 것이다.

우울장애와 같은 증상으로 인해 과도한 스트레스가 몸에 변화를 초래할 경우 당연히 몸에 이상이 있는 줄 알고 원인을 애먼 곳에서 찾기도 한다. 혹여 정신적인 질병으로 인해 고통을 느끼는 처지라면 그 원인을 알고 있음에도 불구하고 미성년자라는 이유만으로 항우울제 처방이 불가하고, 이를 처방받기 위해 어른에게 도움을 요청해야 하는데 실로 그것이 어렵다.

또 왜 정신적인 영역에 문제가 생기면 하염없이 무기력해지는지, 내 몸이 내 몸이 아닌 것만 같고 내 삶이 온전하게 나의 삶이 아닌 것만 같은 것일까. 나를 계속해 갉아먹는 무언가가 나의 아픔을 두 배로 만드는 듯 조금의 싫은 소리만 들어도 심장이 벌렁벌렁거리고 눈물이 쏟아지는 것일까.

할아버지께서는 이러한 현상에 대해서는 주변의 영향을 받아 도움을 받을 수 있어야 한다고 말씀하셨는데, 나의 안정처를 찾는 것이 급선무라는 것이다.

요즘 현대인은 털어놓을 대상이 없다. 사실, 그 누구나 자신의 근심 걱정을 털어놓을 사람은 몇 안 될 것이다.

소통의 중요성, 할아버지가 매번 강조하시는 말씀이다.

육체적인 질병으로 병원에 갔을 때도 자신의 병을 설명하기 위해 의사와 환자가 소통을 한다. 짧은 소통에 불과하지만 환자가 직접 스스로 아픈 곳을 말하고, 의사는 환자가 아프다고 말하는 부분에 귀 기울이며 아프다는 것을 인정해준다.

아픔을 토해내고 그것을 인정해주는 것. 가장 중요한 것이 아닐까? 그것이 의사가 아니더라도 나의 병을 인정해 줄 수 있는 사람이 있는 자체만으로 치료 가능한 상태에 도달한 것이 아닐까? 또한 나의 삶에서 문제가 되는 부분을 찾아내 본질적인 것을 고치는 것 역시 중요하다.

♡ 약으로도 고칠 수 없다?

지난 글에서는 음식으로 못 낫는 병은 약으로도 고칠 수 없다 하였다. 반면 이런 말도 있다. 아플 때는 주저 말고 병원을 가야 한다고 말이다. 돈 아깝다고, 괜찮을 거라고, 진통제 먹으면 나을 거라며 내원을 회피하는 것은 더욱 더 큰 화를 야기한다고 하는데 사실 이것도 맞기는 맞는 이야기다. 도무지 답이 안 나올 때 병원을 가줘야 한다. 그것이 병원의 존재 이유고 병원의 순기능이다.

그러나 나의 삶에서부터 병의 원인을 찾고 그것부터 교정하는 것이 앞으로 살아갈 나의 삶의 방면에서도 좋은 습관이 되어줄 수 있을 것이다.

어떤 식이든 병원을 가면 꼭 음식 중 어떠한 음식을 덜 먹고 어떠한 음식을 더 먹으라고 추천한다. 심지어, 당연한 말임에도 불구하고 의사 선생님들은 잠도 푹 자 주라는 말을 매번 빠지면 안 되는 옵션처럼 꼭 덧붙여 말씀하신다.

우리는 건강을 영위하게 위해 비타민도 챙겨 먹고 영양제도 챙겨 먹는다. 이렇게 알게 모르게 내 몸에 좋은 것들은 무작정 찾아 먹고 뭐 연어가 좋다니, 장어가 좋다니, 석류가 좋다니, 두부와 콩이 좋다니 자식들 밥상머리에서 콩을 골라내 먹으면 콩이 몸에 좋으니 먹으라고 잔소리 하면서 왜 몸에 이상이 생겼다 하면 바로 병원에 가 약만 주야장천 먹고 약에 대한 내성이나 키울까?

그런 것들이 우선시 되어야 할 것이 아니라 나의 몸의 자정능력을 키워주는 것, 병이 생겼을 때 원인을 모색하고 그 원인을 내 삶에서 교정할 수 있도록 습관을 고치는 것이 현대사회에 살면서 가장 안전하게 내 몸을 지킬 수 있는 방법이자 병으로부터 내 몸을 제1순위로 변화시킬 수 있는 최적의 방법일 것이다.

이것이 살아가는 데 필요한 지식이자 내가 누군가를 지키며 또 나를 지키며 사는 공부의 일부분이다.

결혼

100년을 산다면 20년은 결혼 전까지의 삶이고, 더 긴 80년은 새로 태어나는 두 번째 출생, 즉 결혼이다. 하여 부부가 되는 결혼이란 어떤 부모에게 태어나느냐는 그 이상의 인생을 좌우한다. 알고 보면 왜 태어나 컸느냐의 답은 곧 결혼하기 위해서다. 이에 부부 될 짝을 잘 만나는 게 복이라 하여 천생연분이니 인륜지대사라는 말을 쓰기도 하는 건데 요즘은 비혼으로 혼자 산다는 청년들이 많다. 왤까? 성이 차는 상대가 없기 때문이다. 자신 역시 좋은 배필이 될 자격이 없다고 보기 때문이다. 미소도 할지 말지 고민도 하나? 자격도 부족하고 깜을 찾기는 너무 어렵고… 그러니 공부나 잘하면 되나? 아니고 지금부터 순간의 감정보다 과연 결혼이라는 뭔가 그 의미 일체를 곰곰 깊이 생각할 때다. 물론 이런 건 학교에선 배우지 못하는 거지만 순간에 닥치지.

♡ 빛나는 단어 결혼

결혼에 대하여 어떠한 미사여구를 붙여도 그 한 단어만으로 빛나는 것이 결혼이다.

결혼이란 남녀가 정식으로 부부의 연을 맺게 되는 관례로, 예로부터 극히 성스럽게 여겨지는 관습이다.

내가 생각하는 결혼이라… 어렸을 때 읽었던 동화책들을 보면 거의 모두 '결혼해서 행복하게 잘 먹고 잘 살았답니다.'로 끝이 난다. 아주 이상적인 결말이다. 동화책 극 중 남녀는 사랑을 이룰 수 없는 갈등을 겪고, 그 갈등을 풀어나가는 과정의 결말이 곧 결혼이기 때문이다.

누군가는 말한다. 디즈니 동화가 아름답고 완벽한 이유는 동화의 끝이 완벽한 끝이 아니라 새로운 사랑의 시작 부분에서 동화의 전개가 끝났기 때문이라고.

그러함에도 젊은 세대는 대개 결혼에 대하여 비관적으로 생각하는 것이 현실이다. 사실상 결혼 자체가 무조건적으로 싫은 것이 아니라 결혼할 만한 환경이 조성되지 않은 탓일 것이다.

가끔씩 학교 수업 시간에 교과서를 깜빡하여 놓고 왔을 때, 모의고사에 컴퓨터용 사인펜을 지참하지 않았을 때 선생님들께서는 "너희들, 전쟁터에 군인이 총, 칼 안 들고 가는 거랑 똑같은 거야 이거. 전쟁 어떻게 할래?"라고 다그치시고는 한다.

♡ 무대책 결혼

결혼도 비슷한 뉘앙스다. 결혼할 환경조차 조성이 안 됐는데 오로지 나이만 결혼 적령기라고 결혼하라고 부추기는 건 총과 칼이 없는 군인에게 맨몸으로 전쟁터에 나가 총알받이만 하다가 호국영령으로 전사하라는 것밖에 안 되는 셈이다.

내 앞길을 가만히 생각해보면 참으로 막막할 때가 많다. '어일서'라 하여 어차피 일등은 서울대라는 말이 있는데, 이 서울대를 나온 사람들의 절반이 백수 신세란다. 서울대나 나왔는데 고작 한다는 게 무엇이고, 이제는 공무원 하기도 힘들어진 게 사실이다.

돈을 벌 만한 마땅한 밥벌이가 없으니 일정 수입은 당연히 없을 것이고, 치솟는 집값을 감당하기는 더 어렵고 또 여러 모로 결혼하기 위한 자금 마련이 어렵기 때문이다.

♡ 결혼 재정 마련

오죽하면 결혼자금대출도 있다. 찾아보면 저금리 결혼자금대출도 있고 결혼자금만 타이핑 해 보아도 결혼자금 마련을 위한 재무설계서라고 하여 태아부터 몇 세까지의 재무 설계를 다룬 책이 있을 정도다.

결혼에 대해 저명한 철학자의 명언이나 격언이 있는데, 긍정적 차원과 부정적 차원 몇 가지를 보자.

가장 먼저 창세기 2장 18절을 보면, '여호와 하나님이 이르시되 사람이 혼자 사는 것이 좋지 아니하니 내가 그를 위하여 돕는 배필을 지으리라 하시니라'라고 하나님께서 여자를 지어 부부의 연을 맺어주었음을 강조한다.

또한, 저명한 철학자 플라톤은《법률》이라는 저서에서 35세 넘도록 결혼하지 않은 남자는 어른의 권리가 없다고 하였다. 플라톤은 정작 그 자신은 독신으로 삶을 마감지었음에도 결혼의 중요성을 강조한다.

(실제로 플라톤은 엄친아였다고 한다. 얼굴도 잘생기고, 몸도 좋고, 똑똑했으며, 집안도 귀족 집안이었다고. 결혼을 안 한 게 아니라 플라톤과 이야기가 통할 만한 격 있는 여자가 없어서 결혼을 못 한 거라는 구전도 내려온다.)

이에 반해 결혼에 대해 부정적인 생각을 내포한 격언은 압도적으로 많은데, 국내외 유명 인사들 역시 결혼에 대한 '비(非)혼주의'를 밝힌 바가 있다.

플라톤처럼 저명한 철학자 임마누엘 칸트는 '결혼으로 여자는 자유를 얻고, 결혼으로 남자는 자유를 잃는다.'라고 밝힌 바가 있다. 우리가 잘 알고 있는 과학자 토머스 에디슨은 '마누라는 매일같이 똑같은 소리만 지껄이는 고장 난 축음기와 같다.'라고도 했다.

조심스러운 이야기이기는 하지만, 축의금과 조의금이 다를 게 무어냐는 파격적인 발언을 한 사람 역시 있다고 한다.

나 역시 결혼에 대해 부정적인 의견이 더 많았던지라, 불과 몇 개월 전만 해도 혹 시집가라는 어른들 말씀에 능력 있으면 혼자 살 거라며 자유를 잃고 살아감에 있어 가치를 잃는 것이라고 고개를 저었다.

♡ 능력 있으면 혼자 산다?

할아버지 앞에서도 이런 이야기를 했다가 호되게 야단맞은 적이 있다. 내 어릴 적 꿈인 웨딩드레스를 입고 싶다는 꿈을 접고 말이다. (사실 말만 호되게 야단맞은 거지, 조용하게 결혼을 해야 하는 이유 100가지는 들은 것 같다.)

사실 재정적으로 부족해 결혼을 못 한다기 보다는 결혼에 대한 불신이 가장 먼저 뇌리를 스친다. 정말 사랑에 미치면 돈이고 무엇이고 다 안 보인다는데, 대출이라도 받아서 결혼할 지경에 이르는 게 사랑이라면 못할 것이 무어가 있을까?

그런데, 결혼에 대한 불신은 내 배우자를 영원히 사랑할 수 있을까에 대한 의구심이다.

언젠가 한번은 아버지께 처음 이성의 감정을 느낀 그때의 그 순간 그대로 결혼생활을 유지하느냐 물었을 때, 참고 사는 거라며, 고운 정도 정이지만 미운 정으로도 사는 거라고 하신 말을 들었다.

오죽하면 집에 들어오면 스트레스, 안 들어가도 스트레스라고 할 정도이니 말이다. 요즘은 부부 간에 각방을 쓰는 것이 오히려 당연해진 추세에 왜 내 일생을 함께하기로 한 사람과 남보다 못한 관계가 되었는지는 알 수가 없다(우리 집 이야기는 아니지만).

대개는 부모가 자식에게 고민을 털어놓고 자식이 부모에게 고민을 털어놓는다는 그러한 구도가 열려있는 집안임은 사실이나, 모르는 게 더 나을 수도 있는 사실들을 자식들이 직면하고 그 사실에 대한 야유가 부모 서로가 책임을 전가하며 탓만 할 때, 그럴 때마다 차라리 내가 사회학적 행위 하나 포기하고 말지 뭘 저렇게 힘들게 살아서 떡이 나오나라는 생각까지 든다. 여기서 사회학적 행위란 결혼이고, 사회학자 막스 베버가 결혼이란 고도의 사회학적 행위라고 말한 것을 차용한다.

이건 직설적이게 엄마아빠 보면서 비혼주의가 됐다고 할 수도 없는 노릇이니, 미칠 노릇이다.

♡ 결혼에 비관적인 이유

하지만, 할아버지께서는 환경, 사회, 가족 등 여러 가지 요인 때문에 결혼에 대해 비관적으로 생각하는 것은 요즘 세대에는 있을 만한 일이며 결혼은 결국 개인의 선택 의지에 따른 결정이라고 하셨다.

그럼에도 불구하고 할아버지께서는 절실한 기독교 신자이신지라 결혼에 대한 중요성을 강조하신다. 할아버지께서는 사람이 제일 잘 되는 길은 짝을 만나 하나님의 뜻대로 살아가는 것이라고 하셨다. 하나님의 뜻은 자손 번성과 부부의 화합의 장일 터, 하나님이 지금의 여자와 남자인 아담과 하와를 각각 만든 것은 분명한 이유가 있을 것이라는 할아버지의 말씀이시다.

할아버지께서 결혼해야 하는 이유를 100가지만 말씀해 달라 한다면 할아버지께서는 101가지를 말씀하실 정도로 결혼에 대해 긍정적인 사람이시다.

나도 나를 잘 챙기지 못하고 나에 대한 확신도 잘 서지 않는데 대체 내가 누구와 화합하며 산다는 것인가? 결혼이란 나에게 지금까지 모 아니면 도인 도박과도 같다. 도박은 쪽박 아니면 대박이다. 결과가 도출되지 않는 도박이란 없다. 그렇기 때문에 나에게 있어서 결혼은 도박과도 같다.

우리는 이렇듯 완전한 사람이 없고 완벽한 사람이 될 수는 없다. 1과 1이 새 1이 되기 위해서는 각각 0.5씩 포기해야만 한다. 너무나도 잘 알고 있는 사실이지만 노력하는 것은 실로 어렵다.

우리는 언제나 1로 살아왔기 때문에 내 절반을 버린다는 것은 어려운 일이 맞다.

♡ 학교에서는 못 배우는 배우자 공부

하지만, 우리는 이렇기에 결혼에 대해 공부해야만 한다. 하나님이 말씀하신 인생의 진리에 적합한 삶을 살기 위해서가 아닌, 결혼이라는 공부를 하면서 타인을 이해하는 과정 등 복잡한 인간관계 속 유기적으로 연결되어 있는 그 끈을 온전하게 유지하는 방법 등 우리가 살아가며 정녕 필요한 공부이기 때문이다. 한데 아직까지 나는 결혼에 대해서 확신이 잘 서지 않는다. 사실 경험해보지 않은 미래이기 때문에 두렵기 마련이다.

심지어 할아버지는 인생 100년이란 태어나는 가치가 20년이고, 나머지 80년은 결혼해서 부부로 사는 것이라고까지 말씀하셨다.

아, 그렇다고 할아버지 말씀처럼 결혼이라는 것만은 딱 한 번이지 두 번 경험하고 싶지는 않다. 이왕이면 웨딩드레스는 인생에 딱 한 번만 입어보는 것으로 족하다.

물론 아직까지는 할아버지 말씀이 100% 내키지는 않지만 이해하려는 중이라 하였더니 "네가 아직 좋은 사람이 안 생겨서 그래" 하며 웃으신다.

그렇지, 설령 할아버지께서 나에게 안 좋은 것을 시키실 이유는 없으실 테니 말이다.

약속-신뢰

믿을 사람 못 믿을 사람… 인간은 신뢰(信賴)로 산다. 신뢰란 믿음이며 믿음의 기초는 약속, 약속은 내가 중요한 것과 상대가 중요한 것이 양존하여 상대 중심으로 지켜야 한다. 약속은 작은 것과 큰 것 역시 공존하는데 근본은 작은 약속을 지키지 않으면 큰 약속도 지키지 못한다는 것이며, 한 번 속지 두 번 속지 않는다는 삼세 번이라는 말은 세 번 어기면 상대가 내심 관계를 끊어 부부라도 갈라진다. 신뢰 붕괴는 그에게 상처를 내고 포기하게 만들어 그 피해는 고스란히 내게로 온다. 일단 약속을 지키지 않는 사람으로 찍히면 상대의 상처와 실망을 회복하기 어려워 배우지 않아 모르면 네 탓이라 여겨 불화가 온다. 부부 간, 부모자식 간, 사제지간, 연인, 형제, 이웃, 친구… 인생 성공실패 제1은 신뢰다.

♡ 관계 유지의 촉매제

모든 인간관계와 인과관계 속에는 믿음과 신뢰가 존재하고, 그것이 관계를 원만하게 유지해 주는 이른바 촉매제와도 같다.

할아버지는 제시어에 이렇게 기재하셨다. 믿음과 신뢰의 근본이란 작은 약속을 지키지 않으면 큰 약속 역시 지키지 못한다는 것이라고. 모든 사람은 약속을 어기지 않는 것이 얼마나 중요한지 알 것이다. 생각해보면, 학교에선 굳이 약속을 지켜야 한다고 배운 적은 없지만 사실 암묵적으로 누군가와 한 약속을 지키는 것에 대한 필연성은 학교 등 크고 작은 사회생활을 하며 많이 언급되는 경향이 있다.

할아버지는 늘 약속에 대한 중요성을 매번 강조하시고는 했다.

약속을 지키는 것? 아주 중요한 것이다. 그렇지만, 우리는 때때로 이 약속을 어기기도 하고 지키지 못하기도 한다.

사람의 일은 유동적이기 때문에 언제나 미지수가 존재하고 변수가 있기 때문에 약속을 지키지 못하는 상황에 놓이기도 하기 때문이다.

가끔 나도 약속을 어기는 일이 있다. 사실 친구와 몇 시까지 만나자 이러한 시간적 개념의 약속과 어디서 만나자는 공간적 개념의 약속인데 그럴 경우 이는 우리가 일상생활 속 흔히 하는 약속임을 알 수가 있다.

최근에는 친구와 토요일에 만나 도서관에 가 공부를 하자고 했는데 그 날이 딱 친구 아버님 생신인지라 만나지 못해 부득이한 이유로 약속이 취소되는 일도 있었다.

하지만, 이런 사소한 약속도 사람 간의 관계를 지속하는 데 있어 중요한 것은 사실이지만 내가 말하려는 약속은 조금 더 고차원적 개념의 약속이다.

♡ 보다 고차원적인 약속

자세히 고민해보면, 자세히도 아니다. 생각을 조금만 바꿔보면 남녀 간 연인의 관계를 맺는 것 역시도 어쩌면 하나의 약속이다.

"우리 사귈래?"라는 것, 즉 남녀 간 애인 관계로 발전하자는 것은 두 사람 간의 약속이고 그 약속의 부산물로 암묵적인 몇 가지 규칙이 생기기도 한다.

그렇다. 이를 우리는 사랑을 약속한다는 표현을 쓰기도 한다.

애정 행위의 끝판왕으로 너와 인생을 함께하고 싶다는 약속의 결혼 등 우리는 크고 작은 사회적 행위에 있어 매번 약속을 하고 살아가며, 약속의 기로(岐路)에 놓이게 된다.

♡ 사랑의 받침, 약속과 신뢰

이렇듯, 우리 인과관계는 모두 크고 작은 약속과 그 약속을 믿는다는 신뢰가 유기적으로 연결되어 사랑을 받쳐주는 믿음의 상태를 만들어내는 것이다.

할아버지께서는 사랑보다 중요한 것이 지키는 약속이자 믿음이라는 것이다. 사람과 사람 간의 약속은 그 사람이 약속을 지킬 것이라는 믿음을 기반으로 하기 때문에, 믿음과 약속은 한 쌍의 젓가락이다.

젓가락 한 짝 없어졌다고 반찬 못 먹는 것은 아니지만, 한 짝밖에 없는 젓가락을 온전한 젓가락이라고 할 수 없는 것처럼 무언가 온전치 못한 젓가락이라고 해야 할까. 하여튼 약속과 믿음은 정말로 이 사회를 지탱시키며 살아가는 데 중요하다.

할아버지께서는 매번 나에게 선불리 약속하지 말라고 하신다.

남이 좋아야 나도 좋다는 상대 중심의 화합을 도모하시는 할아버지께서는 언제나 상대가 편하면 나도 편하다는 생각을 가지신지라, 상대와 선불리 약속해 예기치 못한 상황이라도 약속을 어기게 되었을 때 상대가 느끼게 될 실망감과 더불어 믿음이 깨지는 것에 대한 손해는 결국 나에게 온다는 것이다.

♡ 이기적인 사람

물론 나를 챙기지도 못하는 사람이 남을 챙긴다는 것은 정말 모순된 이야기고 네 처신이나 잘하라는 잔소리가 부메랑처럼 뇌리에 꽂히는 것도 사실이지만 정말 내 처신만 잘하는 사람이라면 그는 이기적인 사람일 뿐이다.

우리 사는 세상은 지구촌이고, 함께 살아가며 발전을 이루는 통합의 장이기 때문에 나 하나만 우월하게 잘 된다고 좋은 것이 아니기 때문이다.

그러나 안타까운 사실은, 약속을 100% 모두 다 지키는 사람은 드물다는 것이다. 우리는 완전하지 못한 존재이기 때문에 각자 자신의 보완점을 찾아 채워 완전함을 추구해가며 살아가는 사람인지라 누구나 실수하고 정해진 것에 대해 올바르게 실행하지 못할 수도 있다.

그것이 결국 나에게 손해가 온다 할지라도 우리는 때로 어쩔 수 없는 상황에 놓이기도 한다. 이러한 상황을 미연에 방지하기 위해 노력하고, 좀 더 많은 상황과 환경에 대해 적응하고, 적응 태세를 갖추기 위해 공부하는 것이 당연하다.

♡ 신뢰 없는 사랑은 사랑이 아니다

할아버지께서는 인생의 성공실패 제1은 바로 신뢰라고 하셨다. 신뢰 없는 사랑은 사랑이 아니라고 하신다. 믿음과 신뢰, 그리고 이를 바탕으로 단단하게 굳혀진 약속을 기반으로 한 사랑.

내 딴에서 재미있는 이야기였는데 독자들은 어떨지 모르겠다.

이 글을 쓰기 위해 할아버지와 이야기를 했을 때다.

할아버지께서는 기독교 찬양 순회를 다니시며 전국 팔도를 찬송가를 부르기 위해 많은 교회에 초청받아 다니셨고, 이른바 러브 콜을 많이 받다 보니 다음 순회공연 약속이 잡힌 교회들이 할아버지께 "꼭 오실 수 있죠?"라는 말을 되물으셨다고 한다.

약속을 한 번 더 확인하는 것이다. 할아버지께서는 그럴 때마다 이렇게 답변하시고는 했다는데, 그 답변인즉, "목사님, 제가 죽지 않는 이상 무조건 갑니다."라고 하셨다고 한다.

사실, 전국 교회를 다니면서 순회공연 하는 것이 얼마나 힘들까.

우리는 장거리 여행만 왕복으로 해도 녹초가 되는데 할아버지께서는 많은 사람 앞에 서서 선교자로 전도하며 찬양도 부르시고, 한 번쯤은 정말 가기 귀찮고 싫어서 약속을 어길 만도 한데(사실 이러면 안 된다.) 귀한 목숨까지 걸며 약속을 지키셨다고 한다.

이것은 단편적인 예고, 할아버지께서는 크고 작은 약속에 대해 정말 예민하게 반응하시는 분이시다.

앞서 적어 내려왔던 것처럼 면밀히 들여다보면 이 사회에서 약속이 아닌 것이 없다. 보편타당한 사회적인 일률의 약속은 법이고, 어쩌면 우리라는 사이를 나타내는 것은 약속이라 할 수 있다.

왜? 우리는 약속으로 인해 관계가 발전된 사이이며 약속을 통해 서로에게 배려하며 살아가는 존재이기 때문이다.

배울 것도 참으로 많다. 매번 글 끝에 쓰는 한탄과도 같은 말이지만 나이 들면 들수록 사람과 접점이 생기면서 어쩔 수 없이 사람 공부를 해야 한다는 것이 정말 어려워진다.

♡ 인생 성공실패의 제1원인

생각해보니 인생 성공실패의 제1이 바로 신뢰 붕괴라고 하는데, 이 신뢰를 얻는 것에 있어 우리는 어떠한 개념을 가지고 있는가? 쉽지 않다.

물론 내가 무리를 하더라도 지키면 그만이니까라는 마인드면 이도 저도 아니게 그냥 약속만 충실히 잘 지키는 충견과도 같을 것이다.

그러니까, 내가 하고 싶은 말은 상대와 관계를 조성하며 신뢰와 믿음을 보증으로 약속을 할 때는 어떻게 하면 상대 중심으로 상대가 편하며 배려할 수 있는 약속이 될 것인지, 더불어 내가 약속을 했을 때 정말 무리하지 않고 내 선에서 잘 지킬 수 있는 결정인지에 대한 점검이 필요하다는 것이다.

그러기 위해서라면 무엇보다 나라는 사람이 어떠한 지경에 처해 있는지 알아야 하고, 상대를 이해하는 포용적인 면모가 필요할 것이다.

신뢰, 믿음, 약속. 이 세 가지는 우리가 살아가는데 정말 필수 불가결한 개념일 것이다.

내가 이런 주제들로 글을 쓰고는 있지만, 나 자신이 부끄러워지는 것은 나 역시도 약속과 신뢰에 대해 확신을 주지 않은 터라 감히 신성한 이 세 가지 주제를 운운하며 논하는 것이 내 영역은 아니라는 생각이 들기 때문이다. 하지만, 그래도 부족한 게 있다면 이제 알았으니 고쳐나가면 된다는 생각이다.

오늘 이 글을 쓰며, 또는 이 글을 읽고 있는 독자들과 함께 성장하는 나이기 때문에 오늘로써 보다 확실히 인생 성공실패 제1이 신뢰라는 것도 알게 되었고, 우리 사회가 약속으로 이루어진 공동체라는 것도 알 수 있게 되었다.

아! 내가 약속과 믿음, 신뢰와 같은 영역을 공부할 줄은 꿈에도 몰랐다.

허나 누군가에게 약속에 대해 공부하자고 한다면 정말 혀를 차고 내두를 것이다. 아니, 아마도 소크라테스 같은 철학자들은 좋다고 달려들 수도 있겠지만 아마 대부분의 사람은 미친 사람 취급하며 오히려 잘난 체한다고 할 수 있을 것이다.

하지만, 진실은 믿음과 신뢰 그리고 약속이 내 인생에서 가장 중요함을 알 수 있을 것이다.

나도 오늘부터 누군가에게 신뢰를 조성하고 믿음을 주며 약속을 잘 지킬 것이다!

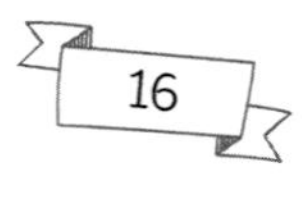

부부

부부는 어떻게 맺어 100년을 사나… 답은 달랑 사랑인 것 같지만 사랑의 본질은 신뢰다. 사랑이 뭔가 생각해 보면 상대가 나를 좋아한다는 것인데, 좋아하는 것의 본질은 피차 확실하다고 하는 믿음이므로 사랑의 시작은 신 · 불신이 근본이 되어주었기 때문에 부부다. 남남 간이지만 꼭 믿을 수 있느냐 없느냐의 문제로 부부란 절대적 신뢰와 약속 지킴의 결과다. 더불어 양가 모든 가족이 신뢰해야지 반대해 맺지 못하는 사람도 많다. 그러므로 부부가 되면 100년 내 하루도 빠짐없이 믿음이 확인되어야 한다. 하여 속이는 것은 부부불화 불씨가 되고 말한 약속을 지키지 않는 것은 부부 갈등의 시작이 된다. 부부가 되기 전 너는 나를, 나는 너를 믿나 확인하고 그가 나를 믿게 하나 못 믿게 말하고 행동하는지부터 미리 알고 배워둬야 한다. 결혼을 버텨주는 것은 약속과 신뢰다.

♡ 사랑이란 무엇인가?

부부는 참 신기한 존재다. 각기 다른 생활 환경에서 자라 외모와 성격, 심지어는 자그마한 습관까지 모두 다른 두 사람이 만나 하나라는 관계를 조성해 살아가며 점점 외모도 닮게 되고 성격과 습관까지 닮게 되니까 말이다.

또, 부부는 참 신성한 존재다. 사랑만으로 백 년을 기약하고 내 일생의 마지막까지 함께할 것을 약속하다니.

이 글을 읽고 있는 독자들에게 묻겠다. 내가 아직 어려서 그러는데, 어른들, 특히 부부의 진정한 사랑이란 무엇인가? 사람마다 사랑이라고 하는 범위, 이 넓은 의미에 대해 각기 표현하는 방식이 다르겠지만 할아버지께서는 피차 확실하다는 것의 믿음이 사랑이라고 하신다.

우리가 사랑을 표현할 때 뜨거운 사랑, 열렬한 사랑, 불타는 사랑이라고 표현하는 것처럼 사랑은 본디 뜨거운 열성(熱性)이다. 가슴이 터질 듯, 없으면 안 될 듯, 안 보면 괴로운 듯, 교감신경이 활발하게 휘감겨 돌아치고 있음을 느끼는 사랑은 활활 타오른다고 표현하기도 한다.

하지만, 모닥불은 화력이 셀수록 불이 빨리 꺼지기 마련이다. 오히려 천천히 조심스럽게 약하게 타오르는 것이 오랫동안 불씨를 유지할 수 있기 마련이다. 뜨거울수록 더욱 더 빨리 연소된다. 대개 우리는 사랑이 활활 타오른다고 긍정적으로 표현하지만 그 이면은 불이 활활 타오름으로 연소되고 있는 무언가가 또한 존재한다(나의 어설픈 주장이다).

♡ 사랑만으로는 부족해

그렇지만 우리는 사랑만으로 살아갈 수 없는 측면이 있다. 처음 시작은 사랑이라는 말로 표현되었지만, 사랑을 북돋아 주고 보완해 줄 만한 무엇이 필요한데 이것이 바로 믿음이다.

언제 한 번 결혼식 주례 선생님께서 신랑 신부를 마주 보게 하고 사랑의 혼인서약을 하는 것을 본 적이 있었다.

"신랑 000군은 신부 000양을 영원토록 사랑할 것입니까?"라고 물으면 신랑은 쩌렁쩌렁한 목소리로 영원토록 사랑할 것이라고 대답한다. 마찬가지로 신부에게 물었을 때도 신부 역시 당찬 목소리로 대답한다.

그렇지만, 할아버지는 사랑만으로 부부가 살아갈 수 없다고 하신다. 아무리 사랑해도 피차 서로 간의 신뢰와 약속이 없으면 안 된다는 것인데, 나에게 많은 생각을 하게 한 말이었다.

사랑을 보완해 줄 만한 그 무엇인가가 바로 믿음과 신뢰다. 부부는 각각 다른 두 사람이 만나 궁극적으로 하나라는 일심동체(一心同體)로 맺어지기 때문에, 언제나 함께하는 삶을 꾸려나가게 될 것이다.

그렇기 때문에 부부 사이에서는 할아버지 제시어에 나타나 있는 것처럼 서로에 대한 기본적인 신뢰가 중요한데, 이 신뢰가 깨진 순간 부부 간에는 불화의 발화점이 될 수 있겠다.

♡ 부부는 이것의 결합체?

하지만, 대부분의 사람이 결혼은 처음 해보는 것이며 누군가와 부부의 연으로 연을 맺는 것 역시 처음이기에 단순히 연애하며 살아온 지금까지의 상황과 결혼은 완전히 다를 것이다.

그렇기 때문에 우리는 부부 문제도 공부를 해야만 한다. 부부는 완전한 사랑의 결합체이며, 신뢰와 믿음으로 연결된 한 쌍이기 때문에 결혼을 잘 버티기 위해서라면(백년해로 하려면) 신뢰와 믿음이 온전하게 유지되어야 할 것이다.

어린 나에게도 친구 간의 믿음이 깨져 오해라는 게 생기는데 이 오해가 친구 관계의 신뢰와 믿음도 깨트린다.

학교에서 매일 보는 사이라면 이 역시 맞는 상황이겠지만, 2학년이 된 지금은 이동수업 등 사실상 얼굴을 많이 보기 힘든 상황이라 단 몇 마디 실수 때문에 서로에 관한 신뢰와 믿음이 깨져 관계가 어긋나기도 한다.

하물며 부부라면 어떨까. 오히려 더 사랑할수록 불화가 더 크게 생기기도 한다. 내가 내 사람에게 거는 기대치는 사랑할수록 높아지기 때문에, 또는 정식으로 부부의 연을 맺기 전에 보이지 않던 단점들이 같이 살면 보일 수도 있기 때문에 사랑도 중요하지만 그 사랑을 뒷받침해줄 만한 신뢰와 믿음이 가장 우선이다.

♡ 나에게는 까다로운 주제, 부부

과학의 발전으로 우리의 평균 수명이 늘었다는 것은, 내가 결혼을 해 내 배우자와 함께할 시간이 더욱 더 늘어났다는 말이다. 그만큼 불화할 수 있는 우려의 기간도 길어졌다는 뜻이 된다.

사실, 부부로 살면 그 사이에 한 번도 싸우지 않는 부부는 극히 드물다고 보여, 어떻게 하면 싸우더라도 신뢰와 믿음은 깨트리지 않고 군

건할 수 있냐는 것이다. 사실, 나는 이에 대한 적절한 답변을 도출하지 못한다.

누군가를 열렬히 사랑해보았다고 하기에는 아직 나이가 너무 어리고, 사랑해보았다 하더라도 어른들의 사랑과 아이들의 사랑이란 깊이부터가 다르기에 내가 왈가왈부하기에는 조금 까다로운 주제이기는 하다.

심지어 비혼주의에서 이제야 결혼이 나쁘지 않다는 생각을 가진 지가 얼마 되지 않아, 부부와 부부의 연을 맺게 해주는 원동력에 대해 내가 적어 내려가는 것은 심히 우스운 상태이다.

아무래도 할아버지는 그렇기 때문에 더욱 더 공부를 하라고 하시는 게 아닐까 싶다.

부부의 연, 하늘이 주신 운명이자 샤머니즘적 관점으로는 삼신할머니가 새끼손가락에 붉은 실을 매달아 주신 운명의 상대를 만나게 되는 운명론적 관점이다.

♡ 이혼 사유 제1은 바로 불화

포털 사이트에 찾아보니 우리나라 이혼 사유 제1은 불화인데, 바로 성격 차이라고 말하는 것이다. 일단 말이야 쉽게 성격 차이라고들 하지만 그 내면에는 아내가 바람을 폈어요, 남편이 바람을 핀 거 같아요 등등 부부 간의 신뢰가 무참히 밟히듯 박살나 버린 상태가 되어 이혼을 많이 하는 게 우리나라 부부다.

사실 나는 신뢰가 어떻게 깨져 가는지에 대한 상황을 많이 목격했기 때문에 그 순간순간의 상황이 얼마나 처참한지 잘 알고 있다.

일단 사실이 맞든 아니든, 상대를 불신하는 순간부터 머릿속은 새하얗게 변하고 마음속에서 계속해 그걸 생각하며 이게 맞나 아닌가 싶어 혼자 고뇌하며 혼자 토라지고 이별하게 된다.

이렇듯 우리는 친구 간에도 사랑을 확인하려 하고, 믿음을 확인하려고 한다.

어렸을 때 아기에게 우스갯소리라도 아빠가 좋아? 엄마가 좋아?라고 물어보며 엄마아빠에 대한 애정을 확인하기도 하고, 연인 사이에서도 너는 내가 어디가 좋아서 만나느냐는 말 등등으로 사랑이나 믿음을 확인하기도 한다.

앞 결혼이라는 주제에서 이런 글을 쓴 적이 있다. 부모님들께 부모님은 서로를 아직도 사랑하고 있냐는 말에 대부분의 답변은 정 때문에 마지못해 사는 것이라는 대부분의 답변을 이루었다고 말이다.

♡ 단순히 정으로 사는 부부?

글쎄, 정으로 살까? 아마도 함께 사는 그 순간순간에 사랑이라는 감정이 행복하다는 감정에 매료되어 무뎌진 것이 아닐까?

할아버지는 계속해서 부부들은 백년 내내 서로 간의 사랑에 대해, 믿음에 대해, 신뢰에 대해 확인받아야 한다고 하신다.

우리는 사랑받기 위해 태어났으며, 사랑을 받음으로 살아있음의 행복을 느낀다. (하지만 할아버지는 이 말이 틀렸다고 하신다. 사랑을 주고받기 위해 태어났다는 것이 할아버지의 말씀.)

서로가 너무 사랑한 나머지 내 일생을 걸고 하는 것이 바로 결혼인데, 왜 서로가 서로에게 무뎌져 이젠 정으로 산다는 그런 투박한 소리나 하고 있을까?

정이라도 붙어있으면 다행이라 말하는 부부들도 있겠거니와, 정말 안타까운 사실이다. 사랑해, 그 한 마디가 정말 어려워 사랑을 확인하지 못한다면 부부 사이의 믿음과 신뢰가 이미 깨져버린 증거다.

이 사람이 정말 날 사랑하나?라는 생각부터 시작되는 많은 오해와 억측은 눈밭을 굴려 가는 눈덩이처럼 커져 나뿐만 아니라 나의 배우자도 힘들게 할 수도 있다.

우리는 이렇기 때문에 부부 공부를 해야만 한다. 할아버지 말씀처럼, 부부가 되기 전 너는 나를, 나는 너를 믿나 확인하고 나는 그를 믿게 하나 확인하고, 서로가 못 믿게 말하고 행동하는지부터 미리 알고 배워둬야 하는 게 부부 소양 제1일 것이다.

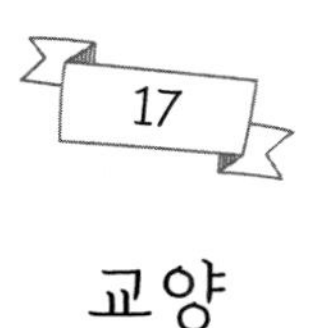

교양

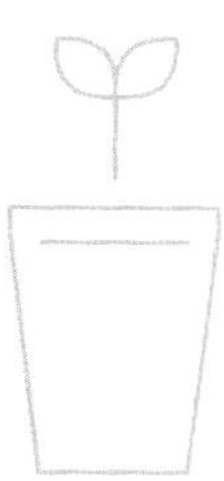

배우고 본 바 없어 무식하면 무지개를 꿈꾼 결혼과 사랑 인생은 평생 눈물과 탄식이 된다. 배우자를 잘 만나려면? 열백 번 말한 대로 내가 자격을 갖춰야 한다. 우수한 재능과 견고한 됨됨이를 갖춘 남녀는 반드시 그에 맞는 배필과 결혼하는 건 만고의 진리다. 배운 게 없으면 사람 보는 눈이 어두워 오직 남자만 알고 여자만 알고, 생각은 천박하여 모르니까 천박한 배우자를 만나지만, 교양 있고 됨됨이가 출중하면 단박에 사람 보는 눈이 생겨 기다 아니다, 부족하다 넘친다, 알맞다를 보는 눈이 틔어 둘의 격(수준)이 맞는다. 만나면 헤어진다는 생각도 않아 천생연분 백년해로 어렵지 않다. 그러니까 욕심껏 좋은 짝만 찾을 게 아니라 나 자신이 배필에게 좋은 짝이 될 인품을 배우고 길러야 하니 이게 교양이다.

♡ 현명하게 살아가는 방법

사물과 이치와 사람을 바로 볼 수 있는 직관(直觀)의 힘을 기르는 것이 삶을 살아감에 있어 현명하게 사는 하나의 방법이 아닐까 싶다.

보고 듣고 배우는 등 경험을 많이 해야 식견을 넓힐 수 있지만 우리의 시간은 제한적인 측면이 있어 오로지 그 유한한 시간 속 수많은 경험만 하며 인생을 보충하기에는 삶이 복잡하고 할 일은 태산같이 많아 쉽지만은 않다.

그렇기 때문에 우리는 실질적으로 몸소 느끼는 경험도 좋지만, 훌륭한 스승에게 가르침을 받으면 더욱 좋다는 생각이 든다. 이때 훌륭한 스승에게 배울 것 중 소중한 것이 바로 교양인데, 교양이란 무엇일까?

교양(教養)을 국어사전에 찾아보면 첫 번째가 가르치어 기르는 것이라 하고, 두 번째는 학문, 지식, 사회생활을 바탕으로 이루어지는 품위 또는 문화에 대한 폭넓은 지식이라고 한다.

독자는 교양을 어떻게 인지하고 있을지… 사람마다 각기 다르겠지만 내가 생각하는 교양은 말씨, 맵시, 솜씨 등 품위 있는 행동이라고 생각한다.

보통, 교양이 없다고 지적받는 사람들은 언행과 품행이 어딘가 모가난 것처럼 날카롭고 예민하거나, 학식이 부족해 지적으로 모자란 사람을 일컫는데 할아버지께서 뜻하는 교양이란 이와 비슷한 듯 다르다.

할아버지의 제시어를 보고 곰곰이 생각해봤는데, 이런 말이 바로 떠올랐다. '유유상종(類類相從)', '끼리끼리 만난다'. 나는 옛날이라고 하기에도 어려운 불과 몇 년 전만 해도 유유상종의 법칙을 믿지 않았다.

♡ 유유상종 = 법칙?

사람을 부류로 나눈다는 것이 무언가 이상해 보였고, 아무리 말도 안 되는 각본의 드라마라고 하더라도 이른바 흙수저 여자가 금수저 남자를 만나 신분이 달라지는, 그런 일들만 보아도 유유상종이라는 법칙은 쉽사리 깨지는 것이다.

몇 년 지나고 보니 깨달은 것이 하나 있다. 드라마 설정이 다 그런 것은 아니지만 대부분은 극 중에 나오는 흙수저 여자는 끊임없는 노력을 했고, 누구에게 인정받을 만한 수준의 훌륭한 상태에 이른 경우이다. 나태하고 교만하며 칠죄종(가톨릭에서 말하는 7가지의 죄악)을 일삼는 그런 무지의 상태가 아닌, 끊임없이 자기를 계발하며 진취적으로 나아가는 그러한 인품으로 그려지고 있었다. 그래서 금수저 남자가 그러한 모습에 반해 신분을 뛰어넘어 사랑을 고백했던 것일까?

이런 것이 교양이다. 나의 무지를 인지하고 끊임없이 배우고 도전하며 나를 키워나가는 것.

찾아보니 교양이라는 개념은 18세기 후반 독일에서 본격적으로 논의되기 시작하였다고 한다. 주로 정신적 · 육체적으로 미숙한 상태의 개인이 사회와의 갈등 관계를 거치면서 보다 성숙한 상태로 발전되는 양상을 지칭하는데, 교양 개념은 개인과 사회, 자아와 세계 사이의 다양한 관계와 갈등을 전제로 하며, 이와 같은 관계에서의 개인의 성장, 사회화 등을 총칭하는 용어라 할 수 있을 것이다.

보다 성숙한 상태로 발전하는 것, 사람이라면 누구나 보다 나은 삶을 살아가고 싶은 욕구를 가진다. 그리고 누구나 삶을 개척해나갈 권리와 의무를 가진다.

사람을 잘 만나 덕을 보는 것도 운이라고는 하지만, 내가 기본적으로 좋은 사람을 만나 그와 나, 자연과 인간이 서로 화합하고 공생하며 살아가는 것처럼 사람 대 사람으로 서로에게 좋은 영향을 주기 위해서는 내가 먼저 좋은 사람이 돼야 한다. 대개 나에게 좋은 것은 선이고, 나쁜 것이 악이라 한다면 그 선과 악을 구별할 수 있는 혜안을 가진 사람이라면 누구나 선을 택할 것이다.

♡ 교양 있는 사람이란

그렇기 때문에 나 역시도 누군가에게 도움이 되고 누군가로부터 행복을 받을 수 있어 의미 있고 가치 있는 사람이 돼야 교양 있는 사람이라는 것이다.

나의 수준을 높여야만 한다. 왜 본인들은 가꾸지 아니하면서 더 높은 것을 열망하고 쟁취하려고만 하는가? 그것은 이기적이며 물욕이고 스스로 나 자신의 무덤을 파며 파멸로 이르는 길일 것이다.

물론, 사람은 사람 자체만으로도 존중받아야 하며 고귀한 존재임은 확실하다. 하지만 본래 빛나는 사람이 더 갈고 닦으면 얼마나 더 빛나는 존재가 될 것인지 가늠이 되는가?

그렇기에 우리는 누구나 더욱 더 찬란하게 빛날 수 있는 존재이다.

♡ 나를 꾸민다는 게 뭔데?

문득 때로는 가꾸는 것이란 무엇일까 생각하게 된다. 겉모습을 꾸미는 것은 누구나 할 수 있다. 내가 보기에 살이 찐 것 같으면 살이야 빼면 되고, 얼굴이 수려하지 않은 것 같으면 일단 화장하든 머리를 하든

옷만 잘 입어도 반은 가니 노력해서 안 될 것은 없다. 외적인 것에 내면의 잠재된 의식이 드러난다고 하지만, 단순히 껍데기를 보기 좋게 치장하는 것은 내적인 부분을 치장하는 것보다 쉬운 것이 사실이다. 이렇듯 외적인 부분도 분명 가꾸어야 한다.

♡ 내적인 부분은 어떻게 가꾸지?

그렇다면 내적인 부분을 가꾸는 것은 과연 무엇일까?

내가 나를 다스리고, 마음의 양식을 쌓는, 분명 교양을 지닌 사람으로 거듭나는 것이 아닌가 싶다.

할아버지께서 말씀하시길, 가장 예쁜 말은 "가르쳐 주세요"라고 말하는 사람이라고 하셨다. 가르침을 받는 사람은 무궁한 발전 가능성이 있는 사람이라고 말이다. 아니, 나 역시도 가르침을 받으려는 사람은 자신이 발전하기를 원하는 사람이기 때문에 더욱 더 빛나는 사람이라고 생각한다.

내가 좋은 사람과 만나 좋은 시간을 보내고 싶다면 먼저 상대가 느끼기에도 내가 좋은 사람이 돼야 한다는 것은 당연한 이야기일 것이다.

내가 좋은 사람이 되어 주지 못하는 상황에서, 또는 좋은 사람이 아님에도 불구하고 나보다 더 나은 이들로부터 안식을 원하고 사랑받기를 원한다면 그건 당착(撞着)한 사람이며, 앞뒤가 다른 사람, 또는 이기적인 사람에 불과하다는 평을 받을 것이다.

앞서 말한 유유상종의 법칙은 변하지 않는다. 그 변하지 않는다는 법칙이 내가 상대적으로 타인보다 격이 낮아 상종할 수 있는 자리가 마련되지 않는다는 원리도 있지만, 어쩌다 하늘의 운으로 인해 다시는 오지 못할 인연이 나에게 왔다 하더라도 서로 소통이 되지 않아 실패할 것이다.

책을 딱 한 권 읽은 사람이 신념을 가지면 무섭다고 한다. 하루살이가 가을에 나 가을에 죽어 이 세계는 사계절이 아닌 하나의 계절 가을만 있다고 박박 우기는 셈인 것이다. 하루살이는 당연 가을만 경험했으니 가을이라는 계절 말고는 아무것도 모르는 것이 당연하다.

이렇듯 점점 소통이 안 되면 대화는 단절되고, 말이 통하지 않으니 답답해 속만 터질 지경이니 관계의 끝을 고하는 것이다.

내가 나를 가꾸어 교양 있는 사람이 된다는 것은 나의 결혼 상대를 잘 만나기 위한 하나의 수작이 아니라, 교양 있는 사람이 되면 저절로 내가 생각하는 가치가 달라지고 나의 삶이 어느덧 더욱 격조 있게 바뀌게 될 것이다. 그러니 교양 있는 사람이 되는 것이 내 인생을 갓생(God+인생=의미 있고 가치 있는 삶)하게 만들어 주는 하나의 길일 것이다.

분명 우리는 모두 가능성 있는 사람이며 눈부시게 발전할 수 있는 권리를 가진 사람들이다.

그렇지만 우리가 어떻게 나를 가꾸어 나갈지에 대한 해당 사항은 개인 스스로가 개척해 나아가야 하는 것이다. 그러므로 옳고 그른 교양이 무엇인지 판단력이 있어야 하고 그것을 바탕으로 어떠한 것들을 추구하며 교양 있는 행동과 나의 나 된 됨됨이를 어찌해야 하는지는 모두 많은 공부를 통해 알아가야 하는 것이다.

철학자 베이컨은 이렇게 말했다. "아는 것이 힘이다." 그렇다, 내가 남에게 나의 힘을 선하게 보일 수 있는 것은 오로지 지식으로부터 바탕이 되는 교양의 힘일 것이다.

교양이 나의 힘을 만들고, 그 힘이 나를 보호해주는 하나의 수단과 방법이 되기도 한다. 목소리와 얼굴은 선천적이게 부모에게 물림을 받는 경우지만, 교양 같은 경우는 후천적으로 갈고 닦아야 얻을 수 있다.

♡ 교양은 활력을 북돋아 준다

교양에서 활력을 얻는 우리의 삶은 어떠한 삶보다 값어치가 있을 것이다. 아니, 책정할 수 없는 고귀한 삶을 살아가는 것과 다름 없을 것이다.

교양은 누구에게나 필수 덕목이다. 이 교양을 누구에게 배우느냐에 따라 각자 지니는 교양의 특성이 다르기 때문에 좋은 부모나 스승 등 누군가에게 가르침을 받아야 하는지는 결국 본인의 몫이자 본인의 선택이다.

설령, 교양에 대해 아예 가르침을 받지 않겠다는 사람들이 있다면 다시 한번 잘 생각해 보기 바란다. 나부터도 그러하다. 우리의 삶을 바꾸어 놓을 수 있는 것이 교양 바로 그 자체이다.

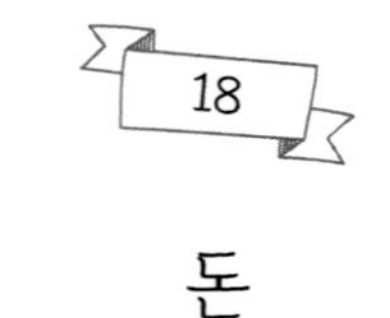

돈

인생 무엇으로 사느냐의 답은 100가지도 넘을 것이나 순위 고하막론 중요한 게 돈이다. 돈은 부부를 무너지지 않게 지키고, 안 보이는 마음과 사랑까지를 지켜 몽땅 이 녀석 돈이 틀어잡고 흔들어버린다. 돈이란 삶의 생명수와 숨 쉬는 공기와 같아 돈이 쌀이고 의식주는 전체가 다 돈이라고 볼 정도로 그 이상 돈이 지배하고 있다. 하여 학교에서는 전부 돈 버는 공부를 시키는데 지식은 늘리지만 대개는 돈 대신 살림은 어려운 게 현실… 하여 돈이냐 사랑이냐 할 때 절반 이상이 돈을 따라가는 게 인간이라 할 정도인데 이제 결혼했으면 그 사랑 그 결혼 깨지지 않게 가정경제, 돈을 생각해 보아라. 돈은 벌기보다 쓰기부터 배울 일. 이 문제도 지식, 아는 게 기반이다. 미소는 부잣집에 시집갈지 아닐지 모르나 빈부 무관 돈 귀함을 알고 기본은 평생 돈을 아껴 써야 한다.

♡ 우리 모두 자본주의의 노예

돈이 주제이니, 돈 이야기 좀 해보자. 우리는 모두 자본주의의 노예처럼 당연한 줄 알고 산다. 돈으로 대신할 수 없는 것은 없다고 알고 산다.

추상적 개념의 시간과 같은 것들은 곰곰이 생각해보면 돈으로 살 수 없지만 내게 주어진 시간을 좀 더 윤택하고 화려하게 살아갈 수는 있다.

사랑도 그렇다. 내가 가진 재력이 타인에게는 그 사람의 매력으로 비추어지는 세상이다. 결혼은 비즈니스라는 말이 있을 정도이니 돈이 사람의 평가에 끼치는 영향은 막대하다고 해도 오버가 아니다. 돈은 그 사람의 능력이며 권력이다.

어렸을 때 본 MBC 수목드라마 〈여왕의 교실〉이 생각난다. 몇 년 지난 지금 다시 그 드라마를 기억해보니 담임 선생님의 가시 돋은 말들이 곧 세상의 이치이자 흘러가는 사회의 풍세다.

가장 기억에 남는 대사는 '내가 분명히 얘기하지 않았었나, 차별은 당연하다고. 돈과 권력을 지닌 사람들이 더 나은 대접을 받고, 그 영향력으로 자기 자식을 보호하려는 것 역시 지금 너희들이 살고 있는 세상의 규칙이야. 1% 부모에게서 태어난 아이들은 너희들과는 달라. 태어나는 병원부터, 죽을 때 장례식까지.'라는 대사다.

맞다. 돈이 뒷받침을 해 주는 아이들은 나와는 삶의 급이 다르다. 먹는 음식도, 입는 옷도 심지어 위생용품까지도 최고급에 명품이다. 그것들이 과연 정녕 좋은 것인지는 모른다. 하지만, 부러운 것만은 사실이다.

오죽하면 불행해서 울어도 람보르기니에 타서 엉엉 울고 싶다고 할 정도, 어차피 울 거라면 에코백이 아닌 샤넬 백을 던지면서 엉엉 울고 싶다고 할 정도다.

♡ 요즘 대세는 young&rich

요즘 젊은 층 사이에서 유행하는 힙합의 대부분은 자신이 영앤리치임을 강조한다. 여기서 영앤리치란 'young&rich'로 젊은데 돈까지 많은 사람들을 뜻한다.

가사를 보면 돈 자랑 안 하는 내용이 없다면 무색할 정도로 돈 자랑이 가득하다. 신기하게도 국힙(국내 힙합의 줄인 말)들은 여자, 돈, 술 이 세 가지를 빼면 가사의 절반이 첨삭된다.

내 친구들에게 한 번은 단순히 체크카드로만 돈 씀씀이가 얼마나 되는지 물어본 적이 있었는데, 적으면 90만 원에서 많으면 200만 원쯤 쓰는 것이 대부분이었다.

사실 놀랍지는 않다. 요즘은 부모가 자녀에게 본인 카드를 주기도 하고, 말고도 워낙에 용돈을 한 달에 50만 원, 60만 원 받는 친구들도 있기 때문에 별로 놀랍지 않은 소비 습관이다.

애들이 무슨 돈을 저렇게 많이 쓰냐고 하지만, 높은 물가에 적용해 카페 한 번만 가도 10,000원 이상 쓰는 것이 당연해졌으니 말이다.

♡ 할아버지, 저도 알아요!

할아버지 제시어에는 내가 돈이 귀한 줄 아는 것이 중요하다고 하셨는데, 사실 돈이 귀한 줄 모르는 사람은 없을 것이다.

요즘 상황에 배를 곪는 건 극히 드물기에 찢어지는 듯 초근목피의 삶까지는 경험해보지 않았더라도, 내가 수중에 가진 돈이 모자라 내 활동에 제약이 있거나 하고 싶은 것들을 하지 못했던 경험은 누구나 해보았을 것이다.

결혼도 결국 돈이 있어야 한다. 결혼하면 부부가 살 아파트도 마련해야 하고 패물도 준비해야 하고 예단에 준비해야 할 것들이 태산 같고 이게 다 돈이 있어야만 마련할 수 있다.

사실 결혼까지 골인하려면 남녀불문하고 돈을 벌고 있는 상태여야 양가 부모님들께도 인정받을 수가 있다.

결국 돈 아닌 것이 없다. 자녀들을 키우는 것은 부모의 사랑도 있지만, 돈으로 키운다는 말도 있다. 이렇듯 돈은 우리 생활 대부분을 차지하는 중요한 물질이다. 이렇기 때문에 우리가 돈을 알아야 하고, 돈의 힘을 알아야 한다.

단순히 돈이 얼마나 중요하고 돈의 힘이 얼마나 막대한지를 아는 것보다 돈을 어떻게 써야 하는지, 소비를 알아야 한다는 것이 할아버지의 말씀이시다.

하긴, 돈이야 심하게 노쇠하지 않다면 입에 풀칠할 정도의 재화벌이는 할 수 있다. 나와 같은 경우도 커피숍에서 알바해 한 달에 70만 원 번 적도 있었고, 18살이 된 현재 나의 친구들만 보아도 패스트푸드점에서 아르바이트 하는 친구 등등 용돈벌이를 스스로 하는 경우가 많다.

♡ 벌어도 문제다

서서히 커 가면서 보니 의지의 대상이 부모가 아닌 나 스스로가 돼야 한다는 의무감에서 그런지, 내가 번 돈을 내가 쓰는 것이 더 편안하고 뿌듯하다.

하지만, 내가 커피숍 아르바이트를 했을 때 월급이 입금되고 나면 머리가 하얗게 질리듯 무엇을 위해 써야 더욱 더 뿌듯한 소비가 될지 언제나 고민이었다. 맛있는 걸 사 먹자니 아깝고, 옷을 사자니 또 아깝다. 하나를 소비해도 의미 있는 진정한 소비면 좋겠는데, 막상 돈을 버니 어떻게 돈을 써야 하는지 소비에 대한 확신이 서지 않는다.

♡ 우리의 삶은 경제 활동의 연속

우리의 삶은 경제 활동의 연속이다. 돈을 벌고 쓰는 것의 연속이 삶인데 막말로 아르바이트에 나가 또는 직장에 나가 내가 맡은 직급에 맞게 일을 행하면 된다. 때로는 그것이 엄청 쉽게 느껴진다. 상부에서 내가 할 일이 정해지고, 무엇을 어떻게 해야 할지에 대한 나의 임무가 정해지기 때문이다.

그런데 소비는 눈 깜빡하고 하나둘 하다 보면 어느새 통장이 텅텅 빈 이른바 '텅장'이 되고 만다. 이렇기 때문에 우리는 돈의 흐름과 원리를 잘 알아야 한다.

아르바이트 하는 친구들에게 어디 놀러 가자고 하면 매번 돈이 없다고 해서 언제는 내가 "너 월급 어디 갔어?"라고 물어보면 돈의 행방을 모르겠다고 한다.

할아버지께서는 이렇게 과소비하는 습관은 쓰면 쓸수록 나에게 득이 되는 것이 아닌 불행해지는 소비라고 하셨다. 나이 불문 청소년이든 성인이든 말이다.

♡ 수입과 지출의 균형

돈이 통장을 스친다는 표현이 있을 정도이니 내가 돈을 어떻게 쓰는지도 모르는 것이 현실이다.

할아버지께서는 이렇게 말씀하셨다. 돈을 쓰는 것이 중요한 이유는 내가 버는 돈과 쓰는 돈의 균형이 맞지 않으면 나의 경제가 무너지고, 이어 빚을 지게 되는 사태에 놓일 수 있다고 한다.

빚을 지는 것이 나쁘다는 것은 아니다. 터무니없이 높아진 아파트값을 보면 도저히 대출을 안 끼고는 살 수 없는 지경이다. 하지만, 이렇듯 돈이 중요하여 기본적인 경제 관념에 대해 학교가 방관하고 있는 것만은 아니다. 선택과목이기는 하지만 경제라는 과목이 개설되어 돈에 대한 흐름과 기본적인 인플레이션 등을 가르치기도 한다. (나는 경제를 배우고 있지 않지만, 대부분 그런 것들을 배운다고 한다.)

앞서 말한 것처럼 우리의 삶은 경제 활동의 연속이다. 돈을 벌고 불가피하게 써야 하는 상황에 놓인다. 이렇기에 우리는 빚더미에 놓이지 않기 위해, 기본적인 생활을 영위하기 위해 돈을 알아야 하고 경제를 알아야 한다.

이것이 내가 나의 삶에 대해 똑바로 대하는 방법이자 나의 삶을 더욱 더 풍요로운 상태로 가꿀 수 있기 때문이다.

감사

KEYWORD

기독교의 동맥은 은혜(恩惠)요 정맥은 감사(感謝)다. 감사를 모르면 하나님과 소통이 막혀 관계는 끊어진다. 인간에게도 동일하여 감사를 모르면 호흡이 끊기는 것과 마찬가지가 된다. 사랑을 준 그만큼 실망시켜 기도 줄을 끊는 결과가 온다. 부모, 스승, 또는 시부모 처부모… 그들은 모두 대가를 바라지 않고 나를 사랑해준 분들이다만, 아는지 모르는지 말과 행동이 따라 주지 않으면 “재 안 되겠네~” 하는 순간 기도도 닫고 사랑의 줄을 거두어 사람 공부를 하는 너는 감사를 잘 배워야 한다. 말로 행동으로, 그러나 이보다 더 중요한 것은 심정적으로 알아야 말과 행동이 따라온다는 걸 잊으면 안 된다. 기도를 끊고 않고, 사랑을 거두고 않고는 감사의 문제다. 그분의 보람을 걷어차고 않고는 이에 달렸으니 이게 감사다. 미소는 감사의 보답을 어떻게 한다고 생각하지?

♡ 당연하기에 무뎌진다

표현이 부족해짐을 느끼는 나이가 됐다. 사랑의 표현이든 감사의 표현이든 나의 마음을 표현하는 것이 낯간지러워지는 나이인가 보다. 사춘기를 시작하고 나면서부터였다.

전에는 부모님이 출근할 때면 뽀뽀뽀 노래에 맞추어 아빠께 볼 뽀뽀를 하기도 했다. 현재는 사랑한다는 말도, 고맙다는 말도 서로가 단절되었지만 당연히 나에게 무언가를 베풀어준 사람에게 감사를 표현해야 한다는 것쯤은 안다.

참 신기한 것은 가까운 사이일수록 표현이 무뎌진다. 언제는 내 친구가 나에게 이런 말을 한 적이 있다. 아빠가 나를 사랑하지 않는 것 같다는데 그 이유가 이렇다.

방을 조금 어지럽혔다는 이유만으로 너같이 생활 습관 엉망인 애는 없을 것이라며 내가 널 이렇게 키운 적이 없다는 등의 폭언 아닌 폭언을 하셨다는 것. 주부 9단 부모님이 보시기에는 우리의 생활 관리 수준이 턱없이 부족한 것은 사실이다.

뭐, 하여튼 이런 고민을 나에게 털어놓은 친구에게 나는 이렇게 대답했다. "아니야, 분명 너희 아버지도 속으로 사랑한다고 몇백 번 몇천 번 하셨을 거야."라고 말이다.

후에 알았는데 내 친구는 내 말을 되새기면서 많이 울었다고 한다. 내 말이 심성적으로 가슴에 와 닿은 것이 아닌, 사랑한다고 가슴속에서 메아리치듯 겉으로 티 안 내는 아빠의 사랑이 무언가 이해되는 것 같아 눈물이 났다고 했다.

그래서 난 다시 이렇게 물었다. "그래서? 방 잘 치우겠다고 했어?"

라고 말이다.

친구는 당연한 듯 "엥, 아니?"라고 답했다. 참 신기하다. 나를 생각하는 상대의 마음을 곧잘 알고 있음에도 불구하고, 이를 깨달아 눈물을 흘렸음에도 불구하고 표현은 곧 죽어도 못한단다.

할아버지는 행동으로 옮기지 아니하면 상대는 나의 마음이 어떤지 잘 모른다고 하셨다. 당연한 말씀이다.

말만이라도 표현하면 다행이겠거니와 거기에 행동으로 실행에 옮겨 사랑에 감사하고 베푸는 것에 감사한다면 나를 사랑하는 상대의 순수한 마음을 실망시키지 않을 것이다.

♡ 본능적 사랑과 비본능적 사랑

순수하다라, 할아버지께서는 말씀하셨다. 세상에는 본능적 사랑과 비(非)본능적 사랑이 있는데 본능적 사랑은 말 그대로 모성애와 부성애 같은 것이라고 한다.

천륜으로 이루어진 자식과 부모 관계의 사랑은 과학적으로 입증할 수도 없다. 엄마가 1년 남짓 배에 품어 장기가 뒤틀리는 아픔으로 낳은 내 새끼를 막상 싫어하기는 어려운 것이 사실이다. 그렇기에 본능적으로 이 아이를 사랑하고 지켜야 한다는 보호본능이 작동하는 것 역시 부모의 본능, 즉 사람의 본능이다.

본능은 선천적인 것이다. 선천적으로 타고났다는 소리다. 그렇기 때문에 이 본능을 거스르는 법칙이란 존재하기 힘들기 마련이고 이렇기에 부모가 자식을 사랑하는 것은 당연하다고 할 수 있다.

그렇다면 또 다른 사랑이란 무엇일까? 사랑이 사랑이지, 진정한 사랑 또는 본능의 사랑이라고 나누는 것도 나에게 애정을 퍼부어주는 상대에게는 죄송스러운 말이지만, 사실 부모와 부모가 아닌 다른 상대의 사랑을 구별할 필요는 있다.

할아버지께서는 진정한 사랑이란 무대가성으로 상대에게 베푸는 것, 감사도 좋지만 내가 남에게 베풂으로써 무엇인가를 얻으려는 이윤 활동을 하지 않는 순수한 마음이 바로 비본능적 진정한 사랑이라고 하셨다.

할아버지께서는 나에게 학교 공부 외에 정말 필요한 공부를 가르쳐 주시는 분이시지만, 돈을 받은 적은 단 한 번도 없으시다. 줄창 돈을 썼으면 더 쓰신 분이시다.

그야말로 진정한 사랑이다. 나 역시 이러한 진정한 사랑에 감사를 표현할 줄 알아야 한다만 아직, 이다.

♡ 성경에 나오는 감사

성경에서도 감사할 줄 아는 사람이 진정한 사람이라고 거듭 강조하며, 실제로 성경에는 '우리가 감사함으로 그 앞에 나아가며(중략)'라는 대목도 있고, 데살로니가전서 5장 18절을 보면, '범사에 감사하라 이것이 그리스도 예수 안에서 너희를 향하신 하나님의 뜻이니라.'라는 대목도 있다. 이쯤 되면 감사란 성경적 원칙이 아닌가도 싶다.

그렇다면, 상대가 사랑하고 온전히 베풀어준다고 내가 그에 부응해 감사를 표현하고 무언가를 보답한다는 것은 어쩌면 대가성이 아닌가?

사람은 자신의 이익을 취하는 동물이기에, 늘 자신에게 득이 되는 방향으로 행동하기 마련이다. 당연한 사람의 본능이기에 이것을 무어라 할 수는 없지만, 이 세상에 공짜가 없다는 이론을 대입해보면 상대가 나에게 주는 사랑은 어쩌면 나에게서 어떠한 것을 원하기 때문이 아닐까라는 생각도 하게 된다.

할아버지께서는 무엇인가를 원해서 남에게 나의 사랑과 물질을 베푼다는 것은 결국 장사꾼의 성향과 다를 것이 없다고 말씀하셨다.

♡ 무엇이든 언제나 감사한 마음으로

한마디로 비즈니스 관계라는 것이다. 하지만, 나는 이렇게 생각한다. 결국은 이 사람이 나를 이용하려는 수작이 있든 말든 진정한 사랑이든 말든 적어도 나를 향한 관심과 애정을 통한 사랑과 베품이 있을 때는 감사 표현이란 언제나 행해져야 한다는 것.

하물며 아무리 나를 이용하려는 사람들의 거짓된 행보와 사탕발린 말에도 감사를 빼놓을 수는 없다(할아버지는 그건 아닐 수도 있다 하시지만).

내가 하나님의 사명을 받아 이 세상에 어떠한 이유로 태어나 마땅히 내가 할 일을 하고 죽는 것이 하나님에게 쓰임을 당하는 것이라면 이것조차 쓰임은 쓰임이다만 역시 할아버지는 그건 좀 다른 문제라 하신다.

사실, 누군가에게 이용당하는 것조차 나의 가치가 있기 때문에 이용당하는 것이 아니겠느냐는 것이 나의 생각이다. 일단 뭐든지 감사해야 한다. 특히나, 진정한 사랑을 베푸는 사람에게는 더욱 더 말이다. 아무런 대가를 바라지 않고 그저 잘 커 주기를 바라는 사랑은 감사가 더욱 더 입에 붙어야만 한다. 그래야 적어도 그들이 보이는 관심과 애정에

'재는 사랑을 해 주어도 발전이 없어'라는 등의 실망감을 안겨주지 않게 된다.

아무튼 사랑을 받는 사람이나 주는 사람이나 모두 결국은 사람이다.

사랑을 받는 감정을 느낄 수 있다면 당연히 내 모든 것을 걸고 사랑했음에도 불구하고 아무런 진가가 없을 때는 배신감과 실망감이 있기 마련이다.

♡ 그들의 대가는 우리가 잘 크는 것

그들은 할아버지처럼 대가라 해봤자 우리가 잘 크는 것이 최대의 목적이자 인생의 목적이다. 하여 감사라는 표현이 참 많은 힘이 있다는 것을 할아버지의 제시어 설명을 들으며 깨닫게 되었다. 그리고 감사함과 더불어 잘못을 인정하고 사과할 줄도 아는 그러한 사람이 되어야 한다는 것 역시 할아버지께서 나에게 어디서도 들을 수 없는 값진 인생 조언을 해주셨다.

표현하지 않으면 소통은 단절된다, 말하지 않으면 상대는 모른다, 행동으로 실천하지 않으면 상대는 불신한다. 이 세 가지는 우리가 사람과 사람이 서로 공생해가며 살아갈 때 가장 필요한 원칙이 아닐까도 싶다.

감사를 표현하는 방법에 대해 사람들은 많이 고민한다. 대개 감사 표현을 물질로 하기 때문이다. 연인만 보아도 그렇다. 기념일이 되면 고맙다고 선물을 주고, 생일만 돼도 태어나 줘서 고맙다고 선물을 준다.

그래, 물질적인 것들도 좋다. 물질적인 것들은 적어도 나의 삶의 풍요로움을 느끼게 하기 때문이다. 실제로 감사를 표현하는 방법에 대해 인터넷을 찾아보면 가성비가 좋다는 선물들이 많이 나온다.

하지만 이 선물에도 바탕이 되는 것은 선물을 증정할 때 "나와 함께 해줘서 고마워", "태어나줘서 고마워"라는 궁극적인 인사말이다. 친구, 연인도 좋지만 나를 진정으로 사랑해주시는 분들. 혹여 그것이 본능적인 사랑일지라도 결국에는 대가를 원하지 않는, 대가라고 하더라도 내가 잘 크기를 바라는 선량한 마음의 대가를 원하는 그들의 마음에 부응할 나의 작은 선물이 바로 표현이다.

♡ 표현의 순기능

표현을 해야 관계가 진전되고 나의 삶도 윤택해진다. 이것이 성경이 말하는 잘 사는 법이며, 삶의 근본이라고 할 수 있다.

오늘부터라도 작은 것에 감사하는 사람과 삶이 되는 나와 독자들이 되었으면 좋겠다. 혹여, 당장이라도 부모에게 또는 지인에게 표현하는 것이 쑥스럽다면 내 삶에 대한 감사로부터 표현을 시작하는 것도 나쁘지 않겠다.

오늘 아침에도 눈을 뜨게 해 주셔서 감사하다는 작은 표현이 내 삶에 활기를 북돋아 줄 것이다.

글을 마치며 미소는 감사의 보답을 어떻게 한다고 생각하지?라는 할아버지의 물음에 나는 이렇게 대답할 것이다.

어릴 적 나는 설령 힘들지언정 할아버지를 모시고 살겠다고 한 적이 있었는데, 할아버지께서는 그런 표현 한 마디가 감사 표현이라고 하셨다. 부모님도 마찬가지다.

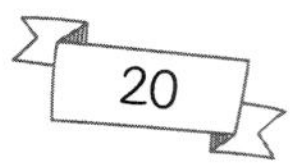

가족

KEYWORD

가족은 엄마아빠 조부모 형제라고만 알면 30점, 이건 부부가 되기 전 30년간이고 70년은 시부모 조부모 친정 부모와 양가 형제가 가족이라는 걸 알아야 100점이다. 결혼 않고 살면 30점이 가족이지만, 70점을 채우는 진정한 가족 공부란 배우지 않으면 누가 손해고 누가 힘드냐를 몰라 답은 100년의 가족을 아는 것이다. 부부란 둘만 사는 게 아니라 친정 쪽보다 시댁 쪽이다. 인생 100년의 가족… 남녀 모두 70%는 남편 쪽 가족이고 30%가 아내 쪽 가족인 이유는 현실과 법이 그렇기 때문인데 이 균형이 무너지면 공처가라거나 친정밖에 모른다는 낙인이 찍혀 나와 자녀들 가족 전체가 불행해진다. 이제 곧 주민등록증이 나와 법이 정한 성인이 되었으니 지금 배울 사람 공부다.

♡ 충격적 실체?

충격적이지 않을 수 없다. 가족을 부모, 조부모, 형제라고만 안다면 30점밖에 안 되는 수준이라니 말이다. 그럼 나는 지금까지 30점짜리 인생을 18년이나 살아온 것이다. 뭐, 하프타임을 제외한 축구 경기 전후반 100분 중 18분만 보고 어느 팀이 이기겠다고 섣불리 예견할 수 없는 것처럼 지금부터 가족에 대한 점수를 높여가면 되는 것이지만 30점밖에 안 됐다니 놀라울 따름이다.

할아버지도 내가 놀랄 걸 당연히 아신다는 듯, 충격적이지 않으냐고 물으셨다.

사실 나는 할아버지 주장에 대해 살짝 다른 의견이 있다.

일단 나의 반박은 이렇다. 아직 미성숙한 의견이겠지만, 결혼이란 자고로 1과 1인 두 남녀가 각자 절반씩 버려 1로 합쳐지는 과정이므로, 그 중간에 그 누구도 개입해서는 안 되고, 결혼의 참된 의미는 자녀가 출가해 새로운 가정을 꾸린다는 것에 의의를 두는 것이므로 기존의 종속된 가정에서 탈피한다는 것에 가장 큰 중점을 둔다고 알고 있다.

부부 둘이서 100% 가족의 양상을 만들어내야 한다는 것 역시도 현재 나의 주장이다.

♡ 분가는 '필수' 아냐?

비난받을 우려가 있는 말이지만 자고로 난 결혼하게 된다면 당연히 분가할 것이고, 양가 부모님 모두 모실 의향이 없다는 생각뿐이었다. 그 이유는 위와 같다. 하여튼, 이러한 생각 때문인지 할아버지의 파격적인 발언이 참 이해가 안 된다고 생각했다.

근데 곰곰이 생각해 보면 틀린 말씀이 아니다. 우리나라는 아빠의 성과 본을 따르는 나라이기에, 결혼하면 여자는 남자의 가족 호적으로 올라가기 때문에 당연히 시집을 간 여자는 출가외인인 것이 사실이다.

찾아보니, 부모가 이혼했을 때 아이의 양육권이 엄마에게 있을 경우 엄마의 성과 본을 따를 수도 있지만 그 역시 쉽지만은 않고. 부모가 이혼을 하지 않은 채 단순히 여자의 성이 더 예쁘다 혹은 다른 이유로 엄마의 성과 본을 따르는 것은 힘들다고 한다.

이렇게 보면 할아버지 말씀이 얼추 사실이 된다. 그래도 뭔가 억울한 것은 사실이다. 좀 철없는 이야기를 해볼까?

♡ 네 부모 효도는 네가 하세요

효도는 셀프라는데, 기껏 시집가서 한다는 게 남편과 결혼을 안 했으면 생판 남일 사람의 제사상을 차린다? 그렇게 효도가 좋으면 자기가 나서서 음식 하면 되지 애꿎은 남의 집 귀한 딸 손에 물이나 묻힌다?

결혼하기 전에 사탕발린 말로 손에 물 안 묻히겠다는 말은 시집 간지 얼마 되지 않아 무산된다.

이렇게 살짝은 삐뚤어진 것 같은 생각은 시댁을 완전한 가족으로 인정하지 않았을 때 피어나는 사고다.

맞다, 만약 나를 낳아 기른 부모가 죽었다면 적어도 제사상에 올라간 음식은 자식이 해 준 밥이어야 한다며 새벽부터 장을 보고 음식을 준비할 것이다. 마찬가지로 남편이 나와 한 가족이 되었으면 결국은 시댁에게 나는 딸 같은 며느리이고 내 친정으로부터 내 남편은 아들과도 같은 존재일 것이다.

심지어 시어머니께 친근하게 어머니 또는 엄마라고 부르기도 하는데 어찌 혈연이 아니라고 무시할 수 있을까. 이것은 선천적인 혈연이 아닌 하늘이 맺어준 후천적인 혈연이다. 그런데도 시댁은 참 어려운 존재다. 사실 한국형 드라마만 봐도 며느리가 속된 말로 시댁에는 찍소리도 못하고 쫄기 마련이다.

가족 관계에 갑을 관계가 조성되는 것은 괴이한 현상이지만 뭔가 시댁과 며느리의 관계는 가족이라고 하기에는 어색한 부분이 많다는 게 보통인데, 할아버지는 소통의 문제이지 절대 그건 아니라고 하신다.

그러니 결혼하게 되면 법적으로 시댁이나 친정이나 결국은 직계 가족인데 참 신기하다. 불편한 가족이 있고 안 불편한 가족이 있다니 말이다.

♡ 결혼하면 본격 두 집 살림 시작

이래서 가족에 대한 공부를 해야 하는 것인가. 사실 7:3의 비율로 시댁이 70%다 친정이 30%라는 이론 역시 알아두는 것도 중요하지만 그에 그치는 것이 아닌 어떻게 하면 균형을 잃지 않고 두 가정 사이에서 밸런스를 맞출 수 있냐는 풀기 어려운 과제다.

진짜 가족 그니까, 나를 낳아 기르고 친부모와 자식 간의 관계도 몇 번의 말다툼에 무너지고 단절되기 마련인데 아예 새로운 가족이 되어 다 큰 지경에 퍼즐 조각을 처음부터 다시 맞추어가며 살아가야 하는 시댁과 나의 관계를 돈독하게 다지며 남보다 못한 사이가 되지 않도록 하는 것은 정말 중요하다.

가끔씩 보는 친구들과 관계를 유지하는 것도 힘들기 마련인데 시댁의 경우는 생판 남에서 이제 평생을 함께할 가족으로 다가온 것이다. 그에 반해 나를 낳아 기른 부모와 나의 관계에서는 함께 살아가며 서로에게 물든 시간이 오래이기 때문에 생활 습관도 비슷하고 피는 못 속인다고 하니 부모의 어릴 적 행동이 자식에게 대물림되는 경우가 허다하기에 그들은 나를 포용할 수 있는 관대함이 있다.

하지만 시댁은 그러한 관대함이 없을 수도 있다. 서로 살아온 환경이 다르기 때문이다. 당연하다. 그렇기에 우리는 공부해야만 한다.

전에 지구 관련 글을 쓰고, 과학적 이론을 다룰 때는 그런 공부가 제일 어려운 줄만 알았다. 있는 것을 있다고 설명하는 것도 어려운데 가족이라는 입증된 사실을 올바르다고 쉬운 말로 풀어내는 것이 힘들었기 때문이다. 근데 막상 사람과 사람 간의 관계에 대해 풀이하는 글을 쓰다 보니 지구와 관련한 과학적 이론은 아무것도 아니었다.

♡ 주제넘은 소리

내가 경험해보지 못한 것들에 대해서 남에게 조언하는 것은 사실 주제넘은 행동이라고 생각한다.

그렇기에 매번 드는 생각은 내가 결혼한 것도 아니고, 아이를 낳아본 것도 아니고 그렇다고 심지어 결혼 준비를 했던 예비 신부의 경험도 없기 때문에 이러한 주제로 글을 쓰는 것은 더욱 더 조심스럽다.

나는 나의 가족과도 삐걱대는 경우가 많기 때문에, 그럴 때마다 나보다 더 인생 경험이 많은 어른께 조언을 얻기도 한다. 하지만, 그마저도 정답이 아닐 수도 있고 내가 진정 받고 싶은 조언이 아닐 경우에는 말 그대로 절망이다. 그렇기 때문에 우리는 우리를 컨트롤 할 수 있으며 스스로가 정답을 찾기 위해서라면 뭐든지 공부를 해야 한다.

특히 내 삶을 함께할 가족에 대한 공부는 더욱 더 열심히 해야만 할 것이다. 부모, 조부모, 형제만 가족일 줄 아는 사람은 30%밖에 모르는 사람이라는 할아버지의 말씀, 이젠 나의 가족 70%를 찾아 채울 때가 됐다.

♡ 나머지 70%를 위하여

그 70%를 맞이하기 위해, 적어도 나는 가족에 대한 성숙한 생각을 겸비해야 할 것이며 그들을 실망시키지 않고 배려하며 살 수 있는 방법을 공부해야 할 것이다.

사실 진심이 느껴지면 사람은 감동을 받는다고 하는데, 사람마다 표현법이 달라 나의 입장에서는 열심히 표현했는데 상대가 느끼기에는 이 사람이 날 좋아하지 않는다고 생각할 수도 있기 때문에 아주 환장할 노릇이다.

하지만 말 안 해도 다 아는 사이는 없다. 그렇기 때문에 소통을 많이 해보고 적어도 가족의 유대가 어떻게 이루어지는지, 그들과의 관계 형성은 어떻게 해야 하는지 더욱 고차원적인 공부를 해야 한다는 생각이 든다.

참 어렵다. 이런 것을 공부하게 될 줄은 꿈에도 몰랐다. 해봤자 흘러가는 대로 사는 것이 인생이겠거니 싶어서 간과하고 살았던 것이 지난날이었고, 결혼이 무엇이냐 싶어서 내 삶만 잘 살면 그만이라고 생각했는데 또 할아버지 말씀을 듣다 보니 그 역시 틀린 생각이라는 것을 알게 되었다.

이런 공부를 하면서 나의 생각이 180도 달라졌다. 솔직히, 아빠에게 이런 이야기를 들었다면 아마 비혼주의였던 나의 생각이 도로 360도 되돌아와 변한 것은 없을 것이다. 이런 이야기들은 꼭 신기하게 부모님한테 들으면 마냥 잔소리 같아서 알아서 차단하는데, 참 신기하다.

하여튼, 공부를 하면서 많은 생각이 바뀌게 되었고 확실한 것은 나의 더 나은 미래를 꿈꿀 수 있다는 것이 나의 가장 큰 변화라고 할 수 있다.

드라마에서 보이는 악덕 시어머니든 뭐든 일단 부딪혀보고 지혜롭게 대처하고 싶다는 생각이다. 70%가 아직 채워지지 않은 상태라면 한 계단씩 잘 쌓아가며 공부한다면 언젠가 정말 나의 공허한 70%의 가족이 나타나기 마련이다.

좋은 사람이 내 곁에 머물기를 바란다면, 나 먼저 좋은 사람이 되어야 한다는 것이 당연한 것처럼 말이다. 유유상종의 법칙은 무한하며 그것이 곧 진리이니, 좋은 사람과 함께하고 좋은 가족과 함께하며 그 구성원으로 녹아들고 싶다면 스스로부터 좋은 사람이 되어야 한다.

그 걸음의 첫 번째 시작이 바로 가족에 대한 공부이며 이해라는 생각을 한다.

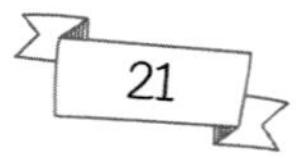

신혼

웨딩, 신혼, 신혼여행, 신혼살림… 아름답고 달콤한 단어다. 결혼은 안 해도 드레스는 꼭 한 번 입어보고 싶댔지? 신랑 없는 드레스? 신부 없는 결혼? 모두 신혼만 알고 의미를 모르니 문제가 크다. 신혼은 사랑하고 사랑받는 상대 사람이지 여행은 사람 다음이야. 신혼(여행)은 즐기기만 하라는 게 아니라 인생 기초를 설계하라는 여행이다. 신혼살림을 꾸미는 이유와 목적과 의미를 모르는 출발은 훗날 웨딩 마치가 새드 라이프(슬픈 노래)로 뒤집어지니 신혼의 진정한 의미를 공부하자. 정녕 드레스, 여행지, 경치, 호텔, 유럽, 신혼집, 이게 목적이 아니라 주인공은 사람(신랑신부)이다. 단둘이 꾸민 신혼 가정은 형편 때문이고 최고의 신혼 가정 출발은 부모님과 한 지붕 아래서 시작하는 신혼이 최고 기초다. 돈이 문제야? 그렇다면 진심은? 마음은? 할아버지는 어쨌나 들어봐라.

♡ 아빠, 나 신혼여행 보내줘 유럽으로

신혼여행을 떠올리면 낭만적이고 설레는 감정을 연상하게 된다. 똑같은 해외여행이더라도 신혼여행 패키지 타이틀이 붙은 여행과 단순히 연인일 때 추억을 쌓으러 가는 여행과는 느끼는 감정이 다를 것이다.

문득 의문이 들기 시작했다. 신혼여행은 왜 가는 거지? 하고 말이다. 그간 결혼 준비하느라고 바빴을 테고, 아침 일찍 일어나 화장하고 머리하고 손님맞이하고 폐백까지 하고 힘들어서 어디 돌아다닐 힘도 없이… 나라면 바로 신혼여행이고 뭐고 잠들 거 같은데 말이다.

보통 신혼여행도 결혼식과 폐백 모두 끝난 뒤 공항으로 출발해 저녁 늦게 목적지에 도착한 뒤 호텔에 들어가 일단 하룻밤을 보내고 다음 날부터 일정에 맞춰 돌아다니는 것으로 알고 있는데 말이다.

젊은이들이 생각하는 신혼여행이란, 이제 남들 앞에서까지 평생을 약속했으니 앞으로 잘 살아 보자는 의미에서 부부가 된 뒤 처음 가는 여행으로 인식하는 경우가 허다하지 않을까 싶다. 말 그대로 결혼 기념 여행.

실제로 그런 것이, 친구들에게 신혼여행 왜 가는 거 같냐고 물어보면 위와 비슷한 뉘앙스로 대답한다.

하지만 할아버지는 그것도 맞는 말이지만 사실 신혼여행의 의미는 앞으로의 부부 인생에 대한 평생 설계를 하는 여행이라고 하셨다.

♡ 신혼여행 = 부부 인생 평생 설계

부부 인생에 대한 앞으로의 설계라, 앞으로 평생 함께하게 될 것인데 그에 대한 설계를 신혼여행에서 하게 된다니 과연 설레지 않을 수 없다.

그래, 신혼여행에서 사랑을 나누고 서로가 서로에게 더욱 더 가까워졌다면 이제 드디어 결혼생활 시작이다. 결혼하고 향후 2년 정도가 신혼부부라는데, 얼마나 깨를 볶을까 싶다.

나는 부부란 다른 환경에서 지금까지 살아온 두 남녀가 부부라는 하나의 동체가 된다는 의미에서, 당연히 결혼하면 분가하는 것으로 굳게 믿고 있었고 나 역시 결혼하게 된다면 분가할 것이라고 쐐기를 박은 적이 있다.

드라마를 보면, 대부분의 며느리는 분가를 원하고 꼭 시부모와 함께 사는 부부들을 보면 대체 언제 분가하느냐며 골머리를 썩기도 한다. 특히나 시누이가 있는 집안이라면 더더욱 분가를 원한다. 시누이가 많으면 많을수록 며느리는 더욱 더 스트레스를 받게 되고, 예비 며느리들이 상견례에서 가장 듣고 싶어 하는 말 중 하나가 "걱정 마세요. 얘네 결혼하면 바로 집 구해서 분가 시킬 예정입니다."라고 한단다.

그만큼 부부 둘만의 독립 공간을 갖고 싶어 한다는 것이다.

나 역시 그렇다. 시부모의 적절한 개입도 좋지만, 부부가 뜻을 맞추어 살아가는 것이 더 괜찮지 않느냐는 것이다. 처음부터 살림을 잘 하고 완벽한 사람은 없듯이 차근차근 익숙해져 가는 것이므로 신혼 처음부터 모든 것에 능통한 사람은 없을 테니 말이다.

그러니 부부 둘이 함께 살아가면서 현실에 직면하며 경험을 쌓으면 된다고 생각하는 나인데, 뭐 사실 다 핑계라고 할 수 있다.

♡ 없는 게 장점이자 단점인 존재는?

내 친구 중 몇 명은 벌써 자취하는 친구들이 있는데, 친구들에게 자취의 장단점을 물어보면 다들 이렇게 대답한다. "부모님이 없는 게 장점이고, 단점이야"라고 말이다.

부모님이 잔소리하지 않아서 편하고, 늦게 들어와도 무어라 할 사람이 없어서 정말 편한데, 또 한편으로는 누군가가 잔소리를 하지 않아서 섭섭하고 늦게 들어와도 무어라 할 사람이 없고 아무도 터치하는 사람이 없어서 적적하다고 한다.

이게 무슨 미친 소린가? 그냥 내가 듣기에는 일단 배부른 소리다.

하여튼, 그러니 시부모와 사는 것은 친부모와 함께 사는 것보다 더욱 더 어려운 존재일 수밖에 없다.

친부모의 경우는 나를 지금까지 도맡아 키운 분들이기에 나를 기본적으로 이해한다는 마인드가 심어져 있지만, 시부모의 경우는 며느리가 실수했을 때 '재 왜 저럴까?'라고 흉부터 볼까 염려된다.

그냥 두려운 존재이다. 나도 내가 모자란 것을 알고 있기 때문에 더욱 더 두려운 것이 아닐까 싶다. 적어도 시부모님 앞에서는 좋은 모습만, 잘하는 모습만 보이고 싶은데 그게 잘 안 될 게 뻔하니 꺼려 하는 것이 아닐까?

친부모님 앞에서도 잘하는 모습만 보여주고 싶고, 그래도 자식 된 도리로 실망감만은 안겨드리고 싶지 않은데 그렇지 못할 때마다 나는 뭐 하는 애일까 싶기도 하다.

♡ 합가요?… 네, 뭐… (못마땅)

할아버지는 그럼에도 불구하고 결혼하면 시부모와 함께 사는 것이 더욱 유익하다고 하셨다. 살림을 배울 수 있고, 혹여 2세가 태어난다면 자연스레 아이 키우는 데 도사가 된 시부모들이 돌봐줄 것이라는 것. 사실 이보다 더한 장점이 존재한다고 하셨다. 생각을 해 보면 맞긴 맞다.

요즘 같은 맞벌이 시대에 아이를 낳게 된다면 키워줄 사람이 필요하고, 베이비시터를 쓰자니 그래도 내 아이를 생판 남에게 맡기기는 좀 꺼려지고 할머니 할아버지 손에 키우는 게 아이의 교육에도 더 좋은 것은 사실이다.

생각해보니 나도 할머니 손에서 자라온 것이 사실이고, 한글도 할머니가 알려주셔서 처음 배울 수 있었다. 아직까지 할머니와 함께 1부터 100까지 쓰며 숫자 공부를 했던 기억이 생생하다.

♡ 아이에게 조부모는 방패와도 같다

아빠한테 혼날 때면 무조건 할머니 뒤로 가서 숨었다. 그럼 할머니는 애를 혼낼 게 뭐가 있냐며 이유 불문 내 편을 들어주시고는 했다.

생각해보니, 며느리 입장에서 시부모는 마냥 어려운 존재일지라도 아이 입장에서의 할머니 할아버지는 부모에게서 받는 사랑과 또 다른 유형의 포근한 사랑을 느끼게 해주는 분들이기도 하다.

그래, 아이를 안 낳는다면 모를까, 아이 계획이 있는 부부라면 시부모를 모시고 사는 게 아이의 정서에도 더 좋겠다. 아이의 정서뿐만 아니라 그들은 이미 한번 자식을 키웠다는 노하우가 있고 살아오며 쌓인 노하우들이 우리보다 많기에 어디 가서 들을 수도 없고 볼 수 없는 많은 팁을 전수해줄 가능성이 매우 크다. 내 자식이 가정을 꾸려 사는데, 잘되기를 바라지 잘 못 되기를 바라는 부모가 어디 있으랴.

아프리카 속담에는 노인이 죽으면 도서관 하나가 불타는 것과 같다는 말이 있다. 맞는 말이다. 아빠가 재워주는 것보다 할머니의 주름진 손이 만져주는 것이 더 잠이 솔솔 잘 왔고, 할머니 특유의 향토적 음식과 할머니 품에서 나는 특유의 고소한 냄새는 안정을 취하기에 적절했다.

그런데 우리의 사회적 흐름은 정반대다. 나 역시도 모시고 싶지 않다고 굳건하게 생각했으니 말이다.

실제로 포털 사이트에 '시부모 모시기'라고만 검색해보아도 어떻게 하면 시부모님을 편안하게 잘 모실 수 있을까에 대한 고민보다는 모시기 싫은데 어떻게 해야 하는지의 고민들로 꽉 채워져 있다. 궁금한 독자들은 한번 검색해 보기 바란다.

♡ 시어머니도 문제예요

문제가 될 법한 말이겠지만, 나는 며느리가 시부모를 모시지 않으려는 이유는 시부모에게도 책임이 있다고 본다. 무언가 며느리에게 부담을 주기에, 함께 살면서 스트레스를 주니까 며느리들이 꺼려 하는 게 아니겠는가? 이렇기에 서로에 대한 소통 공부를 해야 한다는 것이다.

아들 또는 딸 잘 키워 장가보내고 시집보내면 끝이 아니라, 이제 새 가족을 맞이해 새로운 가족과 함께 화합하는 방법을 배워야 한다는 것이다.

뭐, 분명 남녀불문하고 결혼하기 전에 그 집안부터 잘 보라는 말이 있는 것처럼 처음부터 올곧은 집안과 연을 맺는 것 역시 중요하다. 매번 하는 말이지만 좋은 사람과 내가 연을 맺기 위해서라면 당연히 나부터 좋은 사람이 돼야 한다는 것은 정석이다.

물론, 결혼에 대하여 많은 사람이 각각 다른 의견을 내세울 것이다. 나 역시도 이러한 공부를 하기 전까지는 무조건 시부모님과 분가해야 한다고 생각했고 더욱 전에는 결혼을 굳이 할 필요까지 없을 것 같았다고 생각했다.

모든 것은 공부하고, 또 공부하기에 따라 다른 것 같다. 오늘 공부한 바에 의하면 시부모를 모시고 사는 것도 나쁘지 않다는 것. 확실하게 '좋아'라고 답하기에는 아직 이르지만 내가 거쳐 온 아동기와 유년기를 보니 정말 할머니 할아버지의 손길은 마법과도 같았다. 그래, 며느리 된 입장에서 시부모도 모셔서 예쁨받고 살림 노하우도 전수받고 또 내 자식까지 키워주신다니 일석삼조다.

또한, 나도 언젠가 시부모가 될 수 있는 처지이니 대접받기 원한다면 내가 먼저 나서서 시부모를 공경하고 모셔야 하는 행동이 필요하다.

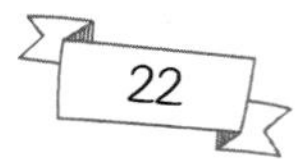

이혼과 재혼

이혼은 왜 하나. 첫째는 배우자 한쪽이 죽어서… 둘째는 도저히 더는 같이 살 수가 없어서다. 이건 성경의 기준인데, 위 둘째는 아내나 남편이 간음한 경우로 한정하고 있다. 그러니까 성경은 이 두 가지 외에는 이혼할 조건이 없다. 하여 할아버지는 죽거나 이혼했으면 혼자 살아야 한다는 성경주의 성향이다. 이혼… 특히 성경에 없는 말 재혼은 불행해질 요소가 훨씬 더 많다는 주장이 강한 사람이다. 사랑의 탑은 그만큼 평생 한 번 쌓기에도 부족한 줄 알기 때문에 두세 번을 쌓는다면 인생이 누더기가 될 게 뻔하다고 보기 때문이다. 재혼은 왜 하나… 이번에는 실패한 초혼에서 못다 쌓은 사랑의 탑을 잘 쌓을 각오라지만 성경에는 단 한 줄도 재혼하라는 말이 없고, 있다면 잘못된 일부다처인데 그건 역사일 뿐, 단 하나의 짝만 지은 하나님의 뜻이 아니니 정면 위배다.

♡ 1위긴 1위네…?

대한민국이 이혼율 1위라는 소리를 들은 적이 있었는데, 글을 쓰기 위해 찾아보니 진짜 이혼율 1위의 기준은 아시아이고, 실은 전 세계로 따져서는 27위라고 한다. 하여튼 이혼율이 아시아 1위인 것을 보면 불명예는 맞다. 이혼이라니, 사랑을 약속한 남녀가 언제 그랬냐는 듯 남보다도 못한 사이가 되어 각자 갈 길을 간다?

초등학교 추억 중 하나가 갑자기 떠오르는데, 아마 1학년이었을 것이다. 누가 울렸는지는 기억은 안 나는데 그나마 기억나는 것은 초록색 분필칠판 앞에서 나 엄마 없는 거 사실이라 스스로 시인하면서 울었던 기억이 난다. 당시 담임 선생님이 여자셨는데, 얼마나 놀라셨던지 차라리 친구랑 치고박고 싸워서 우는 게 더 나을 뻔했다는 표정으로 화장실로 데려가 얼굴을 씻겨주시며 다독여주셨던 게 생각난다.

그 때만 해도 부모님의 이혼(서류상 이혼 후 별세)은 말 그대로 치부였다. 친구네 집에 놀러 가면 친구 어머니가 맛있는 음식을 내주시고, 저녁이 되면 친구 아버지가 돌아와 00이 친구냐며 친하게 지내라고 돈을 천 원씩 주시고는 했다.

나는 집에 친구가 놀러 와도 줄 게 없었다. 사실 엄마가 없어 집에 상주할 수 없었던 것이 더욱 정확한 사실이기는 하나, 우리 부모님 역시 이혼도 했었기에… 어쨌든 학생이 된 후 엄마와 한 집에 같이 산 날 수는 깨알보다 적었다.

♡ 야, 목마르면 물이나 떠다 마셔

하여튼, 먹을 것은 내주어야 하는데 당시 아빠는 과자 같은 것을 집에 갖다 놓으면 군것질만 한다고 어쩌다 가끔 밖에 나가서 주전부리로 사 주시는 것 외에는 먹을 거라고는 맥주 안주인 오징어, 김 등등이 끝이었다.

물론 집에 과일이 떨어지는 일은 없었으나 과일을 손질할 줄 몰라 그냥 씻어서 친구한테 주는 게 다였는데 그마저도 모양새가 빠져 주지도 않았다. 그냥 목마르면 물이나 마시라고 했다.

상대적 박탈감이라고 해야 하나? 어릴 적 가장 큰 원망은 누구나 다 있는 엄마가 없다는 사실이었다. 한번은 초등학교에서 공개수업을 하는데 수업 시간 종이 치기도 전 예쁘게 차려입고 향수 냄새를 풍기는 우아한 친구 어머니들이 학급 뒤를 꽉 메웠고, 우리 아빠는 일이 바쁘다는 이유로 수업 끝나기 전에 항상 제일 늦게 등장한 후 인사만 하고 바로 가시기 일쑤였다. 그게 가장 서러웠던 것 같다.

그때는 어리석게도 부모님의 심정을 헤아릴 줄 몰랐다. 어른들이 이기적이라 나에게 상처를 주는 것만 같았다. 그냥 아이들끼리 싸워서 절교니 뭐니 하는 것처럼 어른들도 그런 줄만 알았다.

부모가 되어 자식에게 생이별이라는 고통을 안기는 것 또한 그들 스스로는 엄청 죄책감에 시달릴 것이다. 그리고 이 아이를 책임져야 한다는 막중한 책임감까지 이제는 이해할 수 있으나 당시에는 정말 부모님이 원망스럽기 짝이 없었다.

♡ 이혼, 흉 아닌데?

지금은 오히려 이혼했다는 게 흉이 아닌 터라 부모님이 이혼했다는 사실을 밝히는 것을 그리 꺼려들 하지는 않는다. 물론, 나는 그리고 얼마 후 엄마와 사별했기 때문에 친엄마가 내 곁에 없는 거지만 말이다.

하지만, 나도 그렇고 내 친구들도 그렇고 우연히 친구네 부모님께서 이혼했다는 사실을 친구에게 전해 듣게 되면 자연스럽게 숙연해진다.

친구는 괜찮다고 하지만, 흉이 아니라고 하지만, 아시아에서 이혼율 1위인 거 알지 않느냐며, 주변에 이혼가정이 널리고 널렸다지만 그래도 "아… 미안, 일부러 알려 했던 건 아니었어. 너 괜찮아?"라고 물어본다.

확실히 이혼이 상처이긴 상처인가 보다. 아이에게도 상처고, 이혼하는 장본인들에게도 상처다.

그렇다면 이혼은 왜 하고 다시 한번 재혼이라는 선택은 왜 하는 것일까? 이혼이라는 상처를 견딜 만큼 같이 사는 게 지옥이고, 다시 한 번 사랑이라는 매력에 빠져 재혼을 하게 되는 것일까?

할아버지가 매번 말씀하시기를, 너는 결혼에 한 번 실패하면 절대 재혼하지 말라고 하셨다. 뭔가 이기적인 말씀 같아 보이기도 하나 나는 이 말에 자연스레 고개를 끄덕일 수밖에 없었다.

내가 커오며 거쳐 갔던 상처들이 생각났기 때문이다. 유일하게 할아버지 말씀에 하나의 반문 없이 그냥 고개를 끄덕인 건 이번이 처음이다.

♡ 성경에 재혼은 없다?

할아버지께서는 상설로, 재혼이 성경에 기재된 바가 없다고 하셨다. 선과 악이 분명히 구별되어 있는 성경에서의 재혼은 아마 하나님도 꿰뚫어 보지 못한 인간의 변수 또는 탐욕인 걸까? 그래, 재혼도 다시 한번 잘 살아보자는 인간의 욕심이니 말이다.

그렇다고 난 재혼을 굳이 하지 말라는 재혼 거부주의자는 아니다. 근데, 의심은 해봐야 한다. 할아버지 말씀대로 사랑의 탑은 평생을 공으로 쌓아도 모자랄 만큼 높고 높다. 그 탑을 다시 쌓으라니, 불가능은 아닐 수도 있겠지만 처음 탑을 쌓는 것보다 힘에 부치는 것은 사실이다.

그리고 재혼했을 때, 재혼한 상대와 균열이 생겼을 때, 자연스레 '저래서 이혼했네'라는 낙인이 찍힐 확률도 높다. 실제로 이혼 사유가 따로 있음에도 혜안편파, 말 그대로 그럴 줄 알았다며 상대를 그저 그런 사람으로 취급할 수도 있다.

마치, 엄마가 없는 것과 아무 상관이 없음에도 엄마 없는 아이가 무엇인가 잘못하면 '엄마 없어서 저래'라는 낙인이 찍히는 것처럼 말이다.

평생의 꼬리표라고 해야 할까나? 현재는 사람들의 사고가 많이 바뀌어 이혼이 그렇게 논란이 될 법한 패널티는 아니지만 그래도 이혼했다고 하면 "이혼 사유가 뭐예요?"라고 물으면서 누구의 잘잘못을 따지기 마련이다.

사실, 이혼하지 않는 것이 제일 좋은 방법이다. 이혼하지 않으면 재혼할 일도 없기 때문이다.

♡ 배우자가 사람이 아니야, 악마라니까?

할아버지께 한번은 이렇게 물었다. "그러면 비도덕적인 행위인 바람 그리고 도박, 술, 폭행 등등의 이유로 어쩔 수 없이 이혼을 하게 되면요?"라고 물었을 때 할아버지께서는 이렇게 말씀하셨다.

일단 참는 방법이 있는데, 참고 참다가 도저히 변할 가능성이 없을 경우, 말 그대로 개과천선할 가능성이 없는 사람일 경우에는 참지 말고 이혼하라고 하시되, 절대 재혼할 생각은 말라신다. 이유는 그게 성경적이라 하시면서.

그리고 두 사람 관계에 자녀가 있다면 무조건 양육권을 가져와야 한다는 것. 이유는, 그 사람에게 아이를 맡기면 애를 저 모양으로 키울 수밖에 없다고 보기 때문이다.

예전 글에서도 매번 강조했지만 처음부터 보석 같은 사람을 만나면 이혼할 이유도 없고, 재혼할 이유도 없다.

안정적이고 풍요로운 생활을 위해 생활력이 출중한 사람도 좋고, 인물이 빼어나게 수려하여 자기관리를 철저히 하는 사람도 물론 좋다. 하지만, 그중 가장 진가가 있는 보석이라고 보는 사람은 인성이 올곧은 사람이라고 할아버지께서 말씀하셨다. 아주 당연한 말씀이지만, 어찌 보면 우리는 당연하게 생각하지 않았다.

♡ 밸런스 게임, 근데 현실을 가미한…

나도 친구들과 한번 밸런스 게임을 한 적이 있는데, 그 게임 내용은 이렇다. 독자들도 한번 이 밸런스 게임에 참여해 보기 바란다.

내가 갖고 싶은 거 모든 것을 다 사 줄 수 있는 능력남이지만 외모는 내 스타일이 전혀 아님. 심지어 평균 외모에도 미치지 못하는 얼굴에 성격도 까다롭고 어딘가 엉성함. VS(대비) 빚투성이지만 얼굴은 딱 내 이상형에 적합한 사람이며 연예인을 해도 될 정도로 수려한 얼굴의 소유자. 성격 또한 온화하고 나와 잘 맞음(단, 전자는 성형을 통해 얼굴을 고칠 수 없으며 후자는 무엇을 해도 빚을 청산하고 풍요롭게 살아갈 수 없음.)이라는 전제인데, 해보니 우리는 모두 전자를 택했다.

흥부놀부전에서 흥부가 놀부 아내에게 주걱으로 뺨을 맞았는데 뺨에 밥풀이 묻어 있자 나머지 뺨도 때려달라는 심보처럼, 일단 나에게 떨어지는 이득이 있으면 그 사람이 성격이 안 좋든 얼굴이 어떻든 일단 돈이면 만사형통하다는 것이다. 이 사고부터 버려야 한다.

진짜 사랑의 진가는, 무일푼으로도 믿음과 신앙으로 모든 것을 헤쳐 나갈 수 있는 그런 믿음이 굳건한 사람을 만나 사랑해야 한다는 것이다.

절실한 기독교 신자, 불교 신자를 찾으라는 것이 아니라 그 두 사람이 서로 믿을 수 있으며 평생토록 사랑을 쌓을 수 있는 탑이 온전하게 기울지 않으며 굳건하리라는 완벽한 믿음을 나에게 줄 수 있으며 나 역시 상대에게 믿음을 줄 수 있는 사람이어야 한다.

그것이 이혼하지 않는 제1의 방법이며 어쩌면 사랑을 온전하게 유지할 수 있는 제1의 방법이라 하겠다.

선조

KEYWORD

근본 없는 놈… 이게 젤 큰 욕이다. 이는 배운 바 없단 의미지만 실은 부모도 없느냐는 말과 같아 상종치 못할 놈이라는 뜻이다. 그러함에도 대개 부모나 조상은 관심 없고 나와 자식만이 제일인 줄 알고 사는데 인류니 국가니 하는 데까지는 못 가도 최소 가훈과 근본은 알아야 한다. 나는 누구인가의 근원을 알아야 한다. 여자의 경우는 친정보다 시댁의 근본을 알아야 하는데 이젠 이 집 귀신이 될 것이고, 자식들도 이 집 자손이기 때문이다. 잘 보이지 않는 집안의 정신세계… 무엇일까. 할아버지 경우는 학문을 중히 여기고 효와 예를 물질보다 더 앞세우는, 최상은 하나님의 말씀을 근거로 한 기독교 신앙이 정상에 서 있다. 미소는? 미소가 가서 살 시댁은? 알아보고 생각해 볼 때가 됐다.

♡ 본이 어데노?

이 글의 제시어를 보자마자 생각난 것은, 할아버지와 아마 야외 첫 촬영으로 대전 뿌리공원에 갔을 때다. 뿌리공원, 이름만 들어보면 수목원 같기도 하다. 단순히 '뿌리'를 식물을 지탱하는 영양기관으로 해석했기 때문인데, 찾아보니 뿌리공원은 효를 바탕으로 모든 사람에게 자신의 뿌리를 알게 하여 경로효친사상을 함양시키고 한 뿌리의 자손임을 일깨우기 위해 세운 공원이라는데, 또 하나 연상되는 것이 있다.

바로 영화를 보며 가장 인상 깊었던 장면이 있었는데, 종갓집 차남을 애인으로 둔 여자 주인공에게 집안의 당숙이 "본이 어딘가?"라고 묻는 장면이다. 그러자 여자는 준비됐다는 듯 "파평 윤 씨입니다."라고 대답했고 이어 당숙이 파가 어떻게 되냐고 물어보자 판도공파에서 분파한 이방 부윤공파라고 대답하였다. 이것이 어른들이 말하는 우리의 족보, 즉 근본이 아닐까 싶다.

사실 요즘 아이들은 이 근본을 잘 모른다. 나라고 별다르지 않다. 알아 봤자 밀양 박 씨라는 정도만 알지 무슨 공파까지는 모른다. 아주 예전에 아빠가 알려주신 적이 있지만 그마저도 까먹었고, 근래에 아빠께 다시 한번 여쭈어보니 아빠 역시 까먹으셨다고 한다.

현대사회에 들어서는 이러한 것들이 별로 중요하지 않은가 보다. 심지어는 같은 성끼리는 족보를 일일이 따져 먼 친척이 아닌가도 계산해보았다고 하니, 결혼 한번 하려면 집안 족보를 다 따지니 얼마나 힘들었을까.

이 모든 게 어찌 보면 다 집안 대대로 내려오는 명망을 따지는 것이 아닐까?

♡ 콩 심은 데 콩 나고 팥 심은 데 팥 난다

할아버지를 포함한 주변 어른들은 말씀하신다. 혹여 나중에 남자를 만나 사귀게 된다면 그 집안의 어른들이 어떠한 분들인지 보라고 하셨다.

마치 콩 심은 데 콩 나고 팥 심은 데 팥 난다는 듯 뿌리부터 고귀해야 고귀한 싹이 튼다는 이론일까?

사실 난 말이 안 된다고 생각한다. 그렇게 따지면 매국노의 피를 물려받은 사람들은 장가 어떻게 가고 시집 어떻게 가겠냐는 심보다.

할아버지도 그렇다는 듯 제시어를 깊게 풀이해주시면서 실은 꼰대 사상이라고 하셨다. 하지만, 사실 조상을 따지고 선조를 따지는 것은 정녕 성경 사상이라고 하셨다. 성경 사상이라고 한다면 우리 모두는 하나님의 자손인데 그렇게 따지면 결국은 너나 나나 조상이 누구고 할 것 없이 최상위는 하나님 아닌가? 그렇다면 이야기는 끝 아닌가?

♡ 하나님 믿으세요?

나는 지금까지 이 근본이 표면적으로 누구의 자손이고 누구의 혈통이다 이런 것들을 따지는 것들인 줄 알았다. 하지만 할아버지 말씀을 들어보니 사실은 누가 누구 자손이고 이런 것을 따지는 것이 아니라, 성경에서는 하나님을 믿는 혈통인지 아닌지의 유무부터 따진다고 하신다.

무신론자가 이 소리를 듣는다면 과연 이게 무슨 소리인가 싶을 것이다. (사실 나도 그렇게 믿음이 절실하지는 않다. 내 운명의 짝은 불교여도 좋고 무교여도 좋은데 그나마 기독교였으면 좋겠다. 이런 말

썼다고 혼나지는 않겠지?)

일단, 할아버지께서 말씀하시기를 기본적으로 신앙생활 하는 집은 믿음이 있기 때문에 부모를 알고 하나님을 안다고 하셨다.

누군가는 이렇게 반문할 수 있을 것이다. "기독교 생활 안 해도 부부 간의 사랑으로 모든 걸 이겨나갈 수 있어요."라고 한다면?

할아버지께서는 이렇게 말씀하셨다. 사람의 사랑은 변한다고 하셨다. 하지만, 하나님의 사랑은 변하지 않는다. 그렇기 때문에 하나님을 모르는 지식은 한계가 있다고 하신다. 이것이 기독교인들만의 풍속이자 문화라고 하셨는데, 내가 이해하기에는 너무 어려운 철학적인 말들이다.

하나님을 믿고, 믿음이 충실한 사람이라면 하나님의 뜻대로 살 것인데 하나님의 뜻이 간음해라 오입질을 해라 이런 뜻은 없으니 아마 하나님을 믿는 기독교인들은 적어도 바른 것만을 따라가며 산다는 뜻 같은데….

♡ 설명하기 어려워

그래, 좋다. 만약 내가 시집 갈 집이 믿음으로 충만하고 하나님의 뜻을 물려받은 절실한 기독교 신자라고 한다면 이러한 생각과 궁리를 하지 않아도 된다만, 만약 기독교 신자가 아니라면? 또한 나의 배우자가 하나님의 존재를 극구 부인한다면?

있는 것을 있다고 설명하는 것이 가장 어려운 것처럼 있다고 증명하기 위한 사료라고는 성경 딸랑 하나인 것이 어떻게 내 동반자에게 처음부터 끝까지 설명해 주어야 하는 것일지. 참으로도 막막하다.

할아버지께서는 믿음 없는 사람에게는 진정한 사랑을 받을 수 없다면서 그러한 집안에는 시집 또는 장가를 가지 말 것을 추천하시는데, 쉽사리 그러지도 못하는 것이 사실이다.

아니, 이러지도 못하고 저러지도 못하는 게 어찌 보면 현실인데 왜 머리 아프게 조상을 따지고 뿌리를 따지느냐, 결혼 준비도 힘들어 죽겠는데 그런 것까지 일일이 따지고 들자니 두(頭)가 깨질 지경이다.

할아버지께서는 조상을 따지고 뿌리를 따지는 이유가 지금까지 어떠한 정신세계에서 살아왔으며 앞으로 어떠한 정신세계 즉, 어떠한 가훈으로 살아갈 집인지를 알 수 있기 때문이라고 하셨다.

콩 심은 데 콩 나고 팥 심은 데 팥 난다는데 종자가 나쁜 것을 뿌리면 당연히 시들시들한 싹이 나오기 마련이다만 아직까지 내가 이해하기는 조금 어려운 차원의 이야기다.

그니까, 적어도 할아버지 말씀은 하나님을 믿는 사람이라면 기본적으로 사랑을 알며 배려를 알고 하나님이 배척하는 칠죄종을 파악할 수 있음에서 불신자보다 더욱 현명하다는 것이 아닌가?

♡ 되물림 사상

그리고 그러한 사상을 가훈으로 삼고 지닌 선조들의 혈통이라면 후손도 자연스럽게 그런 사상을 지니고 산다는 것? 솔직히 이해가 전혀 되지 않을뿐더러, 말도 안 된다고 생각했다. 그렇게 따지면 부모와 자식 사이에서는 아무런 실랑이도 없어야 정상이다. 그들의 사상을 그대로 물려받았기 때문에 한 치의 오차도 없이 부모와 자식 간의 의견 차이가 없어야 정상 아닌가? 아무리 세상이 변하고 세상이 바뀜에 따라

신세대들은 적응하고 기성세대들은 퇴보한다고 하지만 말이다.

하지만 이내 이러한 생각들을 한번에 바꾸어 놓을 아빠의 말씀이 생각났다. 사별한 엄마와 함께 붙어있을 날이 많았던 것도 아니었는데 고작 몇 달 또는 몇 개월 엄마와 함께 지내면서 스펀지처럼 엄마의 말투, 엄마의 습관을 모두 흡수하듯 따라 하게 된 것이다.

그뿐만이 아니다. 새엄마의 말씀을 들어보면 가끔 아빠가 새엄마에게 하시는 말씀이 내게 신기한 구석이 있다는데, 사별한 엄마와 비슷한 면모가 몇 가지씩 보인다고 한다. 생각이나, 또는 행동 하나하나 말이다.

♡ 피는 못 속여

분명 그렇게 붙어있을 시간도 없었을 것인데 피는 못 속인다며 가끔씩 놀란다고 하신다. 그렇다. 피는 못 속이고 혈통은 살아가며 함부로 제외할 수 없으며 변칙성을 가진 것도 아니다. 뿌리는 무궁하며 결국 나도 그 뿌리에서 파생된 식물일 뿐이다.

그렇다, 뿌리부터 고귀해야 열매도 결국 고귀할 확률이 51% 더 높아진다. 그렇기 때문에 뿌리를 알고 근본을 알아야 한다. 혹시, 내가 생각한 만큼 전도유망한 뿌리가 아니라면 그 희망의 빛이 독자로부터 새로운 뿌리줄기를 내릴 수 있었으면 좋겠다. 나 역시, 나로부터 고귀하고 새로운 뿌리줄기가 땅속에 깊이 박힐 수 있도록 지금부터라도 노력할 것이다.

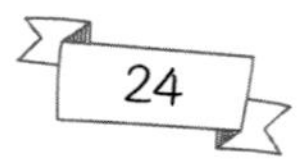

손 자녀

세상 최상의 보배는 아이들이다. 어른은 아이들을 위해 일하고 산다. 아이는 아들 며느리가 낳았지만 주인은 시부모다. 아니냐? 그럼 한술 더 떠보라? 시부모의 아이를 넘어 하나님의 아이란다. 이렇게 무지막지한 말이 어디 있느냐 하겠지만, 부모들이 착각하는 건 내가 내 마음, 내 뜻, 내 계획대로 아이를 만드는 게 아니라 보이지 않는 하나님의 허락이 있었기 때문이라는 것을 아는 날이 오게 되는데, 갑자기 병이 나면 부모(의사도)는 대책 없지만 자정능력이란 하나님이 주는 것이라는 것도 아는 날이 올 것이다. 오직 내 자식이라고만 알고 오냐오냐 하지 말고 이웃집 생판 남의 아이라도 역시 누군가의 후손이며 내 자식처럼 귀하다는 것을 안다는 건 정말 어렵다. 나는 미소를 하나님의 딸이라고 알고 예뻐하는데 내 자식만 알면 뭐라? 동물성이라는 사실….

♡ 내 새끼가 낳은 내 새끼

할머니 할아버지들의 눈에는 자식보다 손 자녀가 더 예쁘게 보인다는 말이 있다. 이야기 할아버지께 여쭈어보니 자식보다 손 자녀들이 몇 배 더 예쁘다고 하신다. 대체 왜? 여쭈어보니 아주 시원하고 명료하게 대답해주셨다. "내 새끼가 새끼를 낳았으니까?"라고 하셨다.

부모님 입장에서는 서운할 수도 있겠지만 손녀 입장에서 오히려 나에게 채찍보다 당근을 준 사람은 할머니셨다. 아빠께 혼나고 있으면 이렇게 작은 애를 뭘 혼낼 게 있냐면서 말이다. 실제로 할머니 손에서 유년기를 보내왔기 때문에, 굳이 따지자면 아빠가 키웠다기보다 할머니가 키우셨다고 봐도 무방할 정도다. (지금도 이야기 할아버지가 지분 51%로 도맡아 키우신다.)

나뿐만 아니라 내 친구들만 봐도 조부모 손에서 자란 아이들이 참 많다. 대부분 부모님이 맞벌이기 때문에 그런 듯한데, 뭐 하여튼 아무리 조부모 손에서 커왔다고 한들 실제로 유책당사자는 부모가 아닌가?

사람을 소유물로 취급하는 것은 아니지만, 쉽게 따지고 들어 할아버지께서는 내가 낳은 내 아이의 주인은 남편과 내가 아닌 시부모라고 했는데 난 이 말에 정말 극구 부인했다.

차라리 폭넓게 하나님의 자녀라고 하는 것이 확실히 더 신빙성 있는 말 같았다. 할아버지 말씀대로 창세기에 보면 하나님이 그의 숨결로 사람을 창조했다는 것이 믿거나 말거나 역사적 사료로 남겨져 있기 때문이다.

차라리 친정, 시댁 모두의 아이라고 하면 모를까, 친정은 지분이 30%밖에 되지 않는다니 정말 어처구니가 없었다.

씨가 준비되어도 터가 안 좋으면 싹 트기는 무리다. 아무것도 없는 황무지 같은 사막에 씨 뿌려놓고 싹 트라고 백날 소리쳐봐야 감감무소식이다. 물론 그마저도 씨가 없으면 애당초 뿌리지도 못하겠지만 말이다. 하긴, 씨가 있어야 한다. 그 씨의 근원이 시부모님이니… 깊게 들어가면 할 말이 쏙 들어가긴 하지만 여자 입장에서 열 달의 시간을 뱃속에서 품고 나온 내 새끼가 내 새끼가 아니라니 정말 억울하다.

하지만, 나보다 더욱 잘 키우실 분이 시부모님이라면 어쩌면 자기 목숨보다 또는 며느리보다 사랑할 수 있다면 내 새끼 네 새끼 이게 뭐가 중요할까. 내 자식만 행복하면 그걸로 된 것 아닐까? 나 역시도 할머니 할아버지 품이 더욱 포근했었다.

♡ 하나님의 뜻대로

더 드넓게 보면 시부모가 아이의 주인도 아니다. 거슬러 올라가면 내가 살아 숨 쉴 수 있게 숨결을 불어 넣어 준 하나님이 우리의 아버지인데, 할아버지 말씀으로는 내가 내 마음, 내 뜻, 내 계획대로 아이를 만드는 게 아니라 보이지 않는 하나님의 허락이 있었기 때문임을 아는 날이 오게 된다고 한다. 이것이 바로 하나님의 뜻대로 아이가 커간다는 것일까?

그렇다면 하나님은 어떤 뜻을 가지고 아이를 키우기를 바라실까?

할아버지 말씀으로는, 당연히 하나님을 아는 사람으로 커가고 성경에서 선과 악으로 구별 지어놓은 것을 제대로 판단하여 행할 수 있는 그러한 사람이길 바란다는 것이다.

사실 이건 너무 기독교적인 또는 성경적인 사상이라고 할 수 있겠지만 내 자식이 잘 안 되길 바라는 부모가 있을까? 심지어 미성년자 때 아무런 준비가 안 된 아이들이 아기를 낳아도 그를 사랑할 줄 알고 보호할 줄 아는 본능이 심어져 나온다.

이는 성경과 기독교적인 사상을 넘어 당연하다. 가슴에 크게 와 닿았던 말이었는데, 누군가가 어디서 들었던 기도문이라고 한다. '제가 할 수 있는 일엔 최선을 다 할 수 있게 하시고, 제가 할 수 없는 것은 포기할 수 있는 용기를 주시며 이 둘을 구분할 수 있는 지혜를 주소서.'라는 말이었다.

그렇다. 지혜와 용기는 신을 믿든 안 믿든 우리가 기본적으로 갖추어야 하는 소양이 아닌가?

♡ 할아버지의 별난 사랑

지금까지의 글을 전개하면서 하나의 의문이 생겼다. 아니… 지금까지 쓴 글은 내 새끼 잘 키우려고 어떻게 해야 하나 궁리하는 글이었는데 할아버지는 막상 내 새끼를 키운다기보다는 막상 피 한 방울 안 섞인 남인 '나'를 키우신다.

참 모순됐다. 단순히 사제지간이라고 해서 나에게 어떠한 것을 알려주기 위한 과정이 날 다독이고 달래서 공부를 시키는 방법이기는 하지만 그 이상으로 더욱 더 키워주신다.

가끔씩 대가를 원하고 아이를 키우는 사람들이 있다. 심지어 친부모도 그렇다. "내가 죽어라 키워놨더니만… 고작… (이하생략)" 이렇게 말이다.

뭐 이런 말들은 키워놨으니 월에 몇백씩 보내라는 이런 것이 아니라, 내가 얼마나 힘들게 키웠는데 네가 왜 고생하느냐, 왜 정상까지 못 올라 가냐 이러한 걱정 반 실망 반의 말일 것이다.

♡ 왜 저에게 지극정성이세요?

할아버지께 왜 나를 키우느냐는 물음을 던지면 반사적으로는 원래 아이들을 사랑하기에 아이들이 예뻐서라고 대답하시고, 다음으로는 아이들이 커 가는 과정이 재미있다고 답하신다. 그리고 마지막으로는 남의 아이들을 사랑하면 내 아이들도 덩달아 잘 된다는 것.

키워주는 덕이야 할아버지께 보호받는 아이들이 보는데 왜 갑자기 진짜 손 자녀들이 그 덕을 본다는 것일까?

할아버지께서는 하늘이 다 아신다고 하신다. 모두가 하나님의 자녀라면 우리는 모두 한 혈통 속 함께 살아가야 할 존재들이다. 어렴풋이 따지면 형제 또는 자매가 아닌가? 그래서 교회에서 간혹 형제님~ 자매님~ 하며 친근하게 부르는 것이 아닐까?

하여튼 할아버지께서는 내 새끼가 근본적으로 잘 되기 위해서라면 남의 새끼도 사랑할 줄 아는 그런 포용심을 지녀야 한다고 하셨다.

♡ 힘든 줄 알기에

사실 이것이 힘든 줄은 안다. 진짜 같은 뱃속에서 태어난 형제 또는 자매라 하더라도 나보다 잘 되는 꼴 보이면 배 아픈 게 사실인데 그게 남이면 얼마나 더 심할까.

이 배앓이를 어떻게 안 할 수가 있을까. 당장 내 새끼 몫도 추스르기 급급한데 남까지 포용하고 사랑하라니 이게 참 마음 넓은 소리다.

좋아하는 책 중 하나인 이재철 목사님의《성숙자반》에는 이러한 구절이 있다.

"진짜를 가진 사람은 상처받지 않는다. 부자에겐 가난하다고 놀리면 부자는 그냥 웃어넘길 테고, 남몰래 연애를 하는 친구에게 제발 연인 좀 만들라고 닦달하면 그 친구는 속으로 얼마나 가소로워할까. 진짜란 그런 거다. 흔들리지 않는 것, 상처받지 않는 것."이라고 말이다.

그래, 진짜를 가진 사람은 상처받지 않는다. 진짜로 하나님을 인식하고 모신다면 내 자식이 잘 되든 남의 새끼가 잘 되든 정녕 내 가슴이 좇는 것은 하나님이니 하나님의 말씀 아래 시기하고 질투할 수 없을 것이다.

♡ 내 자식 성공의 길

무엇보다, 내 자식이 잘 되는 길은 내가 남의 자식을 사랑하고 포용한다는 것에서부터 시작될 것이라는 것을 누구보다 더 잘 알 것이다.

내가 나중에 커서 엄마가 된다면 당연히 자식에게 바라는 기대치가 있을 것이고, 그만큼 부응하지 못하는 내 자식이 미울 때가 있을 것이다.

나의 부모님이 나에게 그래왔던 것처럼 혹은 그랬던 것처럼 말이다. 그럴 때마다 나는 남의 자식도 사랑하기로 했다.

마냥 이것이 내 자식이 잘 되기 위한 수단이 아닌, 진정 남까지 포용하며 드넓은 마음으로 다시 한번 내 자식을 보았을 때 모든 욕심을 버리고 아이 그 자체로 사랑할 수 있는 하나님이 보시기에 예쁜 엄마로 거듭나기 위해서 말이다.

사랑

KEYWORD

미소가 배우고 또 배워야 할 것은 '사랑'이다. 세상은 지금 사랑을 반대로 가르치고 배운다. 특히 주는 것은 안중에 없고 받는 것만 잔뜩 가르치고 배운다. 아니 아예 사랑 교육은 교과서에도 제대로 없다. 하여 부모를 보고 배우고 친구들 얘기들 듣고 배우거나 소설 드라마 영화를 보고 사랑이 뭔가를 배우게 되는데 그것은 전부 2% 부족이 아니라 절반이나 부족한 빈 사랑이다. 무엇이 사랑인지 한 번 더 묻자. 힌트? 사랑이란 주는 것이다. 단, 줄 사람이 아닌 이에게 주면 죄다. 사랑의 원천은 성경이며 하나님이다. 어렵게 들릴지 모르나 사랑이란 부모 사랑이 모델이야. 연인 부부 남녀… 주면 사랑이고 안 주면 아닐까. 에로스 사랑과 아가페 사랑도 찾아보고 육체적 사랑과 정신적 사랑도 검색해보고 우리 예수님의 사랑 이야기도 찾아보아라.

♡ 이론적으로 따지는 사랑

사랑을 어떻게 형용해야 할까? 사랑을 어떻게 증명해 보여야 상대가 공감하고 다가올까? 할아버지께서는 제시어에 사랑 교육은 교과서에도 없다 하셨지만 따지고 보면 사랑에 대해 배우기는 배운다. 고1 기술가정 과목을 보면 프롬의 사랑론, 마슬로의 사랑론, 스텐버그의 사랑의 삼각형 이론, 리의 사랑의 색깔, 보울비의 애착과 사랑 등등… 하지만 할아버지가 말씀하시는 것과는 의미가 살짝 다르다.

최신 k-pop과 발라드의 절반은 사랑에 관련한 이야기다. 사랑, 이별, 아픔, 재회, 미련을 음악이라는 예술로 노래한다. 특히 아빠가 자주 듣는 노래만 보아도 우리에게는 촌스러운 풍의 노래이지만 그 역시 사랑을 노래한다.

시대를 불문하고 우리는 이러한 노래에 함께 아파하기도 하고 공감하며 대유행에 침몰된다. 그만큼 사랑은 인간이 살아가는 삶 속 많은 영향을 끼친다는 것이 아닐까?

♡ 사랑의 종류와 원초

할아버지께서는 사랑은 남녀사랑, 자식사랑, 형제사랑, 이웃사랑, 인류사랑으로 대략 간추릴 수 있다 하셨는데 사랑의 종류가 여간 많은 것이 아니다.

심지어 사람이 누군가를 사랑한다고 하여 모두 똑같이 사탕발린 말을 하며 똑같은 형태로 사랑을 하는 것이 아니니, 사람이 사랑을 정의하는 수준도 제각기 다르다.

사람과 사랑, 묘하게 글씨도 닮은 것이 사람을 좌지우지하다니 무엇보다 무서운 존재이자 희망의 존재와도 같다. 아무튼 작은 칼날에도 피를 흘리며 쓰러려하는 사람이 어쩌다 사랑하게 되었을까? 사랑을 감당이나 할 수 있을까? 사랑은 본능일까?

할아버지께서는 사랑의 원초에 대해 이렇게 설명하셨다. 사람은 성장하면서 사랑의 씨가 생기기 마련인데, 꽃이 피는 꽃 몽우리처럼 피어올라 절로 맺힌다고 한다. 이것은 자기가 모름지기 꽃을 피워야 한다는 의지만으로도 피어오르지 않고 또는 아예 사랑의 꽃 몽우리가 안 피어나는 사람이 있을 수도 있다고는 하셨다.

성경적인 이론으로는 사람이 커 가면서 사랑이라는 씨가 발현하는 이유는 우리는 모두 하나님의 자식이기 때문에 자연스럽게 사랑의 근본인 하나님의 DNA가 들어 있기 때문이라고 하셨다.

내가 매번 생각하지만, 진정한 사랑은 소년기나 청소년기에 하는 사랑이라고 생각한다. 어른들이 생각하기에는 조그마한 게 뭘 아냐고 하겠지만, 사실 사랑이라는 설렘을 영화나 드라마를 보며 꿈을 키워오는 것은 사실이다.

♡ 어린 날의 사랑이 더욱 애절하다

그러나 면밀히 따져보면 그럼에도 불구하고 어린 날의 사랑이 더욱 빛난다. 단순히 어려서? 청춘이라서가 아니다.

어른들은 어떻게 생각할지 잘 모르겠지만, 나로서는 어른들의 사랑은 조금은 더럽혀져 있다고 생각한다. 이 역시도 영화와 드라마가 그려낸 대로 상대를 속이는 사랑, 거짓된 사랑의 일부이기는 하나 실제로도 그 사람이 돈이 많아 사랑하고, 그 사람 집안이 좋아서 사랑하는… 단순히 그 사람에 이끌려서 사랑하는 것이 아닌 그 사람이 가진 조건을 사랑하는 그런 조금은 다른 사랑.

이것이 나쁘다고 생각하지만은 않는다. 어른이 되어서 내가 내 몸을 지켜야 할 나이가 되고, 내가 내 밥벌이를 해야 할 나이가 되었다는 것은 적어도 이득과 손실을 철두철미하게 따지며 나에게 이득이 되는 사람을 두어야 한다는 당연한 것이니까 말이다.

그렇기 때문에 학생 때 했던 서투른 사랑이 가장 빛나는 게 아니었을까 싶다. 같이 산책하며, 가진 것은 없어도 꽃을 꺾어 마음을 전하고 조건 없이 그 사람 자체이기 때문에 사랑하는 그런 사랑.

우리는 이러한 사랑을 몽글몽글하다고 표현한다.

♡ 그리스어로 표현하는 사랑의 종류

사랑도 종류가 참 많다. 할아버지의 제시어를 보면 에로스 사랑과 아가페 사랑이 나오는데, 모두 그리스 로마 신화에서 한 번씩 접해보았던 단어다.

찾아보니 그리스어로 표현하는 사랑의 종류는 총 4가지가 있고, 이는 에로스와 스토르게 그리고 필리아 마지막으로 아가페가 있다고 한다.

에로스는 성(육체)적인 사랑을 뜻하며 쾌락을 추구하고 이기심으로 뭉쳐있다고 한다. 스토르게는 부모와 자식 간의 혈육애를 뜻하며, 필리아는 친구와의 우정을 뜻하고, 마지막 아가페는 고대 그리스에서 지금까지 여러 가지 뜻으로 쓰여 왔지만, 보통 거룩하고 무조건적인 사랑을 뜻한다고 한다. 아가페라는 용어는 고대 사본에서는 드물게 쓰이지만 초기 기독교인들은 이 용어를 인류를 향해 하나(예수)님이 자신을 희생하는 사랑으로 부르고 있다. 아가페는 쉽게 말해 '절대적인 사랑', '무대가성 사랑'을 뜻한다.

상대를 보듬고 배려하는 것은 어떠한 사랑이든 기초가 되는 것이며 남녀 간의 사랑뿐만 아니라, 그런 사랑이 좋지 않은 결말로 끝났을 때 상처받고 염세적인 감정에 매료되는 것은 당연하다.

어떤 작가는 사랑에 대해 이렇게 서술한다. '젊은 나를 괴롭혔던 몽상의 일부에 불과한', '다만 몽롱한 가능성인', '혼란과도 비슷한 하나의 추상적인', '그리하여 우리가 불같은 열정으로 몰두한 것. 실은 사랑 그 자체가 아니라 그런 이름을 가진, 가끔 심각하긴 해도 대개는 요란하고 실속 없는 놀이에 지나지 않았음에'라고 하고, 어떠한 작가는 '열병처럼 지나온 영원한 그리움과 회한'이라고 한다.

♡ 사랑이란 자고로 주는 것

할아버지께서는 사랑이란 주는 것이라고 하셨다. 하지만 나는 가끔 의문이 든다.

사랑을 아는 자가 사랑인지 알고, 사랑을 받아본 자가 진정 사랑을 베풀 수 있다고 생각하는데 본인이 복에 겨울 만큼 사랑을 받아보지 못했다고 생각한다면?

그런데 우리 대부분은 사랑이라고 한다면 남녀 간의 사랑을 통한 설레는 감정, 심장이 저릿할 정도로 짜릿한 감정을 뜻하는 것으로 이해한다.

사실, 남녀 간의 사랑만큼 맛난 것은 없다고 본다. 무미건조하다면 대체 왜 많은 사람이 사랑을 주제로 글을 쓰고 영화를 만들며 드라마를 제작할까?

하지만, 우리가 사랑이라고 하여 가장 먼저 떠올려야 하는 사랑의 제1은 바로 하나님의 사랑이라는 것, 이것이 할아버지의 말씀이다. 이유는 원초적인 사랑이 하나님의 사랑이며 정녕 대가(代價)를 바라지 않고 오직 상대가 잘 되는 것이 목적인 사랑이기에, 적어도 타락된 목적이 가미되지 않은 사랑이기에 그렇다.

♡ 사랑의 모델

부모님의 사랑, 이것이 이 사랑의 모델이라고 할 수 있으며 더욱 더 올라가 따져 사랑의 원천은 하나님의 사랑이라고 한다.

보잘것없어도 사랑하는 분이 바로 하나님이다. 심지어 하나님은 마귀도 기르신다 하시는데, 이는 성도를 훈련하고 내 자식을 교육시키기 위한 목적이라고 하신다.

내가 생각하기에 어쩌면 사랑을 주는 것은 오히려 받는 것보다 쉽다고 생각한다. 사랑을 주는 것은 단순히 진심을 다해 표현하면 된다고 생각한다. 사랑을 주는 입장에서는 열과 성을 다해서 진심을 표현하면 된다. 간단하다. 그저 내가 가진 선에서 내가 해 줄 수 있을 만큼 표현하면 된다.

하지만, 사랑을 받는 사람은 어떻게 하면 이 사람이 나에게 준 사랑에 부응해 실망시키지 않을까가 최대의 문제다. 먼저, 사랑을 받았다면 감사해야 한다. 이것(감사)이 하나님이 성경에서 말하는 가장 적절한 표현방법이다.

사랑에 대해서라면 이 글 단 6쪽 반으로 서술할 수 없을 만큼 무한

광대한 범위이지만 그럼에도 불구하고 사랑에 대해 써 내려가 보려 하자면… 사랑에 성공하고 싶으면… 먼저 부모의 사랑을 깨달아야 하고, 더 올라가 하나님의 사랑을 깨달아야 진정한 사랑이 무엇인지 또는 내가 사랑에 대해 어떻게 부응해야 하는지 알 수 있을 것이다.

사랑이 내 삶의 감정을 좌지우지하고 하나의 인간의 근원적인 감성이라면 우리는 왜 이것에 대해서 무지하고 배우지 않고 고민하지 않고 있는가? 왜 하나님의 본성이 사랑인데 어째서 우리는 사랑에 대해서 무지한 것인가?

나를 사랑하고, 남을 사랑하고 나아가 미운 자까지 사랑하는 그런 관대한 사람만이 이 세상을 밝게 바라볼 수 있는 혜안이 생겨날 것이다.

그렇다. 사랑이라는 감정은 하나님이 주신 선물이자, 인간의 본성적 근원적인 감성이다.

따라서 우리가 배제하고 싶다 하여도 배제할 수 없고 사랑하지 않아야 할 사람을 사랑하고 싶다 하여 자의로 감정이 솟아나는 것이 아니다.

사랑은 과학과 수학으로도 정평(正平)할 수 없다. 그렇기에 신비롭고 우리가 더욱 더 배워야 할 인간의 감성이다.

그러니까 사랑을 이해하고 인지하는 첫 번째 발걸음은 다름이 아닌 하나님의 속성인 '사랑'을 이해하는 것이 급선무다.

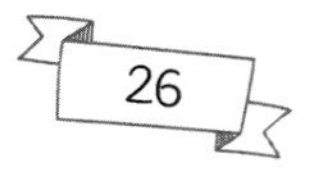

잊지 못할 사람(분)들

나이 열여덟… 터지려는 꽃망울에 이슬이 맺힌 곱디고운 꽃봉오리 박미소… 누가 이렇게 길렀나는 알 테니 됐고, 누가 가르쳤는가도 알 테니 됐고, 18년 크도록 도와준 분들이나 친구 등, 사람 편 마지막을 쓰면서 열이든 스물이든 생각나는 사람 이름이라도 써 보며 고마운 생각을 해보자. 그런데… 앞으로 만나게 될 사람(분)들은 누굴까? 지금까지 열(분)이라면 100세를 살 경우 몇이나 될까? 일단 만났던 사람과 만나게 될 사람, 사람을 잘 못 만나면 화를 당하지만 천사를 만나면 보호를 받는 법, 사람은 누굴 만났느냐에 달렸다는 것은 알 것이다. 사람이 힘들게도 하고 사람이 행복하게도 한다는 것도 알아? 지구를 다 갈아도 사람 한 명을 만들지 못하는 법이니 사람은 지구보다 더 귀하다.

♡ 나의 은사들, 스승님의 스승님

열여덟… 인생이라고 하기에는 아직 피려고 하는 꽃 몽우리인 내가 살아온 날들의 잊지 못할 분을 적어보라면 먼저 은사님으로 보는 이야기 할아버지의 존재를 입에 올리겠으나 이미 많이 언급되었는지라 제외하기로 하고, 또 부모님의 경우도 많이 언급했기 때문에 나중에 다시 확실하게 다루기로 하고….

이제 나에게 선한 영향력을 주신 어른을 꼽아 보라면 기억에 남는 첫 분은 도한호 전 침례신학대학 총장님이시다. 총장님은 할아버지의 스승님이신데, 초창기에 할아버지께서 찬송가를 작사 작곡하실 때 신학적인 부분을 지도해주셨다고 한다.

할아버지의 삶의 뿌리가 하나님임을 생각했을 때, 정말 대단한 가르침을 주신 분이시다.

만약 내게 점잖다는 표현을 의인화한다면 딱 도한호 총장님과 같은 이미지일 것이다. 아주 어려서부터 뵀던 도한호 총장님께 나는 제손(제자의 제자) 급이다. 뵐 때마다 진정한 어른이란 저런 분임을 처음으로 느껴 알게 해 주셨다.

♡ 학생의 신분에 나래를 펼치다

다음은 나에게 학생된 신분에서 날개를 펼칠 수 있도록 도와주신 분이 계시다. 바로 최교진 세종시교육감님이신데, 어떤 연이 있냐고 묻는다면 바로 2014년 교육감님 취임식에 사회를 보도록 하여 그날 밤 KBS 9시 뉴스에까지 나왔다.

초등학교 4학년인 나에게 정말 값진 배움의 기회를 주셨기 때문이라고 할 수 있기 때문인데 그 어린 나이에 큰 행사 사회를 이끌어 나간다는 게 얼마나 힘든 일이며, 불가능에 가까운 일인지 당연히 알고 계셨음에도 믿어주시고 사회자 자리를 내주시며 꿈에 한 발짝 성큼 더 나갈 수 있게 포부를 심어주신 분이다.

몇 년이 지난 현재까지도 만나면 함박웃음을 지으시며 잘 컸다고 다독여주시는 교육감님의 애정에 한 발짝씩 성숙해가고 있다.

♡ 무궁한 경험의 기회를 주신 분

사회자로 선 경험 중에는 4번이나 섰던 '사랑의 일기 큰잔치'가 있다. 인간성회복운동추진협의회(인추협) 고진광 대표님이 나를 세워 수백 명 앞 그 큰 행사 사회를 보게 한 것, 어려서부터 일기를 써 온 내게 큰 상도 내려줘 받았고, 정운찬 전 국무총리와 당시 김부겸 행정안전부장관 집무실과 청와대까지 데려가시는 등 잊지 못할 분이다.

단 몇 페이지에 녹일 수 없는 소중한 분들임을 알기에 감히 이렇게라도 짤막히 적어 감사를 표한다.

먼 훗날 기회가 오면 나에게 두근대는 미래의 숨결을 불어 넣어 준 수많은 은사님의 이름 석 자를 주제로 이어나갈 수 있는 글을 썼으면 좋겠다.

♡ 더 넓은 세상을 보여주신 분

다음은, 아무리 잘났더라도 우물 안 개구리면 소용이 없다며 나에게 더 넓은 세상 지구를 보여주셨던 분들이다.

정말 넓디넓은 지구, 더 나은 교육의 장에도 내가 몸소 체험해야 할

게 많은데 그 기회를 나는 일찍이 얻게 되었다. 그것도 대단하다고 느끼는 미국 워싱턴 D.C에 가 보는 초절정 대박의 기회다. 이건 표현을 극대화 시켜, 쥐뿔도 없으면서 큰돈을 들여 미국까지 보내준 우리 아빠의 관심과 사랑이 지금 생각해보니 정말로 대단하다.

게다가 아빠가 준 돈이 많이 부족함에도 미국에 온 나를 제니 천(천송경)네 부모님께서 부족함을 채우시어 영어 세상, 거대 미국의 교육 현상을 체험하는데 어렵지 않도록 케어해 주셨으니 말이다.

2015년 8월, 초등학교 5학년이었던 나는 엄청 설렜다. 지금도 할아버지의 세종인성학당 유튜브 영상 가운데 61편이나 되는 영상에는 그때 어디를 갔는지, 노는 모습, 먹는 모습 심지어는 우는 모습까지 세세하게 기록되어 있는데 가끔 그 영상을 보고는 정말 대단한 경험을 했다고 생각한다.

먼저, 당시 보금자리를 내어주신 할아버지의 아드님(천일교 미국의소리 방송voa 기자)과 며느님(이혜선 교사)께서 친자식처럼 먹여주시고 재워주시는 포근함으로 시차에도 빠르게 적응하며 원활하게 활동할 수 있었다. 무엇보다 드넓은 미국 땅에서 단기간 안에 많은 경험을 할 수 있게끔 차량 편부터 일정까지 아이들 맞춤으로 짜주시어 정말 이른바 고맙게도 핫플레이스는 다 가본 것 같다.

아속하게도 가 본 장소를 모두 자세하게 기억하지는 못하지만 몇 가지 추려보면 주로 워싱턴 D.C의 내셔널 몰, 스미소니언박물관(자연사박물관, 항공우주박물관, 역사박물관, 인디언박물관), 워싱턴기념탑, 링컨기념관, 국회의사당, 백악관, 한국전쟁기념관, 제니(천송경) 자매가 다니는 미국의 영재학교… 멀리 리치몬드 세인트존스 교회, 펜실베이니아 주 허쉬키세스초콜릿박물관, 특히 미국회의사당 정문 앞에 있는 미국의 소리 방송(VOA)까지… 사실 가장 기억나는 장소들만 적은 지라 못 다 적은 장소 또한 있을 것이다.

이상은 그 장소를 일일이 짚으며 기억나는 대로 하나하나 설명해도 모자랄 판이지만, 쪽수가 허락하지 않으니 가장 인상 깊었던 것 하나만 꺼내 적자면 바로 미국의 소리 방송(VOA)의 스튜디오와 엔지니어실을 가 본 것이다.

한국의 방송국도 함부로 출입하기 힘든데, 먼 나라 미국의 방송국에 들어가 보다니. 심지어 스튜디오 안에까지…. 그것도 미국에서 아나운서나 기자가 되어야만 들어갈 수 있는 장소를, 나로 따지면 꿈의 장소를 어린 나이에 들어가 본 경험이다. 심지어 1시간 정도 방송실 마이크 앞에 앉아 일제강점기 때 이곳에서 했다는 이승만 대통령의 연설문까지 읽었다.

많은 것들이 기억 속에서 서로 혼합되어 무엇이 무엇인지 헷갈리지만 딱 하나 생생하게 남는 것을 설명해보라 한다면 제니 아빠가 VOA 방송 기자이기 때문인데, 바로 미국회의사당 정문에 있는 그 방송국의 장엄한 분위기다.

VOA 내부는 건물이 온통 하얀 페인트로 칠해져 있다. 정말 드넓고 공활하며 웅장하며 근엄한 공간으로 그 분위기를 아직도 기억한다.

물론, 이렇게 미국에 가서 엄청 빡센 스케줄 속에서 공부만 하러 간 것이 아니라 할아버지의 친손녀들과 함께 어울려 놀기도 했다.

♡ 할아버지 친손녀 제니, 쥴리, 애니

할아버지의 친손녀들인 제니(송경), 쥴리(송은), 애니(송연)와 함께 재미있게 놀았던 기억 말이다. 할아버지의 친손녀라 그런지 영리하기도 엄청 영리하다. 내가 단순히 사람을 점수 매김하는 게 아니라, 진짜 미국에서도 초 영재 수준에 속한 친구들이다. 그런 친구들과 언제 놀아볼까 싶었는데, 함께 15박 17일을 지내며 미국에서 겨울왕국도 봤다. 자막도 없이 영어로 봐서 무슨 말인지 이해는 도통 안 갔지만 제니가 실시간으로 통역해 주었다.

정말 귀여웠던 것은, 한국어로 뭐라고 표현할지 몰라 서로에게 물어보며 문장의 뜻을 유추해가며 자연스럽게 영어 공부도 하고, 미국 장난감으로 놀아보며 한국 장난감이랑 뭐가 다른지도 보고… 내가 영어를 조금 더 능통하게 할 수 있었다면 얼마나 좋았을까 싶었다. 언어의 장벽이 있었지만 다행스럽게도 제니 자매는 서툰 대로 한국어도 할 수 있는 친구들인 덕분에 서로 다른 문화도 이야기해 보며 다른 세상을 바라보는 식견을 넓힐 수 있었다.

그 외에도 막상 경험한 미국이라는 나라는 정말 책으로 보는 것보다 너무 드넓고 사람들이 따뜻했다. 바라보는 시선이 사랑의 눈빛이었다.

단순하게 책을 펼치며 모색해보는 것보다 더욱 더 광활하고 형용할 수 없는 에너지를 가진 곳이 바로 미국이었다. 장소의 에너지, 사람의 에너지를 받고 무한의 정기를 받으며 많은 영향으로 커가는 게 아이들인데 생각해보면 참 많은 분의 관심과 사랑의 손길 아래서 커갈 수 있다는 것을 알게 되었다.

그 당시에 깨달았으면 좋았을 것을, 나에게 있어 기회를 증정하고 영속적으로 달릴 수 있는 힘을 준 어른들에게 어떻게 감사를 표현해야 할지, 하고 싶은 말은 많지만 표현하기가 어리석고 아직도 영글지 못해 조족지혈이다.

♡ 꽃을 피우기 위한 어른들의 노력

이젠 이미 어른이라면 어른인 나이이지만 더욱 더 나이를 먹고 내가 아이를 키울 나이가 된다면 아이를 위해 희생해준 어른들의 모든 노력이 작은 꽃 하나를 개화하기 위해 이리저리 옮겨 다니는 벌들의 열정의 산물인지 알 수나 있을까.

가늠할 수 없는 것이 안타깝고, 어른이 되어서도 혹 그들의 마음을 헤아릴 줄 모를까 두렵다. 내가 어른들에게 사랑과 보살핌을 받으며 커왔던 것처럼 나도 어른이 되었을 때 아이들에게 선한 영향을 주며 기회를 줄 수 있는, 그런 정 넘치는 어른이 될 수 있을까.

단순히 잊지 못할 추억이 아닌, 내가 어른이 되어서 아이들에게 어떻게 비추어져야 할지의 모습까지 몸소 보여주신 참된 어른들이 계셨기에 내가 더욱 더 올곧은 사람으로 커갈 수 있었던 것이 아닐까 싶다.

그들의 성원에 보답할 수 있도록, 지금은 감사에 못 미치는 글 인사일 뿐이지만 더욱 더 찬란한 나래를 펼칠 수 있도록 노력하고 또 노력한다는 의지를 다지며, 잊지 못한 경험과 애정을 쏟아주신 많은 어른들께 다시 한번 깊은 감사의 인사를 올리며 훈훈하게 이 글을 마친다.

section-2

세상

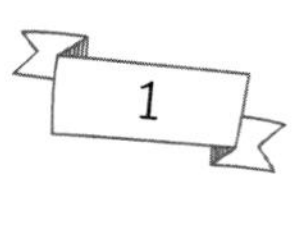

지구

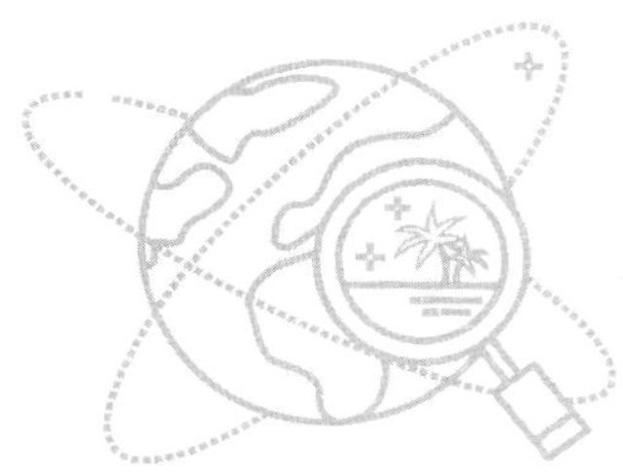

질문하여라. 그리고 토론하자. 정체성이 뭐지? 나는 누구이고 어디 사는 누구냐고 할 때 세종시에 산다고만 하면 협의적이고, 광의적으로는 지구에 사는 게 사람이다. 지구는 한눈에 보이지 않으나 이제는 구글 어스 등 한눈에 보기도 쉬운 세월이다. 지구를 모르는 나… 이러면 우물 안 개구리 지식에 머무름이나 같다. 지구를 공부해 보자. 이게 나를 제대로 아는 기초이며, 나는 왜 어떤 공부를 하는가의 출발이다. 나와 가족, 동물과 새, 물고기와 나무와 돌과 물, 바다와 육지가 깃들이고 사는 지구와 생물들, 전문가는 아니어도 지구의 기본은 아는 상태에서 책도 보고 영어도 배우고 세상과 나를 알아 가게 된다면 보다 기초가 단단한 건물처럼 지식이 견고해지지 않겠니?

♡ 지구를 말하는 학설들

우리가 살아가는 지구란 정말 신기하다. 이 지구를 두고 많은 학자들은 그들만의 학설을 내세운다. 이 학설들을 배우며 느낀 것이 있는데 참으로 지구는 복잡하게 이루어진 하나의 행성임을 깨달았다. 지구를 설명하는 학설이 어찌나 많은지, 예를 들어 지구가 탄생한 것에도 각각의 근거를 내세우며 주장하는 학설이 많다. 그중 가장 많이 들어보고 배웠을 빅뱅우주론도 하나의 학설로 인정되어 현재 우리가 배우고 있는 학설 중 하나이기도 하다.

♡ 지구라고 하는 큰 집

지구라는 주제로 글을 쓰기 위해 할아버지에게 지구에 대한 간단한 설명을 들었을 때 우주에 대한 '가족관계도'를 알게 되었다.

할아버지 말씀에 의하면, 기독교에서는 우주를 천지를 창조한 '하나님'이라고 한다면서 그 밑의 고조할아버지는 성단이라 하신다. 고조할아버지 밑에는 증조할아버지로 안드로메다군이 있다. 안드로메다군 다음에는 아버지라 할 태양계가 속해있는데 우리가 흔히 알고 있는 붙박이 별 행성(지구)도 이 안에 포함된 것이다. 그 다음은 바로 우리가 살아가는 지구를 '나'라고 한다면 그 밑에는 달(위성)이 있다고 하신다.

이는 할아버지의 가설일 뿐 수많은 학자의 가설과는 과히 다를 수 있음을 밝힌다.

할아버지 말씀에 따르면 지구에는 위성이 있으며 지구의 중력 때문에 지구 주위를 배회하며 빙빙 돌고 있다고 하는데, 이것들은 지구 중력을 벗어나지 않는다.

지구는 쉽게 바다와 육지 그리고 대기로 구성되어 있음을 알 수 있다. 지구라는 하나의 행성을 다른 행성과 차별화를 두자면 생명이 산다는 것이다. 여러 학자의 학설 중, '외계인 등장'이라는 학설을 주장하는 학자들도 있지만 사실상 외계인 등장에 대한 학설은 신비스럽고 불미, 혹은 흥미로운 하나의 사건으로 남아 나 역시 궁금증을 유발하게 하는 학설이다.

♡ 외계인과 UFO

앞서 말한 미확인생물 또는 물체인 외계인과 UFO 역시 실제로 보았다는 사람들도 있고 헛것이라고 주장하는 사람들도 많으나 생각해보면 UFO가 있을 수 없다고 보는 견해가 지배적이다. 하여 그냥 사람들이 상상력만으로 UFO를 만들어 낸 것이 아닌가 싶기도 하다.

또한, 외계인들이 지구로 오기 위해서는 과학적으로 몇억 광년이나 걸리는 시공간(視空間)을 우주선으로 다닐 정도의 기술이라면 더 효율적으로 텔레포트 같은 기술로 다니지 굳이 우주선을 타고 다닐 이유가 없다는 것이다. 이것도 나의 주장일 뿐 사실 UFO와 더불어 미확인 생명체 또는 생물체가 있다는 사람들의 주장에는 나름 그에 맞는 근거가 있을 것이다.

귀신도 없다고 믿을 터에 외계인이라니. 그냥 어찌 보면 선녀와 나무꾼 설화의 선녀같이 단순히 하나의 설화로 이어내려 우리에게 입에서 입으로 전해져 내려오는 구전의 하나라고 믿을 뿐이었다.

사실 귀신이 없다고 믿는 사람들에게 무당은 하나의 사기라고 볼 수 있을 것이다. 이를 무속신앙, '샤머니즘'이라고 부르기도 하는데, 외계인과 귀신 즉 미확인 생명체에 대해서는 정확한 답이 없어 내가 알고 있는 지식과 현재 알려져 있는 지식으로 이 글에 담기에는 턱없이 부족한 것이 사실이다. 이를 어떻게 설명해야 할지 괴이하고 또 괴이한 사건들이 지구 탄생부터 이어진다.

♡ 항성, 행성, 위성

'지구'를 검색 포털 사이트에 찾아보면 이렇게 정의한다. '태양을 모(母) 행성으로 가지는 행성계(태양계) 중 세 번째 행성으로, 얇은 대기층으로 둘러싸인 암석형'으로 둘러싸인 형태라 하고 '태양계의 행성 중 하나로 인류가 살고 있는 유일한 천체'라고 한다.

이 어려운 존재를 몇 줄에 다 써놓기에는 역부족인가 보다.

사실, 지구에 대해 공부하다 보면 공부할 것이 꼬리에 꼬리를 물고 방대하게 늘어난다. 하나를 공부하면 공부한 그 개념 안에 부속적으로 또 공부해야 할 개념이 또 생긴다는 것이다.

♡ 단문의 지구 역사

아무튼, 찾아본 바에 의하면 지구의 나이는 약 46억 년이라고 한다. 원시 지구의 주변에 있는 태양 주위의 먼지류 소행성들이 뭉쳐 탄생 직후의 지구는 상당한 고온의 마그마의 바다가 생성되었다. 마그마의 바다가 생성된 후에는 미행성 충돌이 잠잠해지자 급속도로 냉동이 시작되었고 이를 통해 얇은 지각이 생성되었다.

원시 대기에는 비가 내리고 바다가 형성되었다. 이산화탄소가 바다에 녹아 하늘이 맑아지고 약 35억 년에서 25억 년 정도가 되어서는 지표의 온도가 현재 온도와 가까워졌고 지구 환경도 안정기에 접어들게 되었다. 수많은 시간 동안 팽창과 수축을 반복하며 지구는 지각을 형성하고 점점 생물과 생명이 살아갈 수 있는 터전을 만들어갔다.

지금까지 말한 내용이 지구 탄생의 정답이라는 말이 아니라 과학자들의 학설 중 신빙성 있는 주장 중 하나다. 어쩌면 지금 우리가 가장 신빙성 있는 지구 탄생의 주장이라고 믿고 배우는 이 학설과 가설들이 진실이 아닐지도 모른다. 아무도 정확히 알 수 없다.

덧붙여 지구는 '푸른 행성'이라는 타이틀이 있는데 이는 지구의 대기가 태양 빛 중 단파장인 푸른빛 산란 때문이라고 한다. 태양 빛은 여러 파장이 있는데 그 중 우리가 볼 수 있는 가시광선이 있고 빨주노초파남보 순서로 갈수록 파장이 짧다.

대기에는 상대적으로 짧은 푸른색의 빛들이 많이 산란(퍼져)하고 이에 따라 우리 눈에는 푸른색이 비쳐 하늘이 파랗게 보이는 것이다. 태양이 수평선 방향에 있다면 더욱 많은 대기를 지나야만 우리 눈에 도달한다. 푸른색은 산란이 여러 방향인 단파장이 일어나고, 붉은 계열은 우리 눈에 도달하는 것이 장파장이라 저녁 하늘이 붉게 물든 것을 볼 수 있다.

♡ 너무 어려운 지구 공부

어렵다. 진짜 어렵다. 공부하고 해야만 한다. 논문을 살짝 주석으로 참고하려고 봐보니 어렵다. 진짜 상당히 어려운 수준이라 골이 아플 정도로 어렵다.

하여튼, 재미있는 사실은 지구는 달이나 수성보다 온도 변화가 심하지 않다고 한다. 지구는 다른 행성과 다르게 지구의 평균 온도는 약 290K인데, 수성이나 달처럼 지구의 온도 변화가 쉽지 않은 이유는 첫 번째, 대기 효과 때문이다. 대기 효과로 인해 태양 빛을 어느 정도 줄여주며, 지표에서 빠져나가는 열을 잡아준다. 이렇게 낮과 밤의 온도 차가 줄어들고 생명체가 살기 좋은 온도를 유지한다.

사실, 난 이 이야기를 듣고 생각하는 바가 있다. 일단 태양복사에너지를 받는 지구 면적에 따라 온도가 달라지므로 생명체 즉, 사람이 살기 좋은 온도는 몇 도라고 지정되어 있는 것도 아니고 사람이 처한 환경에 적응하며 살아가고 있다는 생각이다.

♡ 파고 들어갈수록 어려운 지구

이 단원을 배우며 쓰지는 않았지만 부속적인 내용으로 열대 사바나 기후부터 열대 몬순 기후, 열대 우림 기후 등등 참 많은 기후를 배웠다. 뭐 이리 공부할 기후가 많은지 머리가 지끈거린다.

또한 지구의 경우는 위성 같은 것들을 중력을 이용해 끌어당기는 힘이 있는데 이러한 특성이 있다 보니 지구를 매우 커다란 자석이라고 부른다. 이것이 나침반의 바늘이 항상 북극을 가리키는 이유다. 자기장은 또한 정전기에 의해 대전된 물체들을 밀어내는데 만약에 이러한 대전(帶電)된 물체들이 자기장에서 움직인다면, 그것들은 자기장에 의해서 밀려날 것이다. 실제로도 지구로 향하는 대전된 입자들 이온과 전자는 지구자기장에 의해 밀려나고 있다.

지구에는 정말 신비로운 일들이 많이 일어난다. 지구 스스로가 자전하기도 하고 공전하기도 하면서 아침과 밤을 만들고 계절을 만든다. 지구의 자전은 약 23시간 56분 동안 하는데 왜 하루는 24시간일까? 23시간 56분 자전이면 나머지 4분은 왜 자전하는 시간이 아닌 것일까? 그것이 아니라, 지구의 자전 동안 공전하기에 4분을 자전하는 시간으로 치는 것이 아니라고 한다.

이는 지구가 공전하는 동안 자전함으로 4분 정도 더 돌아감에 따라 23.5° 기울어져 있는 지구 축이 태양 빛을 효과적으로 받게 된다.

♡ 그래도 해야 할 지구 공부

지구를 공부하면 내가 살아가는 곳을 이해하게 되므로 삶을 이해하고 나를 이해할 것 같은 좋은 예감이 든다. 사실, 지구를 공부하고 이해하는 것은 어른도 쉽지 않고 그로 인해 많은 학자가 지금까지도 열띤 토론을 이어가는 것처럼 나 역시도 공부하는 데 많은 고난이 있겠지만 그 고난을 딛고 나아가는 것이 학생 즉 나의 본분이 아닐까 싶다.

지구를 공부하면서 기후로 인한 지구 자연재해를 미연에 모든 것을 방지하지 못하더라도 어느 정도 대책을 세울 수 있을 것이며 자연을 이해하고 배우며 더 많은 세상을 꿈꿀 수 있기 때문에 공부를 해야 한다.

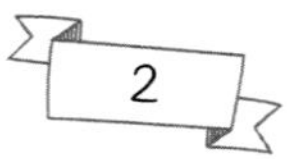

지구 가족

KEYWORD

판구조론은 알지? 섬처럼 바다에 뜬 게 육지냐, 육지에 호수처럼 담긴 게 바다냐… 답은 둘 다 아니다. 지구에는 물체가 많아 생명체이며, 생명이 없는 물질도 있어 무생물이다. 생물은 생명을 유지함에 존재하는 생물과 무생물들과 서로 얽힌 인과성 관계로 각각 상호 공생작용 가운데서 피차 낳고 자라고 생장생멸하며 산다. 우리가 숨을 쉬는 것은 공기 덕이며, 몸은 물과 공기와 빛과 에너지 덕에 살지만, 배우려면 지구전문과학자가 되어도 부족하다. 중요한 건 지구에 있는 모든 존재와 물들은 뗄 수 없는 상리상생 유기적 관계의 끈으로 묶였다는 것이다. 작은 가족은 우리 집 식구들이지만 근원이 되는 큰 가족은 지구 가족이다.

♡ 근본적인 물음

지구에 가족이 있다니… 지구에는 우리처럼 사는 많은 지구 가족이 있다. 하여 처음 지구를 말했으니 이번에는 생각해볼 것이 있다.

하나님은 지구를 왜 만드셨을까? 빅뱅우주론을 근거로 지구가 만들어졌다라는 과학적인 가설은 별개로 하고 왜 하나님께서 지구를 만드셨고 우리를 만드셨는지에 그 이유를 한번 생각해 보자. 단순히 재미삼아 우리를 만드시고 지구를 창조하셨을 리 없을 것이다.

할아버지께서는 이 물음에 대한 답을 간단하게 '우리가 살 수 있는 집이 필요하기에'라고 하셨다.

지구가 집? 좀 더 예민하게 따지자면 하나님은 우리가 살고 있는 실질적인 집으로 지구를 만든 것이다.

♡ 모호한 지구 가족의 기준

어찌됐든 우리가 살고 있는 작은 집의 큰 집이 지구이니 지구가 없어진다면 우리의 필연적인 집터가 없어지는 것과 같은 셈이다.

할아버지 말씀에 따르면, 지구의 으뜸은 사람, 즉 인류라고 할 수 있다 하셨는데 그 이유는 인간이 환경을 변화시키고 세상을 발전시킴에 있어 큰 기여를 하는 것이 사람이기 때문이라고 할 수 있단다.

그렇다고 '지구에 사람만 사느냐?'라는 질문에는 누구라도 다른 생물도 같이 살고 있다고 망설임 없이 대답할 수 있을 것이다.

몇 가지만 간략히 생각해 보자면 인류를 포함한 포유류를 제외하고도 조류, 어류, 파충류, 야생동물 등등이 있다. 또한 우리는 생명이 없는 미생물 즉 바위와 나무들도 생태계의 일부로 본다.

여기서 의문이 든 것은 포괄적으로 지구는 우리의 집이라고 할 수 있다. 그렇다면 나무와 바위, 새들과 벌레들 모두 우리의 가족이라는 것일까? 보통 우리는 집에 같이 사는 구성원을 보고 '가족'이라고 한다.

그렇다면, 우리와 살아가는 형태가 다른 생물을 보고도 과연 가족이라고 쉽사리 말할 수 있을까? 참 모호한 기준들이 호기심을 자극한다.

♡ 인과관계보다 더 밀접한 지구 가족

가족(家族)은 '집 가(家) 자'와 '겨레 족(族)' 자이지만, 여기서 말하는 가족이란 광범위한 지구 가족을 뜻한다.

가족은 대개 생활하는 생활 모습의 양상이 비슷하게 나타난다. 함께 생활하면서 서로가 서로를 닮는 것도 있고, 아무래도 같이 생활하면서 부모님의 생활 양식이 자식들에게 전이되는 경우가 많기 때문이다.

어쩌면 부모님과 나는 성격조차 닮았고, 부모님의 유전자를 물려받았기에 생김새도 비슷한 것을 알 수 있다.

하지만 나처럼 한 집에서 살아가는 가족을 제외한 또 다른 사람들은 가족이라고 치지 않는 것이 보편적이다. 사람 사이에도 같은 혈통이 아니면 가족이라 말하기에 거리낌이 있는데, 우리와 아예 생김새도 다른 생명체들을 굳이 가족이라고 하는 것이 맞는 것일까라는 생각이 들었다.

어쩌면 생태계와 우리 인간, 더 크게는 지구와 인간은 현재 우리가 함께하는 가족과도 더 밀접한 관계가 있다고 볼 수 있어 이를 편의상 지구 가족이라고 말하고 싶다.

그 이유로 첫 번째는 생태계와 우리 즉 지구와 우리는 공생하기 때문이다. 우리가 지구라는 근본적인 집터가 없으면 집을 만들 수 없고 살아갈 수 없듯이 지구라는 행성이 없어진다면 말 그대로 인류 대멸망일 것이다.

지구는 바다와 육지를 모두 포괄해 담고 있으며 그 외의 수많은 것들을 내포하고 있다. 우리는 그것들과 모두 공생하고 있다. 생태계는 인간의 활동으로 발전하기도 하고 또는 부정적인 영향으로는 파괴되기도 한다.

♡ 최상위 포식자, 인간의 의무

이렇듯 인간과 생태계는 공생하며 영향을 받는다. 인간의 활동 범위가 생태계에 미치는 영향이 상대적으로 방대함에 따라 생태계를 보우하는 인간의 의무 또한 함께 부여된다. 이는 인간의 권리가 아니라 인간의 의무라고 하겠다.

하여 우리는 생태계의 최상위 포섭자로 모든 생태계를 지키려는 노력과 포용할 의무를 가져야만 한다. 그렇기에 생태계에서 인간이 가장 상위포섭자이고, 가장 큰 힘이 있다고 해도 과언이 아니다.

그 이유는 앞서 말했듯 인간과 자연은 공생하기 때문이다. 자연이 무너지면 인간의 삶도 따라서 무너질 수밖에 없을 것이다.

많은 노력을 거친다면 급격한 지구 환경의 무서운 변화가 없어지고, 물질의 순환과 에너지의 흐름이 원활할 때 지구의 평형이 유지되고 이것은 지구 가족의 모든 안정을 이룰 수 있는 방법이기 때문이다.

♡ 지구 가족 위기

그렇다면 지구 가족을 지키는 인간의 의무로는 무엇이 있을까를 알아봐야 하는데, 일단 생태계와 자연을 파괴시키는 요인부터 알아야 미연에 방지할 것이 분명할 터, 무엇이 생태계와 자연을 무너트리는지 알아보려 한다.

생태계와 자연은 안정된 상태라고 하더라도 외부 요인이나 생태계의 변화가 급격히 생길 경우 평형이 무너질 수 있는데 이는 두 가지로 나뉜다.

첫 번째는 자연적 요인이며, 두 번째는 인간에 의한 인위적 요인이다.

자연적 요인에는 산불과 홍수 그리고 가뭄 등 사람이 미리 막을 수 없고 언제 일어날지 모르는 자연현상으로 생태계 평형이 무너진다.

사실 자연환경이 공익적 기능만을 충족시키고 자연환경적인 기능이 고려되지 않은 채 무조건적인 개발만 이뤄진다고 본다면 국민이 누릴 수 있는 자연적인 요소들은 점점 무너지고 그 속에서 살아가는 생태계들이 남획 등 무분별한 개발로 인해 집터를 잃을 것이다.

♡ 무너지는 생태계 평형

내가 만약 사람이 아니라 개미였다고 치자. 등산하던 사람들이 무엇을 먹다가 떨어진 과자 부스러기들을 열심히 등에 업고 집으로 운반하고 있는데 갑자기 이 산을 개발해 도로로 만든다고 해보자. 그렇다면 개미인 나의 집을 포함한 이 산속에 살아가는 생물들의 집터는 무자비하게 밟힐 것이다.

간략하게 정리해서 인간에 의한 생태계 평형의 무너짐은 외래종의 도입이 있을 것이고, 그 외에도 남획, 개간, 벌채, 환경오염, 무분별한 개발, 지구온난화가 있을 것이다.

인간에 의한 생태계 평형이 무너져 멸종된 대표적인 예에는 바로 '동아프리카 빅토리아호'가 있다. 동아프리카 빅트리아호(湖)에는 시크리즈라는 토착어종 물고기 400여 종이 살고 있었다 한다. 이 물고기들은 서로 생태계 먹이사슬 그물을 복잡하게 만들어 보다 안정적인 생태계를 구축해가고 있었다.

그러던 어느 날, 지역경제 활성화를 위해 몸집이 큰 나일퍼치라는 외래종 물고기를 빅토리아호에 풀기 시작했고 곧 빅토리아호에 먹이사슬 그물이 점점 파괴되기 시작했다. 그 이유는, 토착어종인 시크리즈가 외래어종인 나일퍼치에게 잡아먹히고 있었기 때문이다.

나일퍼치가 등장하고 난 후부터는 상대적으로 힘이 약한 시크리즈가 나일퍼치의 먹잇감이 되었고, 나일퍼치를 먹을 만한 소비자가 없었음에 점점 생태계의 균형이 무너지기 시작했다.

♡ 공생의 중요성과 이유

지구를 말하노라면 지구 생태계는 소비자, 분해자, 생산자 이 3가지의 임무를 맡은 것들끼리 공생하며 살아간다. 이 3가지 중 인간이 가장 최상위 포섭자이며, 인간이 자연과 생태계에 주는 영향이 나비효과처럼 파장이 일어나는 것처럼 우리가 생태계와 자연 보존에 더 힘써야 한다는 것이다.

하나님이 지구를 창조한 이유는 우리에게 살 집을 마련해 주시기 위함이다. 지구에서 살아가는 모든 생물이 우리의 가족이다. 사람과 사람 관계만 가족이 아니라, 미생물이든 생물이든 우리와 함께 살아가며 공생하기에 가족이라는 것이다. 부모님이 우리를 키울 의무가 있듯 우리도 자연을 보호하고 키울 의무가 있다. 이는 필수불가결하며 인간의 삶에서 가장 중요한 영역이라고 할 수 있겠다. 자연과 생태계를 사랑하고 보존하는 사람이야말로 사람을 사람답게 대할 수 있을 것이라 본다.

하나님이 우리를 사랑하셔서 지구를 만들어 집터를 만드신 것처럼 우리도 자연을 이해하고 포용함으로 더 나은 우리의 삶을 만들 수 있지 않을까?

어떠한 삶이 대두되어도 어떠한 기술혁명이 야기해도 우리 주변에는 자연과 지구 생태계가 언제나 가족처럼 공존할 것이다. 이는 인생의 동반자를 넘어 지구의 동반자라고 해도 과언이 아닐 터, 함부로 대하고 간과해서도 안 된다는 것이 나의 견해이기에 오늘도 지구를 생각하며 다시금 감사한 마음을 가져본다.

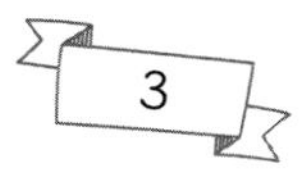

지구 환경

지구는 수천억 개의 우주와 태양계 중 생명이 살고 있는 유일한 행성이다. 지구를 보다 깊이 공부하려면 수십 권의 책을 보고 오랜 세월 공부를 해야 할 것이나, 간략 요약한 지구 환경을 보면 크게 바다와 육지이며, 물과 공기, 돌과 나무, 나는 새와 물고기로서 이들 사람과 동물들은 알게 모르게 이와 같은 지구 환경처처에서 살기 때문에 지구 환경은 우리가 길 조심, 차 조심하는 것의 백 배나 더 중요한 생명 요소가 되어주고 있어 알아야 한다. 오대양 육대주는 달걀의 표피처럼 얹혀 있고 계란의 껍데기처럼 얇아 이게 지표이며, 그 속은 두터운 부분이 맨틀이라 꼭 삶은 계란 흰자위와 같다. 계란은 지구와 거의 똑같은 구조라고 보아 노른자는 지구 핵으로서 마그마가 출렁대는 지구의 내장과 같은 뱃속이다.

♡ 지구 환경의 막대함

다 아는 말이지만 환경은 참으로 중요하다. 매너가 사람을 만들기 전에 환경이 사람을 만든다는 말이 있을 정도로 환경이 인간에게 미치는 영향이 막대함은 두말할 필요가 없다.

나쁜 환경이든 좋은 환경이든 중요한 것은 어떠한 환경에 처하더라도 그 환경에 적응해 가야 한다는 것이다.

이렇듯 사람은 대개 주어진 환경에 어쩔 수 없이 '적응'하려는 습성이 있다고 본다. 하지만 오늘의 글 주제는 인간에 대한 것이나 실은 지구 관련 사유의 글이다.

내가 이 글에서 말하는 지구 환경이란 사람의 관점에서 사람이 살아가는 지구 속 환경도 있고, 또 사람을 제외한 다른 생물 입장에서 각각 살아가는 지구 속 환경도 있다.

말하자면 길지만 내가 중점적으로 말하고 싶은 것은 공생하며 살아가야 하는 지구 환경이 얼마나 중요하냐에 대한 것과, 이 환경이 우리에게 주는 영향이 얼마나 막대한지 등, 또 이 환경을 보존해야 하는 이유가 무엇인지 써 보려고 한다.

♡ 환경에 적응하는 생물들

우리가 학교에서도 많이 배우고 또 많은 캠페인을 통해 지겹도록 들었을 만한 환경보존과 자연보호가 예전보다 더없이 필요한 시점이 다가왔음을 알게 된다.

지구 환경은 인간은 물론 제외한 다른 생물에게도 많은 영향을 미친다.

지구라는 영역이 많은 학문 중 과학 영역에 속하기 때문에 내가 학교에서 배운 기본 지식을 주석으로 덧붙여 설명하자면 생물과 환경의 관계는 참으로 복잡하다.

첫 번째 이론은 생물과 환경은 서로에게 영향을 미친다는 것이다. 대표적으로 생물이 주어진 환경에 오랜 기간 적응하여 변한 형질을 자손에게 물려주기 때문에 '환경이 생물에게 미치는 영향'이라고 할 수 있을 것이고, 이에 환경이 생물에게 미치는 영향을 좀 더 세부적으로 나누어 보자면 빛의 세기, 파장, 일조 시간에 따라서 생태계에 분포된 개체의 생김새(다윈의 자연선택설)나 모양새가 달라지기도 한다.

참 신기하지 않은가? 빛의 세기에 따라 숲 위쪽 강한 빛에 적응한 식물이 잘 자라고, 아래쪽에는 약한 빛에 적응한 식물이 잘 자란다니…

한 식물에서도 강한 빛을 받는 잎은 울타리 조직이 발달되어 있어 잎이 두껍고, 약한 빛을 받는 잎은 빛을 효율적으로 흡수하기 위해 잎이 얇고 넓다.

또 빛의 파장에 따라서 환경에 큰 영향을 미치기도 하는데 바다의 깊이에 따라 도달하는 빛의 파장과 양이 달라서 해조류의 종류가 다양하다.

얕은 바다에는 파장이 긴 적색광을 주로 이용하는 녹조류가 많이 분포하고, 깊은 바다에는 파장이 짧은 청색광을 주로 이용하는 홍조류가 많이 분포한다.

또한, 온도 역시 생태계 구성에 많은 영향을 준다. 온도는 물질대사에 영향을 주므로 생물의 활동은 온도의 영향을 많이 받는다. 따라서 온도와 빛은 물질대사에 영향을 주기에 생물의 활동은 온도의 영향도 많이 받는다.

동물의 겨울잠이나 나마쿠아 카멜레온의 몸 색이 달라지며 열을 흡수하고 방출하는 것, 철새가 계절 따라 다른 지역으로 이동하는 이유, 추운 지방에 사는 정온동물이 깃털이나 털이 발달하고 피하 지방층이 두꺼운 이유, 포유류의 경우 몸집의 크기와 귀 같은 몸 말단부의 크기가 다른 것 역시 환경에 적응하기 위한 생물들의 생존 방식이다.

사람 역시도 지구 환경에 많은 영향을 받는데, 사람들은 야속하게도 환경을 아끼려 하지 않는다. 사람은 환경에 무섭게도 빠르게 적응하는 동물과도 같아서 아무리 환경이 좋든 나쁘든 그에 적응해 본인들이 살 만한 환경을 만드는 것이 사람이다.

이 모습이 이기적이고 비윤리적이라 할지라도, 인간의 본능이기에 나쁘다 좋다 할 이유조차 없다.

♡ 지구는 하나의 큰 집

지구는 하나의 큰 집이다. 우리가 사는 아파트, 공동주택, 원룸 등등은 지구라는 큰 집이 마련해준 하나의 터에 자리를 잡고 서 있는 인위적 인문환경에 속할 뿐이기에 우리가 더 나은 사회에서 살고 그 사회를 그대로 우리 자손들에게 물려주기 위해서는 지구를 사랑하고 보존해야 한다.

매번 집을 청소하고 예쁘게 인테리어 하듯 우리가 사는 실질적인 장소를 마련해준 지구도 하나의 큰 집으로 여겨 환경을 보존해야 한다. 지구를 엄청 큰 나의 집이라고 생각하면 쉽다.

자기 방에 쓰레기를 휙휙 던지고 마시던 음료가 맛없다며 마음대로 바닥에 버리는 사람은 없을 것이다. 지구가 무너지면, 우리가 살아가는 아파트를 담아낼 그 자체가 없어진다. 그렇기 때문에 우리가 지구 환경을 보존해야 한다. 인간이 지구 환경을 교란시키고 환경을 망가트리는 대부분을 만들었기 때문이다.

♡ 병든 지구

혁명과 산업이 발전함에 따라 너 나 할 것 없이 더 나은 사회를 만들어가고 있다. 하지만 그 산업과 혁명으로 지구가 아파도 무심하기 쉽다. 후손을 위해서라도 더 좋은 환경을 만들어주기 위해서라도 더 많이 발전해야 한다. 그럴수록 지구 환경은 퇴화한다는 것이 안타까운 사실이지만 말이다.

♡ 어른들의 숙제

이점은 앞으로 어른이 될 나와 지금 현재 어른인 모두가 생각할 숙제다. 하지만, 오로지 인간만이 지구 환경의 폐해를 만드는 것도 아닌데 구태여 우리같이 힘 없는 사람이 나서서 왜 지구 환경을 보존해야 하느냐는 사람이 있을 것이다.

나는 나비효과라는 말을 좋아하는 편이다. 나비효과란 나비의 작은 날갯짓이 날씨 변화를 일으키듯, 미세한 변화나 작은 사건이 추후 예상하지 못한 엄청난 결과로 이어진다는 의미다. 나비의 작은 날갯짓이 미국의 토네이도를 만든다는 것은 맞다. 이것은 진배가 아니다.

하지만, 나비효과라는 말은 더 이상 긍정적인 의미가 아니다. 사회 관념상 목소리를 내기 위해서는 권력이 있어야 하고 어느 정도의 공론화가 되고 이슈화가 될 만한 위치에 있어야만 한다. 사회 모순일 수 있지만, 어쩔 수 없는 것이 모두가 목소리를 낼 수 있는 세상이면 그 세상의 규율은 무참하게 무너질 것이다.

소수의 의견도 받아들이는 수용적인 태도를 지니되, 막대한 권력을 행사할 수 있는 기관 또는 주요 인물이 있어야만 원활하게 돌아가는 것이 사회다.

한 사람만 지구 환경을 지켜야 한다며 목소리를 내고 행동으로 실행한다고 지구 환경이 확연하게 좋아지는 것은 아니다. 심지어 UN이 지구 환경을 되살리기 위해 현재까지 많은 노력을 기울였음에도 성과는 그리 좋지 않다.

♡ 가장 큰 걱정은?

가장 큰 걱정은 국민의 무관심이다. 보통 사람들은 본인 사는 것이 참으로 중요하기에 아침에 언제 지하철 타야 하고 언제까지 회사나 학교에 도착하는지만 연연한다.

몸이 피곤하다는 이유만으로 가까운 거리를 택시로 가거나 자차를 이용하는 사람들이 많다. 나 역시도 나 혼자만의 편의를 위해 이기적인 행동을 할 때가 많다.

큰 집인 지구를 아프게 하는 행동임에도 불구하고, 지구 환경을 파괴하는 행동임에도 불구하고 말이다. 지구 환경이 파괴된 가장 큰 예는 우리가 많이 알고 있는 지구온난화가 있다. 지구의 평균 온도가 상승해 빙하가 녹고 있단다. 단지 몇 도에 불과한 온도가 상승한 것인데 지구는 그 자체가 괴롭나 보다.

더 이상 지구 환경을 파괴해서는 안 된다. 지금도 지구가 아파하고 골병들어 사람들에게 무언의 SOS를 하고 있을지도 모른다. 지구 환경 보존은 나를 지키는 방법이며 나아가 후손을 지키는 방법이다.

어른들이 주야장천 말씀하시는 것처럼 환경은 참으로 중요하다. 공부하기 위해서는 책상 정리를 해 공부할 환경을 만들어야 하고, 그러한 환경이 쌓여서 우리가 자랄 때 많은 영향을 미친다.

우리가 사는 집 인테리어만 잘하면 아무 소용이 없다. 근본적이고 필연적인 우리의 터전인 지구 환경을 보존하고 아껴야만 더 나은 환경이 구축될 것이다.

지구 환경 보존, 어렵지 않다. 천 리 길도 한 걸음부터라는 긍정적인 말이 있듯이 지구 환경 보존도 한 걸음부터 점진적으로 나부터 나아가면 되는 것이다.

나 역시도, 지구 환경 보존에 힘쓸 것이다. 그러기 위해서는 나부터 전반적인 지구에 대한 공부가 필요할 것이고, 연구하기 위해서는 좀 더 세부적인 공부가 필요할 것이다.

지구를 지키는 것 역시도 행동에 앞서 배우는 게 앞서야 한다는 할아버지의 가르침을 되새기면서, 세부적으로 공부하며 지구에 대해 전반적으로 이해하고 포용하려는 마음씨도 필요할 것이다.

지구 환경이 우리 삶에 많은 영향을 주는 것을 인지하고 더 나은 지구 환경을 위해 노력해야 할 것이다.

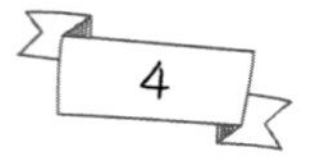

생태계

KEYWORD

지구에 존재하는 모든 물질(체)에는 그 물질의 본질이 있어 이를 유전자, 또는 DNA라 하여 생물이나 무생물이나 동일하다. 이를 체계적으로 공부하는 학문이 많으나 생물의 경우 생태계라 한다. 생태계는 세포, 기관, 조직, 생태계, 생태군계, 생태군집에 이어 동물, 식물, 조류, 어류로 나누어져 있어 이를 아는 것이 곧 지구를 바로 아는 것이 된다. 생태계를 구성하고 이를 주관하는 것이 자연이며, 자연이란 '현재의 보이는 지금의 그 상태'를 칭하는 말로 '본디환경'이라고도 하고, 반대말은 동물, 특히 사람이 고치거나 훼손하는 등 '인위적 환경'이라 부르는 '손댄환경'이 양존한다.

♡ 생태계 개념

생태계, 복잡한 사슬처럼 얽혀있는 유기적인 집합체.

지구 환경 관련 글을 쓸 때마다 매번 드는 의구심은 '내가 왜 생태계 또는 자연에 대해서 공부해야 하지?'라는 것이었다.

단순히 학교에서 배우는 것만으로도 기본적인 내용은 모두 터득할 수 있을 텐데, 생태계의 경우 그 범위가 상당히 좁을 수도 있고 넓을 수도 있기에 이처럼 복잡한 것을 배워야 한다니, 참 의문이다.

하여튼, '생태계'라는 개념을 찾아봤을 때 학술적 의미로는 생물 군집과 그 군집이 접한 비생물적 환경(물리적 또는 화학적 환경)이 유기적인 집합을 이룬 것이라고 한다.

생태계 경계 설정은 상당히 어려워 보통 이해하려는 대상에 따라 그 경계와 크기에 따라서 경계를 나누고는 하는데 매우 작은 규모부터 전 지구 차원까지 다양하다.

바위에 사는 지의류가 암석의 풍화에 미치는 영향을 알아보려 할 경우, 그 범위는 불과 수 mm의 단위로 설정되기 때문에 생태계의 면적이 매우 작다.

하지만 매우 작다 한들 생태계가 아닌 것은 아니다. 매우 작더라도 생태계를 충족시킬 만한 것들이 생태를 이루면 그것이 생태계다. 또한 삼림, 벌채로 인한 하천 수량 변화를 이해하고자 한다면 그 범위는 수십 km의 유역에 걸쳐서 나타나고 생태계의 면적도 그만큼 넓어지게 된다.

그렇기 때문에 화석연료의 연소에 의한 전 지구기후 변화 파악에는 그 영향을 포함시킬 수천 km의 범위를 사용하여 표기하게 되고 이는 전 지구가 생태계 면적이 될 수 있다.

이렇기에 생태계는 정확히 이것이다 저것이다 할 수 없다.

영역이 방대하다 보니, 글을 씀에 있어서 걸림돌이 매우 많다. 어디서부터 시작해서 어떻게 끝낼지가 제일 고민이며, 어떻게 하면 몇 쪽 되지 않는 분량에 이 방대한 생태계를 녹여낼까라는 생각이 글을 쓰는 나의 고민이다.

♡ 생태계 속성

사담은 여기까지 하고, 생태계는 물리적 실체가 아닌 하나의 개념이기 때문에 이 개념은 첫 번째 '구조', 두 번째 '기능', 세 번째 '복잡성', 네 번째 '상호작용 및 상호의존성', 마지막 다섯 번째 '시간의 변화'로 구성되어 있다.

이 5가지 속성이 생태계의 개념을 설명해 주는데, 첫 번째인 생태계의 '구조'부터 들여다보면 생태계의 생물 군집과 에너지 그리고 물, (양분 공급이 가능한) 토양과 대기 같은 생물 요소가 포함된다.

두 번째 '기능'은 생물 군집과 물리적 환경 사이에서 에너지와 물질의 이동 및 교환이 일어나는 것을 말한다.

세 번째 '복잡성'은 생태계가 다양한 생물체를 포함하기 때문에 여기서 일어나는 현상은 여러 구조와 기능을 충분히 고려하고 추정할 수 있다는 것을 전제로 한다.

생태계 구성 요소 사이에서는 서로 연관성이 있으며 한 가지 변화는 나머지 모든 것에 영향을 미치는 '상호작용 및 상호의존성'의 속성이 있다는 것이다. 그러하므로 생태계는 변화하지 않는 정적인 계가 아닌 에너지와 물질의 이동 및 교환과 구조와 기능이 '시간에 따라 계속 변화'하는 속성이 있다. 시간에 따라 계속 변화한다니, 신기하지 않은가?

♡ 생태계의 구조 3요소

또 공부하며 알게 된 새로운 사실 중 하나는 생태계의 개념 발달 초기에는 에너지와 탄소 중심으로 속성을 이해했지만 현대에 이르러서는 점차 양분과 수분으로 이해하는 경향이 커져가고 있다고 한다.

생태계의 구조는 생산자, 분해자, 소비자로 이루어져 있고 이것들은 모두 순환한다. 생산자는 광합성을 해서 이산화탄소를 만들어 낼 수 있는 식물이며, 대부분 푸르른 식물이 생산자 몫을 한다. 분해자는 균류들과 같은 버섯 또는 곰팡이 따위가 분해자라고 할 수 있다.

마지막 소비자는 '소비'라는 말 뜻 그 자체로 풀을 먹거나 음식을 먹으며 식생을 하는 생태계 구성원을 소비자라고 한다.

우리 인간 역시 식생을 하며 살아가는 포유류에 속하기 때문에 소비자라고 할 수 있는데, 소비자는 1차와 2차 세부적으로 나눌 수 있다고 한다. 사람은 굳이 따지자면 3차 소비자 정도로 생각하면 쉽고, 생태계 피라미드 또는 생태계 먹이사슬에서 최상위 존재로 통한다.

소비자와 분해자 그리고 생산자는 모두 순환하며 평형을 이루는데 순환은 대개 기체와 물이 순환함에 있어 생태계 평형을 이루고 열에너지와 복사 에너지가 생태계를 이롭게 운영하는 데 큰 기여를 한다.

생태계에는 생태학이라는 것이 있는데 생태계 생태학이라니, 글로 보나 말로 들으나 어려워 보인다.

♡ 생태계 생태학의 흐름

사실 어려운 것이 맞다. 어려워도 공부하는 학생 입장에서 공부를 해보니 생태계 생태학은 소위 '흐름'으로 표현되는 생물의 활동을 다루고 있다. 이 흐름은 산소, 탄소, 질소, 인, 황 등 대부분 생명 활동에 필수인 요소들의 흐름을 뜻한다고 한다.

생태계의 연구는 에너지의 이동, 물질의 이동 등 이들이 미치는 기후와 다른 물질의 물리적 요인을 다루고 있고 이를 통해 생태계 기능은 토양과 대기 또는 수체로 나뉘는데 이것들은 모두 에너지와 물질의 물리 · 화학적인 변환을 다루고 있다.

♡ 자연과 생태계

지금까지 생태계에 대해 공부한 것을 써왔다면 과연 생태계라고 하면 부속적인 개념으로 바로 떠오르는 '자연'은 무엇일까?

할아버지 말씀에 의하면 자연이 생태계를 포함하는 큰 개념이라고 하셨다. 자연은 사람의 힘이 더해지지 아니하고 세상에 스스로 존재하거나 우주에 저절로 이루어지는 모든 상태나 존재를 말하며 생명력을 가지고 스스로 생성하고 발전하는 것을 말한다.

'자연스럽다' 할 때의 뜻을 보면, 꾸밈 없이 자연스러운 것을 뜻하고 '자연미인'의 경우 얼굴에 불필요한 성형이나 시술을 하지 않은 본 얼굴 그대로의 상태를 뜻할 때 자연이라는 단어를 차용해 새로운 단어를 만들기도 한다.

'자연히'라는 단어는 사람의 의도적인 행위 없이 저절로 이루어지는 무언가를 뜻하고 있다. 생태계를 포함하는 것이 자연이라고 할아버지께서 말씀하셨으니, 아마도 자연은 토양이나 바다 또는 산, 그보다 훨씬 큰 개념이 아닐까 싶다.

생태계는 동물과 식물만 사는 것이 아닌 인간도 생태계 속에 포함되어 있다. 생태계는 크게 개체-개체군-군집-생태계로 이루어져 있는데 예를 들어 개체라는 것이 '학생 1'이고 개체군이라고 한다면 '학생 1', '학생 2' 등등으로 이루어진 속성이 같거나 비슷한 하나의 집단이다. 그러나 할아버지 말씀은 개체와 개체군 그리고 군집 마지막으로 생태계 순이 아니라 개체보다 더 작은 개념이 있다고 하셨다.

바로 세포와 기관 조직같이 어떤 건 현미경으로도 관찰하기 어렵거나 또는 나노 단위의 크기인 덕에 관찰이 불가능한 범위의 무언가도 역시나 똘똘 뭉쳐 하나의 기관을 만들기 때문에 따지고 보면 세포나 조직 따위의 작은 것들도 개체보다 이전 순서의 개념으로 보아야 한다는 것이다. 하긴 우리 사람도 수많은 세포와 조직, 구조와 성분으로 탄탄히 뭉쳐 생명 기관을 만들어 살아가고 있다.

할아버지 말씀에 의하면, 인간 몸속 세포는 어마무시하게 많은데 예를 들어 몸무게가 70kg이라고 한다면 70조 개라는 방대한 세포가 체내 기관에서 몸속을 움직이기 위한 작용을 한다고 한다. 이처럼 개체를 이루는 세포들은 많고 그만큼 균들도 많다.

입속에는 30만 개, 장애는 1000억 개가 있을 정도로 많다는데 그 수가 하도 방대해 다 적기에는 무리가 있을 정도다.

♡ 생태계 이해의 중요성

사람의 몸만 이렇게 많은 세포와 조직으로 이루어져 있나? 정답은 아니다. 나무의 경우도 역시 수많은 조직과 세포로 이루어져 하나의 나무가 만들어지고 그 나무들이 각각 하나의 개체가 된다.

돌은 수많은 요소들로 이루어져 있으며 조직도와 구조 그리고 각기 다른 성분으로 이루어져 있다. 이처럼 생태계를 이루는 나무나 돌 등 수많은 개체 하나하나가 사람의 체내 구성 요소와 비슷하다고 감히 말할 수 있겠다.

생태계를 이해하는 것이 인간의 몸을 이해할 수 있으며 나 자신을 이해할 수 있는 하나의 방법이 아닐까 싶다. 신기하게도 서로 비슷한 생태계와 자연 그리고 인간의 몸. 인간의 몸 관리를 보다 효율적으로 하기 위해서는 생태계와 생물을 먼저 들여다보고 연구하며 공부해야 한다.

다이어트다 트레이닝이다 뭐다 해서 몸에 대한 관리가 중요해지는 요즘, 획기적이고 효율적인 몸 관리를 위해서는 당장 우리 주변에 놓인 생태계와 생물을 다시 한번 공부하고 들여다보는 것은 어떨까?

공부에 거리낌이 느껴진다면 자연을 향한 사소한 관심과 사랑이 그 공부의 시초가 될 수 있다.

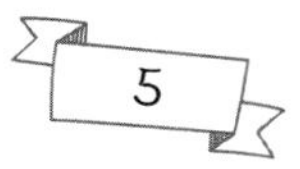

지구 소리

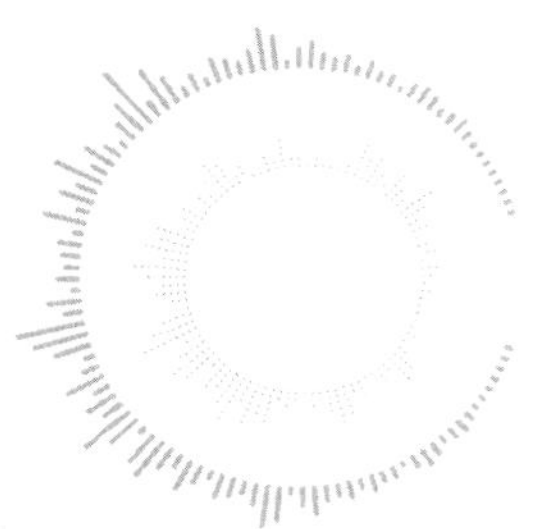

지구에는 지구만의 본성 고유의 소리가 있어 지구는 말을 한다고도 볼 것이니 첫째는 우리가 숨을 쉬는 것 같은 지구 호흡이 곧 바람이다. 바람 소리는 지구 전체를 휘감고 도는 데 비해 파도 소리는 바다에 나가거나 해변에서 들린다. 계곡에는 흐르는 물 소리가 있고 숲에는 새들의 울음 소리가 있으며 천둥 번개 내리는 빗소리도 지구가 살아 숨 쉬고 끊임없이 호흡을 한다는 증거가 된다. 더불어 지구에 사는 모든 생명체는 자기만의 생명체가 존재한 자기 소리를 내고 있다. 소, 닭, 개, 돼지, 크든 작든 그들은 모두 자기 소리를 내어 지구 악단의 구성원을 이루고 있다. 대표적인 것은 사람이 내는 인간의 말소리 언어다. 그런데 그렇게 말하면 안 되는 말 언어가 있다.

♡ 지구 음

할아버지가 말씀하시길 우주과학에서는 지구가 공전하고 자전하는 소리는 어마어마하게 크기 때문에 사람이 그 소리를 직접적으로 들으면 고막이 터져 죽는다고 한다.

예전에 어떠한 영상을 보게 되었는데, 그 영상의 이름은 아마도 '우주 공포증을 유발하는 동영상'이었을 것이다. 여러 행성과 항성이 굴러오며 지구가 자전하는 소리와 공전하는 소리를 그럴싸하게 영상에 담은 것으로 기억하는데 그 소리가 웅장하다면 웅장하고 기괴하다면 기괴한 것이 정말 우주의 미스터리함을 단 몇 분 안에 함축시킨 것 같았다. 하지만 우리는 그 소리를 직접적으로 들을 수 없다.

이러한 소리를 제외하고도 지구에서 우리가 들을 수 있는 소리와 들을 수 없는 소리의 수는 엄청날 것이다.

♡ 검색으로 보는 소리

검색 사이트에 소리를 검색해 보니, 소리란 '물체의 진동에 의하여 생긴 음파가 귀청에 울리어 귀에 들리는 것'이라 하고 있다.

소리는 공기와 같은 매질(媒質)의 진동을 통해 전파되는 파동인데 이 중에서 지구의 대다수 동물이 가진 기관인 귀로 감지하는 것을 뜻한다.

추가로 우주에는 매질이 없기 때문에 소리가 들리지 않아야 한다. 영화 속에서 들려오는 우주의 소리들은 모두 영화적인 긴장감을 주기 위한 것이다.

예를 들면 영화 〈스타트랙〉의 경우 우주에서 폭발이 일어나 사람들이 다치는 것을 기준으로 동료들이 죽는 것이 영화 속 픽션인데 우주에서 폭발이 일어난다고 하더라도 매질이 없기 때문에 폭발 소리를 들을 수 없는 것이 현실이다. 영화 〈스타워즈〉의 경우도 우주 속에서 기계를 만지더라도 그 기계 작동 음을 들을 수 없으니, 음향효과를 주기 위해 제작한 허구라 할 수 있다.

귀는 크게 평형과 기압을 감지하는 내이와 고막을 경계하는 외이로 구분되는데, 고막은 매우 얇은 막으로써 진동인 소리를 감지하는 것에 특화되어 있다고 한다. 물론 귀 외의 기관으로 감지하는 동물도 있고 '진동'인 만큼 매질 전달을 촉각으로 감지하기도 한다.

한 예를 들어보자면 개구리는 피부로 진동을 감지해 소리의 높낮이를 구분한다고 한다(매질 전달을 촉각으로).

사람의 경우는 귀라는 기관으로 소리를 듣는데 소리를 과학적으로 말하자면 정말 복잡하고 배울 게 많은 학문 갈래 중 하나이기에 쉽사리 간과해서는 아니 된다.

엄마 뱃속에서 아이가 잉태된 순간부터 가장 먼저 발달하는 기관은 바로 청각이라고 배웠다.

♡ 소리를 듣는 태아

그렇기 때문에 드디어 엄마와 아빠가 처음에 시작하는 태교는 엄마 뱃속에 자리 잡은 아이를 향해 사랑한다 해 주고 아이에게 동화책을 읽어주는 것이다.

태교 중일 때는 엄마의 마음가짐과 더불어 언어 선택과 언어 습관이 아이의 태교에 큰 영향을 미친다는 설이 있다.

실로 그런 것이, 엄마가 나쁜 말들을 하게 되면 그 감정이 그대로 아이에게 전달되어 자녀에게도 안 좋은 영향을 미친다는 것이다. 고운 말과 그렇지 못한 말이 미치는 영향은 사람뿐만이 아닌 식물에게도 영향을 미치는데 두 개의 양파를 준비해 똑같은 환경에서 키웠을 때 하나의 양파에는 고운 말만 해주고, 하나의 양파에는 나쁜 말만 하였을 때 고운 말만 들은 양파는 푸르게 잘 자란 반면, 나쁜 말을 해 준 양파는 썩을 지경에 놓이게 되었다는 과학실험 결과가 있다.

이로 인해 알 수 있는 것은 우리가 듣는 소리는 우리에게 많은 영향을 준다는 것이다.

♡ 말이 사람에게 미치는 영향

당연한 소리지만 좋은 말일수록 사람에게는 좋은 영향을 미친다는 것과 나쁜 말일수록 사람에게는 안 좋은 영향을 미친다는 것이다.

소리에도 단위가 있는데 파동의 빈도와 파동의 크기인 Hz(헤르츠, 초당 진동 수)와 dB(데시벨)로써 나타낸다.

사람은 보통 80dB 이상을 장시간 들으면 난청을 유발하고, 100dB이 넘어가면 고통을 유발한다. 또한 120dB에 그대로 노출되면 청력 손실 가능성이 높아진다.

소리라는 글을 쓰기 위해서 공부하다가 흥미로운 사실을 알게 되었는데 0(제로)dB은 소리가 없는 것이 아닌, 사람이 통상적으로 들을 수 있는 최소한의 소리 수치라고 한다.

사람은 돌고래가 이야기하는 소리를 들을 수 없다고 한다. 돌고래의 이야기 소리는 데시벨이 하도 높아 사람이 소리로 인지 자체를 못 한다고 한다.

학교 가정 시간에 배웠는데 유행했던 태교 중, '돌고래 태교'가 있었다고 한다. 돌고래가 서로 대화하는 초음파 소리를 뱃속 아이가 들었을 때 안정감을 준다고 해서 부부가 동반하여 돌고래 태교를 하는 경우도 많다고 한다. 이 수업을 듣던 중 친구가 했던 말이 인상이 깊은데, 돌고래가 서로 대화하면서 욕을 하면 어떠냐는 것이었다. 어떻게 저런 발상이 나왔는지 모르겠지만 수업을 듣는 내내 기이한 친구의 발상에 놀라웠던 기억이 난다.

하여튼 소리를 단위로 지정한 것에는 Hz와 dB이 있다는 것을 알아두기를 바라면서, 우리가 들을 수 있고 아름답다고 느끼는 지구의 소리도 여러 가지가 있다.

공부할 때나 심신에 안정이 필요할 때는 새소리, 물 흘러가는 소리, 장작 타는 소리 등등을 듣게 된다.

♡ 자연의 소리는 유익한 소리

자연의 소리는 유익한 소리에 속한다. 또한 하늘의 소리는 빗소리, 천둥 번개 소리 등등이 있다.

왜 이렇게 여러 소리를 강조하는 것일까? 우리는 집 밖에 나가기만 해도 자동차 다니는 소리, 사람들이 말하는 소리 등 많은 소리를 듣는다. 많은 소리를 들으며 일상생활에 적응해 살아가지만 못된 소리를 더 많이 듣기 때문에 소리와 말의 중요성이 대두되는 것이다.

굳이 분류해 보자면 좋은 소리에는 사람의 심신을 안정시키는 노랫소리와 자연친화적인 소리가 있을 것이고, 영유아 아이들에게는 아빠

엄마의 목소리가 있을 것이다.

나쁜 소리에는 남을 험담하거나 욕 하는 소리가 있다. 우리는 소리를 분간할 수가 없다. 나쁜 말과 고운 말은 들었을 때 분간할 수 있지만 내가 말하는 소리를 분간한다는 의미는 나의 의지와 상관없이도 나쁜 말을 듣게 된다는 것이다. 나쁜 말을 듣고 '어? 이건 나쁜 말일 거 같으니까 잠깐 귀의 기능을 멈춰서 듣지 말아야지!'라는 사람은 단 한 명도 없을 것이다.

이렇듯 사람은 기본적으로 나쁜 소리와 좋은 소리를 분간해서 가려 들을 수 없기 때문에 결국 내가 하는 모든 말이 나비효과로 세상에 영향을 줄 수 있다. 사람은 소리에 영향을 받고 또 내가 내는 소리가 영향을 줄 수도 있다.

♡ 걸맞는 말과 소리를 내고 들어야

할아버지께서는 말씀하셨다. 부모는 부모에 걸맞는 소리를 해야 하고 어른은 어른다운 소리를, 아이는 아이다운 소리를 해야 한다는 말씀이시다.

할아버지께서는 세상을 바꿀 수 있는 것은 다른 것도 아닌 바로 소리라고 하셨다. 할아버지는 언제나 좋은 말씀뿐만 아니라 좋은 소리 그 자체를 들려주기 위해 많이 노력해 주셨다. 자연친화적인 소리가 우리에게는 선한 영향을 많이 주는 것처럼, 짹짹거리는 새소리가 우리에게 심신에 안정을 주는 것처럼 우리도 이처럼 좋은 소리를 내고 좋은 말을 해야 할 것이다.

요즘은 자연친화적인 소리가 인공적인 것에 묻혀서 들을 수 없을 때가 많고, 너무나도 바쁜 나머지 고운 소리를 들을 겨를도 없이 일상생활을 하는 경우가 허다하다.

소리는 고운 소리 또 나쁜 소리로 나누어 나에게도 영향을 미칠 수 있고 상대에게도 영향을 줄 수 있다. 더불어 나에게도 영향을 미치고 상대에게 영향을 미치는 것이 더욱더 커져 세상에도 영향을 실질적으로 미칠 수 있을 것이다.

♡ 선한 영향을 주려는 목적의 소리

좋은 소리를 내기 위한 마음가짐, 상대에게 또는 나에게 좋은 소리를 부여하기 위한 노력이 세상을 바꾸는 긍정적인 힘의 발판이라고 할 수 있다.

찰랑찰랑하고 청량한 파도 소리, 새들이 노래하는 새소리, 시원하고 가슴이 뻥 뚫릴 것만 같은 수많은 자연의 소리는 신이 인간에게 선한 영향을 주려는 목적의 소리다.

어쩌면 지구는 인간에게 기본적으로 고운 소리를 제공하는 것일지도 모른다. 우리는 이에 화답하듯 또한 세상을 선하게 바꾸기 위해 나도 잘 살고, 너도 잘 살고, 우리 모두가 잘 살고, 앞으로 나아가 후손이 잘 사는 세상을 만들기 위해 고운 소리를 들려주기 위해 노력해야 할 것이다.

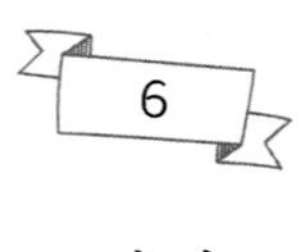

씨앗

KEYWORD

자세히 알지도 말하기도 어려우나 지구도 만들어진 씨앗이 있을지는 모를 일이다. 그러나 반드시라고 할 수 있는 것은 인간에게는 씨앗이 있어서 정자와 난자다. 씨 없는 과일도 없지는 않아 줄기나 뿌리에서 태어나는 경우가 그러한데, 거의 모든 생명체는 씨앗으로부터 발아해 성장한다. 그러나 씨앗인들 백이면 백, 모두가 싹을 내는 것은 아니고 다른 종의 먹이가 되기도 하여, 만 개의 씨앗에서 고작 몇 개만 태어나는 경우도 있다. 씨앗을 맺는 이유는 자기 종으로 존재하려는 목적이 된다는 것이 오늘의 공부다. 좋은 씨앗을 맺으려면? 이에 건강해야 된다고만 말하면 낮은 지식이다. 씨앗에는 정신(DNA)도 담겼기 때문이다.

♡ 지구의 모든 것은 씨앗으로부터?

씨앗… 씨앗은 보통 작은 모양새를 띠는데 그 작은 것이 물과 햇빛을 받아 큰 나무를 이룬다. 또 그 큰 나무가 다시 씨를 낳아 퍼뜨린다. 어떻게 보면 씨앗에서 시작하지 않는 지구 세상의 작물은 거의 없다 해도 무방할 정도다. 물론 암석 같은 경우에는 씨앗에서 발현해 커 가는 것이 아니니 지구의 모든 것이 씨앗으로 이루어져 있다고 말할 수는 없다. 하지만 나무 그리고 풀, 심지어 나 같은 사람들도 모두 씨로부터 파생된 생명체다.

혹시 계란이 먼저냐, 닭이 먼저냐의 논제에 갇혀 생각해 본 적이 있는가? 나는 이 물음이 상당히 고전적이고 단순히 해학적인 물음이라 생각했으나 공부를 하다 보니 상당한 고견들이 충돌하는 질문이었던 것이다.

♡ 닭이 먼저냐, 알이 먼저냐

논리 전개는 바로 이러하다. 핵산과 단백질은 풀 수 없을 만큼 서로 복잡하게 얽혀 있어 과연 '어느 것이 먼저냐'라고 하는 문제의 답을 찾는 것은 쉽지 않다고 한다.

닭이 먼저냐, 알이 먼저냐라는 것은 핵산이 먼저냐 단백질이 먼저냐라고 묻는 것과 같다.

검색해서 공부해 보니, DNA의 사촌이라고 할 수 있는 RNA도 염기 서열 형태의 유전정보가 있는 아주 복잡한 분자이다. RNA는 RNA에서 멈추는 것이 아닌 DNA에서 복제한 유전정보를 세포 내에 있는 단백질 합성 기관에 전달하는 역할을 한다.

그렇기에 우리 몸에서 다양한 기능을 주로 하는 유전 정보가 포함된 RNA와 DNA 둘 중 하나라도 없다면 아예 존재 자체가 불가할 것이다.

이렇다는 것은 핵산이 없으면 단백질이 있을 수 없는 것과 마찬가지이므로 단백질이 없으면 핵산 역시 존재할 수 없다. 이유인즉, 단백질이 하는 중요한 일 중 하나가 새로운 DNA와 RNA를 만드는 일이기 때문이다.

하지만 어떠한 과학자들은 최초 자체 복사 분자의 경쟁에서 RNA가 단백질을 이겼다고 주장하기도 하는데 무엇을 근거로 그런 주장을 하는지는 엄청난 고견이기 때문에 나중에 세포를 주제로 글을 쓰게 되면 더 자세히 쓰기로 약속하고.

딱 간략하게 정리만 해 보자면 데옥시리보핵산이라고 불리는 DNA의 유전 코드가 복제되어 유전정보가 세포에서 세포로 전달되는데, 그러나 DNA는 모든 진화의 씨앗이라고 하기에는 너무 복잡한 분자라고 한다.

따라서 과학자들은 DNA의 사촌이라고 할 수 있는 RNA가 생명을 시작한 분자라고도 생각하고 있다 한다.

한 과학자는 이렇게 말했다고 한다. "생명의 기원과 관련된 비밀은 초기 지구로 여행할 수 있는 시간 여행자만 밝혀낼 수 있을 것이다."라고 말이다.

이렇듯 생명의 요람이 된 환경은 파헤치기 어렵고 상당한 공부와 지식이 필요하기에 선뜻 나서서 말하기가 학생이고 배우는 나의 입장에서 이렇다 저렇다 할 입장은 아니라고 본다.

하여튼 우리 지구는 씨앗으로부터 파생되어 자라는 것들을 주요 구성 개체로 삼아 지구 환경을 꾸린다.

♡ 씨를 가장 많이 낳는 것은?

지구 환경에 속한 개체 중 가장 씨를 많이 낳는 개체는 무엇일까?

씨를 많이 낳는다니, 참 귀여운 표현이다. 씨를 많이 낳는 첫 번째 예로 나무가 있다.

나의 친할아버지 산소에 가면 산소 뒤쪽에 큰 밤나무 한 그루가 있는데 매번 산소에 들를 때마다 떨어진 밤이 수두룩해 몇 개씩 집어가야지 했는데 그럼에도 아직 못 다 주운 밤들이 많아 다음을 기약하며 발길을 돌리는 경우가 많았다. 위 사례만 봐도 나무가 낳는 씨가 참 많다고 볼 수 있고 곡식도 그러할 것이다.

생명을 가진 모든 생명체는 종족 번식의 본능이 있다. 몇몇을 제외한 모든 나무는 씨를 많이 만들어도 다시 나무가 되기에 많은 어려움이 있다. 할아버지께서는 한 그루의 나무가 다시 한 그루가 되는 것조차 어려울 때가 많다고 하셨다.

거북 역시 살 확률이 저조한데 그 이유가 알에서 깬 거북이 바닷가까지 엉금엉금 걸어가더라도 하늘의 맹수가 그 작은 거북을 쪼아 먹을 수도 있기 때문에 희박한 확률로 살아남지 못함은 동물의 왕국에서 보게 된다.

참 야속한 것이, 거북은 걸음걸이가 느리기 때문에 물속에서나 속도를 낼 수 있는데 독수리 등은 그 작은 아이를 뭐 먹을 게 있다고 쪼아먹는지 모르겠다. 그러나 동물은 그들만의 경쟁이 있다고 하니 존중하기로 하고.

♡ 사람의 씨

이제 사람 이야기로 좀 넘어가 보려고 한다. 사람 역시 정자와 난자라는 씨가 있어야만 사람을 잉태할 수 있다.

고등학교에 올라오니 가정 시간에 배우게 되었는데 여자의 경우 태어날 때 배란할 수 있는 난자 개수가 정해져 있다고 한다. 남자는 태어날 때부터 사정할 수 있는 정자 개수가 정해져 있지는 않다고 한다. 건장한 남자가 한 번 사정할 때 나오는 정자 개수는 약 5억 마리라고 한다. 가끔 정자의 생김새를 보면 선생님이나 학생들도 콩나물처럼 생겼다고 한다. 진짜 콩나물같이 생기긴 했는데 콩나물이 꼬리를 흔들면서 움직인다고 생각하니 좀 징그럽다.

근데 그것이 해 모양처럼 생긴 난자와 만나 결합해 나를 만들었다니 징그럽다고 하기에는 좀 애매모호하고 표현하기 참 어려운 게 정자와 난자다.

우리가 흔하게 표현하는 정자는 콩나물 모양새라는 말은 틀리지도 않고 올바르지도 않은 말이지만 동물 정자(포유류 포함)의 모양새를 딱 정의하는 말이 있기는 하다.

♡ 편모충류형?

바로 '편모충류형'이라고 부르는 모양새. 편모충류형 모양이다. 우리가 일반적으로 콩나물 머리와 닮았다는 부분이 바로 '두부'인데 이 두부의 모양새도 다양하단다. 구형, 원추형, 편평한 타원형, 나선형, 열쇠 모양 등으로 다양하다.

식물도 정자가 있는데 이 사실이 오늘 배웠던 것 중에 가장 놀랍고 충격적인 사실이었다. 식물의 정자 모양은 감자에 싹이 튼 것처럼 생겼고 또 다른 하나는 소라처럼 생겼다. 이 설명만 들으면 엥? 할 것 같은데 진짜 그렇게 생겼다.

궁금하면 한 번씩 찾아보기 바라면서, 그럼 왜 이번 글 주제에서 씨를 운운하는 것일까?

가만히 생각해 보자. 월경을 시작하는 여자의 경우 한 달에 한 번씩 싫어도 자기도 모르게 난자를 배란하고 있다. 남자의 경우는(잘은 모르지만) 밥만 먹으면 절로 정자를 만들어 낼 수 있다.

이렇듯 사람은 자기도 모르게 씨를 만들어 내는 씨 공장인 셈인데 이 씨앗이라는 게 좋은 생각을 하면 좋은 씨가 만들어질 것이고, 나쁜 생각을 하면 나쁜 씨가 만들어질 것이라는 할아버지 말씀은 나로선 아직도 수준이 너무 높아 어렵다.

이게 단순히 윤리적인 사상에서 생각해보면 '이거 그냥 단순히 윤리적인 방향에서 좋은 말 하고 좋은 생각 하라고 계도 차원에서 글 쓰는 거 아니야?' 이렇게도 생각할 수 있겠으나, 부부가 2세를 계획하기 위한 단계에서는 태교할 때처럼 좋은 생각을 하고, 운동하고, 음식 습관도 몸에 좋은 습관들로 물들이려고 노력하는 것이 이 같은 경우일 것이다. 이는 좋은 난자와 정자를 만들기 위함이다.

여자는 너무 스트레스를 받을 경우 월경이 미뤄지기도 한다. 이는 육체가 이런 상태에서의 씨 생산은 바람직하지 않다고 알기 때문? 나도 모르는 내용이다.

하여튼 여자만 봐도 외부나 내부 환경에 의해서 난자가 아예 배란을 안 하는 경우가 있으니 이 사례만 봐도 왜 우리가 좋은 생각을 하고 좋은 말을 해야 하는지 답이 나온 것이다.

♡ 씨가 좋아야만

좋은 씨를 만들어야만 그 씨가 무럭무럭 자라서 좋은 열매가 될 것이다. 물론 씨만 좋아서도 안 되지만 기본적으로 씨가 좋아야 무럭무럭 자랄 때 아프지도 않고 시들시들하지 않다는 게 나의 입장이다.

오로지 좋은 씨를 만들기 위해서 좋은 생각을 하고 좋은 말을 하라는 것도 아니다. 좋은 생각, 좋은 말, 좋은 태도를 지니고 살아가다 보면 언젠가 빛을 볼 때가 있을 것이다. 결국 지구 대부분의 환경을 구성하는 객체들은 씨앗으로부터 파생된 존재다. 그 씨를 더 청렴하고, 아름답게 만들기 위해서는 좋은 말을 하고, 좋은 생각을 하며, 좋은 환경을 만들어주는 것이 중요할 것이다. 만만치 않기도 하나 어쩜 우리 모두 노력하면 그리 어렵지 않은 일이라고도 본다.

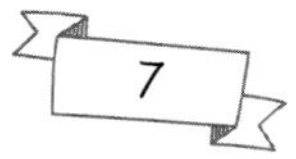

꽃/열매

이상한 일은 많은 사람이 꽃만을 좋다 한다. 응당 꽃보다 열매를 더 좋아해야 하는데 왜 꽃은 사랑을 받고 열매는 꽃보다 귀여움을 덜 받을까. 이에 받을 교훈이 있어 바로 꽃은 열매를 위해 핀다는 사실이다. 그럼에도 우리는 꽃으로 결론을 지어 열매는 무시하고 꽃병에는 꽃만 꽂아 열매는 뒷전이다. 문제는 이 같은 이치로 얼굴 단장은 곱게 하는 여자들이 시집은 안 가고 독신으로 사는 경우가 많다. 꽃이 왜 피는가의 목적을 생각해 보아야 한다. 열매는 왜 필요한 것이며 열매가 맺히려면 반드시 꽃의 과정을 거쳐야 한다는 뜻, 이게 꽃의 과정이며 열매가 결과라는 뜻이다. 그런데 세상은 지금 얼굴만 치장하니 문제가 있다.

♡ 꽃은 왜 예쁜 것일까?

꽃의 활용 범위는 방대한 것 같다. 무엇을 축하하는 의미에서 사용되기도 하고 누군가를 추모하거나 애도하기 위해서도 꽃이 사용된다. 꽃은 서로 모여 있어 조화를 이룰 때 예쁘다고 하지만 한 송이 그 자체로도 예쁜 것 그것이 바로 '꽃'이다.

꽃은 왜 예쁠까? 어찌 생각하면 참 무식한 질문이다. 꽃은 왜 예쁠까에 대한 답을 인간의 법칙 또는 자연의 법칙으로 풀어 설명하자면 아주 간단한데, 바로 '번식'을 위함이다. 공작새의 경우 상대 공작새를 유인하기 위해 예쁜 날갯죽지를 펼쳐 자태를 뽐낸다.

♡ 공작새의 날개 펴기

거의 짝짓기를 할 시기에 이러한 행동을 보이는데, 본인의 예쁜 자태를 이용해 다른 공작새를 유인하거나 이목을 집중시켜 짝짓기를 유도하는 현상이다.

꽃도 번식하기 위함으로 향기로운 향을 내며 아름다운 색깔을 낸다고 할아버지께서도 말씀하셨다. 앞의 씨앗을 주제로 쓴 글에는 나무가 개목(開木)을 하는 이유는 바로 씨를 퍼트리기 위함이라 하였다.

꽃 역시 자신의 아름다움을 강점으로 나비를 유인하려는 것이다.

바로 종족 번식을 하자는 것이 자연의 법칙에 걸맞는 목표일 것이다.

♡ 매개체는 번식을 도와

꽃은 스스로가 종족 번식을 할 수 있는 것이 아닌 나비와 벌 같은 하나의 매개체가 꽃의 번식을 도와주기 때문에 나비와 벌을 아름다움으로 유인해 종족 번식을 유도하는 것이라는 게 할아버지의 말씀이다.

꽃은 나비와 벌을 기다리는 것이 분명하다. 우리나라 속담처럼 비유로 이르는 말에도 꽃과 나비를 차용해 만들어 낸 문장이 있는데, 바로 꽃 본 나비라는 문장과 꽃 없는 나비라는 말이다.

꽃 없는 나비의 경우 그 풀이는 남녀 간의 정이 깊어 떨어지지 못하는 즐거움을 비유적으로 이르는 말이며 또한 사랑하는 사람을 만나서 기뻐하는 모습을 비유적으로 이르는 말이다. 또한 꽃 없는 나비라는 문장의 뜻풀이는 쓸모없고 보람 없게 된 상태를 비유적으로 이르는 말이라고 한다.

♡ 꽃 없는 나비

꽃 없는 나비의 경우는 제 할 일인 꽃의 번식을 유도할 수 없음으로 나비의 일생에서 보람 없게 된 것이나 다름이 없다.

나비 없는 꽃도 마찬가지일 것이다. 힘들게 개화해 종족 번식을 하지 못한다면 쓸모없고 보람 없게 된 처지일 것이다.

나비와 벌을 끌어들이기 위해 꽃은 그렇게 더 예뻐지는 것일까?

사람도 어쩔 수 없이 외적으로 이점을 가진 사람에게 첫 만남부터 끌리는 것이 당연하듯 나비와 벌도 비슷한 성격을 가진 것이 아닐까?

하니 또 다른 측면에서 볼 때 무언가 달라 보여도 생태계와 인간계는 밀접하게 연관되어 있는 것 같다. 자연의 법칙이 즉 인간의 법칙과 유사하다는 소리다.

다만 요즘에는 인간의 무분별한 개발 등으로 인해 자연이 파괴되면서 번식을 위해 사람이 붓을 이용해 인위적으로 씨를 맺혀 주는 작업을 거친다니 걱정되는 현상이다.

♡ 종자 번식

또 각종 식물이나 나무의 번식 방법에는 대표적으로 종자 번식이 있다. 종자 번식이란 식물체 역시도 일정한 연령에 도달하여 알맞은 환경 조건이 주어지면 생식기관의 형성과 발달을 가져오게 된다.

이와 같은 현상을 개화라고 하며, 수정을 통해 생긴 완전한 물체를 종자라고 한다. 이러한 자생식물을 감상하기 위한 가장 좋은 방법은 좋은 종자를 구해서 파종하는 것이라는데, 일반적으로 꽃이 피는 대부분은 종자 번식이 가능하다. 종자 번식은 묘목의 대량 방식이 가능하고 신품종을 육성할 수 있는 장점이 있다.

♡ 영양 번식

또한 영양 번식에 의한 식물체는 생장과 개화하는 습성이 종자 번식 식물에 비해 빠르다는 장점이 있다.

영양 번식은 세포분열에서 염색체가 그대로 증식되므로 유전적 형질이 모체와 동일하고 근본적으로 종자 결실이 어려운 식물에 이용할 수 있다는 가장 큰 장점이 있다. 그러나 영양 번식법은 대부분 조작이 번거롭고 종자 번식에 비해 대량 번식이 어려운 점도 있다.

번식이라… 인간도 꽃과 같이 번식이라면 번식을 한다.

할아버지는 꽃의 3가지 요소를 꼽아 말씀해 주셨는데 꽃의 3가지 요소는 바로 1. 색, 2. 향, 3. 기능이라고 하셨다.

이것을 다른 논점이 아닌 가장 기본이 되는 자연의 법칙과 인간의 법칙으로 보자고 한다면 꽃의 색은 사람으로 따지면 의상이자 인상이라 하신다. 꽃의 향은 사람으로 따지면 인품과 사람 됨됨이를 따지는 것이며 사람 인 자를 써서 '인향'이라고 하기도 한다.

마지막 꽃의 기능을 사람으로 따지자면 꽃의 최종 목표인 번식 즉, 사람의 번식을 뜻하는 것이다.

옛날의 경우 여자는 시집을 가 남자아이를 낳지 못하면 사람 대접도 못 받았다는 소리도 있었고 끝끝내 남자아이를 낳지 못하면 첩이 들어와 정실부인 자리를 뺏기는 경우도 허다했다고 한다.

♡ 나무가 커 가는 이유

현재의 사상에서는 비인간적인 사고방식이기는 하다. 여자는 아이 낳는 기계가 아니라는 말부터 시작하면 사람의 최종 목표를 번식이라고 치부하기에는 참 비윤리적인 사상이 아닐까도 싶다. 하지만 자연의 법칙으로 보아 나무가 커가는 이유가 씨를 퍼트리기 위함이고 꽃이 예쁘게 자라 나비를 유인하고 벌을 유인하는 이유 역시 종족 번식을 위함이다.

내가 말하려는 것은 생태계의 법칙인 자연의 법칙을 토대로 말했을 때 인간의 최종 목표는 바로 본인들의 번식이라는 것이다.

앞서 기재한 것처럼 인간의 법칙과 자연의 법칙은 유사점이 참으로 많다. 이러한 논점에서 인간의 최종 목표도 번식이라고 보는 것이다. 이러한 논리가 어떠한 사람은 불편할 수도 있을 것이다.

나 역시 자연의 법칙을 토대로 생각하지 아니하면 여자가 애를 낳아야 한다는 주장에 대해서는 극히 비관적이다. 다만 학문의 어려움이 있기에 더 파고들기는 아직 학생의 신분으로 어려움이 있다.

철학자들의 생각이 서로 다름에도 여러 문제가 제기되지만 모든 철학자의 말에 옳고 그름을 따질 수 없는 것처럼 인간의 최종 목표는 번식이다는 주장에 대해서도 옳고 그름이 없다.

♡ 사과는 왜 과육이 있을까

이것은 윤리적인 사고방식에 대한 나의 견해일 뿐이었고 글에 대한 주제로 넘어가 보자.

자, 물음 하나를 던지겠다. 사과는 왜 과육이 있을까? 단순히 사과나무가 씨를 퍼트리기 위함이라면 씨만 만들어서 멀리 퍼트리면 되는데 왜 굳이 귀찮게 과육을 만드는가?

할아버지께서는 이 물음에 대해 이렇게 답하셨다. '씨를 잘 뿌려달라는 것에 대한 수고비 또는 대가'라고 말씀하셨다(자연 상생과 공생의 법칙).

현대사회에서 품종 개량이 빈번한데 실은 나무의 입장에서 보면 씨앗을 멀리 퍼트려주는 동물에게 씨를 퍼트려주는 대신 맛있는 과육을 증정하며 잘 부탁한다는 것이나 다름이 없는데 그것도 모르는 인간들이 품종 개량이나 하고 있으니 나무 입장에서는 미치고 팔짝 뛸 노릇이다.

꽃은 대개 여자를 비유하는 말이며 아름답거나 멋진 사람을 이르는 말이기도 한데, 꽃과 우리 사람은 참으로 닮은 점이 많다.

꽃의 궁극적인 목표는 어떻게 종족 번식을 할 것인가 또는 어떻게 개화할까에 대한 고민과 목표일 것이다. 사람 역시 꽃과 같이 어떠한 옷을 입고 어떠한 말을 하고 어떠한 행동을 할지 마음에 드는 타인에게 잘 보이기 위해 노력한다.

할아버지는 꽃의 진짜 기능을 알아야 한다고 하셨다. 꽃은 예뻐서 종족 번식을 하기 위함이라면 사람은 예뻐서 무엇을 할까를 생각해봐야 한다. 여기서 예쁘다는 것은 단순히 외모가 출중해 비비(悱悱)하다는 것을 말하는 것이 아니다.

내가 인품이 좋은 사람이 돼서 궁극적으로 나에 대한 개발과 목적을 스스로 개척하는 것이 중요하다는 말이다. 또한 종족 번식이 우리들의 최종 목표가 아니어도 되고 아니라도 좋다. 내가 인품이 좋아서 무엇을 할 건지, 좋은 옷을 입고 무엇을 할 건지에 대한 목표를 설정하라는 말이다.

독자들도 꽃처럼 제각각의 목표를 세워보며 삶을 개척해 나아가는 것은 어떨까?

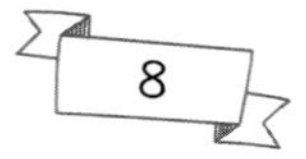

지구 안전과 안보

KEYWORD

국가란 안보가 무너지면 망한다. 안보와 안전은 다른 말이기는 한데, 가령 지구에도 안보가 있다면 이는 지구 안전의 문제다. 지구는 당연 안전하다. 지진이 나고 폭풍이 불어도 45억 년이나 안전하게 지켜져 왔다. 그런데 때는 지금 모두 지구가 불안하다고 언론과 학자들의 걱정이 큰 상태다. 청소년의 입장에서야 국가 안전보다 지구 안전이다. 아무 방책을 세울 수는 없지만 그래도 공부는 하고 알아두어야 하고, 물리적이고 실체적 대책을 세우기에 앞서 지식은 갖춰야 한다는 것이 교육을 받고 공부하는 학생의 자세이므로 오늘은 안전한 지구와 든든한 국가 안보에 대해 토론하고 글로 써 보기로 하자.

♡ 어려운 안전 공부

안전과 안보, 나에게 있어서는 상당히 까다로운 주제이다.

근래 들어 그런 것인지 몰라도 2020년 11월 현재를 기준으로 안전과 안보에 관련한 뉴스들이 빗발치듯 들려오기 때문이다.

할아버지께서 그러셨다. 사람들이 생각하는 삶의 영위 순서와 소위 말하는 인간의 본능은 1. 잠, 2. 식, 3. 설, 4. 동, 5. 지, 6. 돈이라고 하셨다.

할아버지가 말씀하신 인간의 본능 즉 욕구는 첫 번째 잠, 두 번째 먹는 것, 세 번째 배변 활동, 네 번째 운동(활동하려고 하는 욕구), 다섯 번째 지식, 여섯 번째가 돈이라고 하셨다.

♡ 1잠, 2식, 4설, 4동, 5지, 6돈…

우리가 잘 의식하지 못하기 일쑤지만 할아버지 말씀대로 사람은 누구나 어렸을 때부터 잠이 우선이었다. 무시할 수 없는 인간의 수면욕은 정말 졸릴 때면, 눈앞에 아무리 맛있는 음식이 있어도 잠이 우선이라는 생각에 음식을 멀리할 때가 많다.

이렇듯 인간의 수면욕은 삶을 통제하는데, 잠을 자고 싶다는 사람의 욕구가 해야 하는 일을 방해하고 감정을 모두 지배하기 때문이다. 나의 경험상 공부하거나 수행평가 제출 기한을 맞추기 위해 새벽까지 고군분투한 적이 있는데 꼭 그 다음 날이면 몰려오는 피곤함 때문에 꾸벅꾸벅 졸 때가 많다.

과장을 좀 보태 어떨 때는 반 친구 전체의 3분의 2가 엎드려 잠을 잘 때도 있다. 잠보다 중요한 것은 없다. 병원에서 가끔 처방받다 보면 충분한 수면을 취하라고 할 때가 많다.

♡ 잠보다 돈은 아니야

하지만 현대인들은 잠을 중시하지 않고 거꾸로 돈이나 다른 무언가를 취하려는 욕구를 잠을 자는 것보다 더 중요시 여기는 경우가 많다.

우리는 흔히 이것을 '자본주의의 노예'라고 말하는데, 정말 안타까운 현실이 따로 없다. 오늘 글 제목이 안전과 안보인 만큼 인간의 모든 것을 정상적으로 작동하게 하는 잠을 충분히 취하지 않고 생활하는 것은 우리 몸의 안전을 스스로 파괴하는 것이다.

어른들은 공부도 중요하지만 잘 먹고 잘 싸는 것 역시 중요하다는 말을 몇 번 들었었는데, 잠을 자는 것과 동일하게 중요한 것이 바로 배변 활동이다.

영화를 보다가 알게 된 사실인데 심지어는 왕의 변인 '매화'라 하여 변을 맛보는 내관도 있었는데 왕후장상의 건강을 확인하기 위해 굳이 변을 맛까지 보는 전문직은 동양에 존재해 왔으며 조선시대에도 이러한 의관이 역시 존재했다고 한다. 이들은 주로 매화틀에 담긴 임금의 매우를 색깔과 냄새, 맛, 분량, 굵기를 점검해 왕들의 건강 상태를 확인했던 것이다. 변은 건강 상태와 직결되는 것이었음을 오래전부터 알고 있었던 것을 보아하니, 잘 먹고 잘 싸는 것이 제일 중요하다는 말은 정녕 사실이다.

하지만 정말 놀라운 것은 이렇게 잘 자고 잘 먹고 잘 싸고 등등보다 더 중요한 것이 있는데 바로 0순위인 사느냐 죽느냐의 생사 문제다.

♡ 잠을 자는 이유

사람이란 숨이 멎으면 더 이상 잠을 잘 수도, 먹을 수도, 배변 활동

등을 할 수도 없다. 몇몇 사람들은 인간이 죽었다는 자체를 '영원한 잠에 빠져들어 영원한 휴식을 취한다.'라고 서정적으로 표현한다. 이렇듯 우리가 잠을 자는 이유도, 무언가를 먹는 이유도 생명 즉, 살기 위함이다.

모순되게도 우리는 살아가는 것이 아니라 죽어가는 것이란다. 하루하루 나이를 먹어가며 점점 퇴화하는 것들이 많지, 발전하는 것들은 몇 안 되기 때문이란다.

내가 생각하는 '인생을 살아간다는 것'의 정의는 영원히 죽지 않고 영생을 누리는 불사조들만 써야 어색하지 않은 문장이라 생각한다.

우리는 언젠가는 죽기 마련이고, 인간 모두가 죽는다는 사실을 생각해보았을 때 실은 우리가 살아가는 게 아닌 죽어가는 것이다. 아무튼 사느냐 죽느냐에 관한 문제는 사람에 따라 다르지만, 내가 생각하는 '인간 전체를 동시에 멸망시키는 사인'은 바로 전쟁인데, 역사 시간에 많이 듣고 배웠을 법한 전쟁으로 인한 인명 피해가 극에 달한다는 것을 모두가 알고 있을 것이다.

♡ 군대에 보내는 이유가 무엇인가

국방부와 군대가 있는 이유를 근본적으로 생각해보자. 왜 젊은 날의 청년들을 왜 일정한 나이가 되면 잡아가듯 군대에 입대시키는 이유가 무엇인가? 대답을 직설적이게 하자면 '전쟁' 때문이다.

솔직히 나는 전쟁을 경험한 세대가 아니라서 전쟁의 폐해가 얼마나 심한지 책이나 영상으로 간접적으로밖에 느껴보지 못했다. 우리나라의 가장 최근 전쟁이라고 한다면 1950년부터 1953년까지 일어난 북의 남침으로 야기된 6.25 전쟁이다. 할아버지 말씀에 따르면, 할아버지의 유년 시절에는 길거리에 굴러다니는 탄피를 주워 놀고는 하셨다고 한다.

현대에 자라나는 아이들 입장에서는 절대 해봤을 리 없는 경험일 것이다. 일단 전쟁이 났다는 건 안보가 무너졌다는 말이다. 하지만 전쟁은 사람이 일으키는 것이므로 이에 사람이 막는다면 막을 수 있다.

전쟁이 국가와 국가 간의 대립과 분쟁으로 인한 것이라면, 국가 간 많은 노력을 한다면 그 분열과 분쟁을 막을 수 있을 것이다. 이건 많은 노력이 필요하겠지만, 사실 막으려 한다면 막을 수 있는 문제다.

그러나 우리가 많은 노력을 쏟아 부어도 인간이 근본적으로 막을 수 없는 또 다른 문제로 안전이 있는데 생각해 보면 그중 으뜸은 다름 아닌 더 큰 '지구 안전'이다.

내가 이 글에서 말하는 지구 안전이란, 지구가 골병들어 일어나는 자연재해다.

♡ 지구가 골병들어

자연재해는 사람이 막기에는 방대한 범위와 막대한 피해가 있고 언제 어떤 무슨 일이 일어날지 모르기 때문에 언제나 관심을 가지고 자연재해로 인한 피해가 발생했을 때 얼마나 잘 대처할 수 있느냐가 관건이지, 아예 발생시키지 않을 것이라는 문제는 좋은 답을 낼 수가 없다. 자연은 인간이 다스리기에 너무 크기 때문에 참 많은 어려움이 있을 수밖에 없다.

앞서 서두에 썼던 여섯 번째 돈까지는 대처가 가능하다. 사람이 행할 수 있는 수준으로 잠을 해결할 수 있고, 먹을 것을 해결할 수도 있고, 배변 활동을 해결할 수도 있고, 활동하려고 한다면 할 수도 있고, 지식은 배워가며 쌓으면 되는 것이고, 돈은 생산 활동을 통해 벌면 되는 것이다.

지금 내가 당연하게 말해온 이것들이 현대에는 많이 어려워진 것이 사실이지만, 노력만 한다면 또는 천부적인 재능과 일명 '서포트'가 짱짱하다면 쉬운 노력으로 얻을 수 있는 경우에 속한다.

이상은 인간 스스로 모두 할 수 있는 영역에 속한다.

♡ 지구 안전의 중대한 과제

그렇지만 안전과 안보에 관련한 문제는 지식을 쌓는 등 안전과 안보에 대한 어려움을 배우면, 평생 숙제로 남을 전쟁에 대한 걱정거리와 지구 안전에 관련한 문제를 잘 풀어나갈 수 있을 것이다.

앞서 말한 것처럼 개인 스스로 또는 개인이 하나의 집단으로 형성되어 집단이 할 수 있는 영역 즉, 그 범위는 어디까지나 한계가 있다.

지구를 안전하게 지켜내려고 한다면 상당한 어려움이 있는 인간이기에 이를 배우고 지식을 넓히고 어떠한 사람은 연구하며 더 나은 삶을 만들어 나아가는 것이 지구 안전과 우리 안보의 대응책이 될 것이다.

인간이 할 수 있는 것에 한계가 있다면 그 한계를 배우려는 진취적인 태도를 지니지 않으면 안 된다. 누구에게나 한계는 있으며, 그 한계에 도전하는 사람이 특별한 사람임을 모두가 알고 있으나 지금도 안전과 안보에 대해 생각하고 연구하며 배우려는 사람이 차세대에 적합하고 정말 후손을 사랑하며 지구를 사랑할 줄 아는 사람이라고 말 할 수 있지 않을까?

지구를 아무리 사랑해서 환경 보존에 힘쓴다 하더라도 전쟁이 나거리가 황폐해지고 사람이 죽어 나가면 환경보전을 했다 할지언정 쓸모가 없어진다.

100% 전쟁이 안 난다는 말도 안 되는 수치로 국가 간의 사이가 좋고 아무런 문제가 없을 법한 유토피아 같은 상황이 만들어진다 하더라도 환경이 보전되지 못하면 아무런 소용이 없다.

먹고, 입고, 자고 등등 그것보다 안전과 안보는 상호 공존하는 문제이므로 우리가 이를 잘 배우고 이에 대한 지식을 넓혀야 할 것이다.

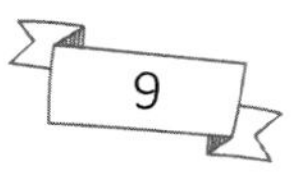

기후

사람은 지구에 사는 한 지구의 건강 상태가 어떤지를 알고 그에 맞게 사는 게 지혜의 으뜸이라고 보아도 된다. 오늘의 지구 상태가 어떠하냐를 안다는 것은 오늘 내 몸 상태가 어떤지를 아는 것만큼, 아니 그보다 더 중요한 삶의 대처가 된다. 이와 같은 지구의 몸 상태를 확인하고 아는 방법은 많지만 쉽고 제대로 아는 방법이 바로 날씨다. 이 때의 날씨는 좁은 개념이고 본질은 기후라고 보아야 하는데 기상학 용어인 기후의 기본은 춥고, 덥고, 비 오고, 바람 부는 것 등으로 누구나 다 절로 알지만 중요한 것은 사전에 '미리 아는 것'이다. 갑자기 알 땐 늦는 것이 기후이므로 기본이 되는 삶의 호흡과도 같은 기후를 공부하자.

♡ 날씨에 대한 관심

할아버지께서 말씀하셨다. 매일 그날의 일기예보를 보는 것이 참 중요하다고 말이다.

요즘은 굳이 긴 일기예보를 듣고 있을 바에야 휴대폰 하나면 비가 오는지 안 오는지 간단한 정보를 입수할 수 있으니 얼마나 편한 세상인가? 하지만 할아버지는 기상과 기후를 꿰뚫을 정도는 아니더라도 어느 정도 알고 있는 것이 지식이고 유익하다고 하셨다.

기상과 기후, 이 둘의 차이점은 무엇일까? 과학백과사전에 이르면 기후는 일정한 지역에서 장기간에 걸쳐 나타나는 대기 현상의 평균적인 상태를 이르는 말이고, 기상은 시시각각 변화하는 순간적인 대기 현상이라고 한다.

기후는 이 기상의 장기간의 대기 현상을 종합한 것을 뜻하는데 서양적 의미로는 지후(至厚)라고 하고, 동양적 의미로는 24절기와 72후(候), 시후(時候)의 뜻이 강하다고 한다.

따라서 기후는 지구상의 특정한 장소에서 매년 시간에 따라 반복되는 가장 뚜렷한 대기 상태의 종합 또는 대기 현상이 적분된 결과라고 한다. 즉, 기후는 장소에 따라 달라지지만 같은 장소에서는 일정한 것이 보통이라고 한다. 하지만 이러한 기후는 변동되기도 하는데 총 5가지가 기후 변동의 큰 이유다.

♡ 기후 변동의 큰 이유

첫 번째는 태양 에너지 자체의 변동이며, 두 번째는 태양 거리와 관련된 변동, 세 번째는 행성 공전에 의한 것이며, 네 번째는 지구상의 조석(해양-밀썰물 등) 현상에 의한 변동이다. 이어서 다섯 번째는 위성 간 공간 변화에 의한 것이며, 여섯 번째는 지구 자전의 변화에 기인하는 것이며, 마지막 일곱 번째는 인위적인 변화인데 이 인위적인 변화의 가장 대표적인 예는 환경오염 등이 있겠다.

학자들이 뽑은 가장 중요한 기후 변동의 원인 중 몇 가지를 언급하자면 이산화탄소가 급증하고, 대기 혼탁도가 심화됐으며, 해양오염의 영향도 기후 변동 원인이 되고, 무분별한 자연 개발 역시 기후 변동에 원인을 주기도 한다. 고공비행에 의한 운량 변화도 영향을 주고 오존층의 감소도 기후 변동에 영향을 미친다.

참 기후라는 것은 예민하고 예민한 아이 같다. 바위에 부딪히면 역풍이 생길 수도 있고, 자동차가 빠르게 달리면 무수한 매연과 함께 바람이 생기는 것처럼 지구가 시속 1,700Km로 자전할 때도 역시 바람이 생성된다.

♡ 시속 120Km로 달리는 자동차

자동차도 시속 120Km로 달리면 아찔할 만큼 빠른 속도인데 지구는 시속 1,700Km로 달린다. 일단 내가 시속 1,700Km로 빙빙 도는 지구 안에서 살아있다는 것이 이론적으로 신기할 따름이다.

하여튼 기후란 한 화합물이 여러 가지 원소의 집합으로 구성되듯이 어느 지점의 기후는 각종 요소로 구성된다. 여기서 말하는 기후의 각종 요소, '기후 요소'란 기온과 일사량 일조 시간과 강수량, 습도, 증발량, 운량, 바람, 기압이 기압형성의 중요한 요소가 되는데 참 많은 요소가 기후를 이룬다.

이러니 까다로울 수밖에 없는 노릇이다. 여차하면 기후가 붕괴되는 현상이 초래할 수 있다. 기후가 무너지면 말 그대로 지구 균형이 무너지는 것과 같을 것이다. 기후란 일정한 지역에서 장기간에 걸쳐 나타나는 대기 현상의 평균적인 상태이니 말이다.

우리는 경제 발전으로 인해 많은 과학적 혁명들이 우리 생활에 많은 이점을 주고 있다. 지금까지는 우리 삶에 많은 편리함을 안겨준 화석 연료 사용과 그 기능 등은 이제는 없어서는 안 될 하나의 존재로 낙인찍힌 셈이다. 하지만 이 과학적인 혁명과 화석 연료로 인해 기후가 점점 붕괴되고 있다.

♡ 왜 바이러스가 기후에 영향을 받을까

즉 지구가 붕괴되고 있다는 것. 끝없는 발병으로 인해 여러 나라를 휘청하게 만든 신종 코로나바이러스 감염증(코로나19)도 역시 기후의 영향을 받는 바이러스라는 것이 내 생각이다.

처음에 왜 코로나바이러스가 기후의 영향을 받을까 싶었는데 기후 요소에는 기온도 있고 일사량도 있고 일조 시간도 있고 강수량도 있고 습도 등등….

많은 사람이 알고 있을 법한 지식으로, 일단 바이러스는 더운 환경에서 더 번식한다. 코로나바이러스도 바이러스이니 무더운 환경에서 더욱더 활개를 칠 것은 분명하고, 현재 많은 산업화의 도입으로 인해 지구 평균 온도가 상승하는 추세임은 말 그대로 바이러스가 서식하고 번식하기에 딱 알맞은 환경을 인간 스스로가 만들어간다는 사실이다.

이렇게 비관적인 주장만 늘어놓는다면 우리는 뗀석기, 간석기 그 시대와 마찬가지로 불에 놀라고, 채집 생활을 하며, 돌로 무언가를 자르고, 서울에서 부산까지 기차를 타고 약 4시간이면 되는 거리를 며칠을 쉬지 않고 말을 타고 다니며 또는 죽어라 걸으면 되는 것이다.

사실 이렇게 산다는 것은 참 불편하다. 산업혁명을 맛본 인류가 더 이상 진보의 걸음을 걷지 말고 퇴보를 맞이하라는 건 과학적 혁명에 물들어져 있는 우리의 생활 양식을 생각하면 퇴보하는 것과도 같다.

역시 두 마리 토끼는 모두 잡을 수 없는 것인가? 기후가 붕괴된다면 우리 삶은 큰 위기를 맞을 것이다. 우리나라는 이러한 기후 변화에 대응하기 위해 수많은 노력을 기울이고 있는데 연합뉴스 보도에 따르면 환경에 대해 공부했다고 보이는 모 환경업체 대표는 산업화 이전과 비교해 지구 평균 온도가 1.5~2도 이상 오르지 않도록 온실 가스 배출량을 감축하기로 한 파리협정을 충실히 실천해 기후 변화의 위험에서 사회와 생태계 보호를 목표로 삼았다고 한다.

♡ 탄소 배출량을 0(제로)으로

파리협정은 많은 국가가 기후변화 대응에 앞장서 온실가스를 더 이상 배출하지 않겠다고 합의했으며, 우리나라의 경우 2050년까지 탄소 배출량을 0으로 맞추겠다는 문재인 대통령의 파격적인 선언이 있었다.

탄소 배출량을 0으로 만들기 위해서는 친환경 에너지를 더욱 더 활성화 시켜야 에너지를 창출해낼 수 있는데 고갈 위험이 적고, 친환경적인 에너지라 함은 풍력이나 조력 또는 태양열 등등이 있을 것인데 이 역시 기후가 파괴되고 붕괴되면 더 이상 희망조차 찾기 어려울 것이다.

기본적으로 기후가 붕괴됐다는 것은 태양 에너지 자체의 변동이 있었다는 소리이며, 지구 자전의 변화에도 기인하기 때문에 참 어려운 인류의 숙제가 아닐까 싶다.

이러니 이제 일기예보를 봐야겠다. 할아버지 말씀을 들어보면, 한국의 일기예보 송출 시간은 터무니없이 적은 데 비해, 일본과 미국은 5분에서 10분가량 송출하기도 하고 지구의 각 주요 도시와 해양, 대륙의 구름 사진까지 다 보여준단다.

우리나라는 왜 무지할까? 내가 기후라는 주제로 글을 쓰는 이유 역시 이것들을 모르면 대처 또는 미래 개발이 불가능하다고 보기 때문이다.

코로나바이러스가 우리 삶에 막대한 영향을 미친 것처럼 기후 변화를 단순하게 여기고 누군가가 다 해결하겠지라는 마인드로 간과하며 살아가면 그 누구도 이 현상에 노력을 기울이지 않을 것이다.

어쩌면 이러다 장차 코로나바이러스보다 치사율이 높고 전염력이 높은 더 막강한 바이러스가 우리 삶을 덮칠 수도 있을 것이다. 이런 것들이 기후 변화와 연관이 있다면 우리가 무조건적으로 필수 불가결한 절차처럼 해결하려는 노력이 필요할 것이다.

♡ 안정적 기후 상태가 파괴되어서는 안 돼

많은 국민이 단순히 휴대폰에 의지해 단편적인 정보를 믿고 살아가는 요즘, 잘된 삶이라고 해야 할지 아니면 무지한 삶이라고 해야 할지 어떻게 미사여구를 더 예쁘게 붙여야 할지 어렵기만 하다.

점점 사회가 발전하면 사람들은 똑똑해질 줄만 알았다.

물론 전보다 살기 좋은 시대가 왔지만 그와 모순되게 당연히 보호하고 지켜야 하는 환경과 기후는 점점 배척하게 되는 그런 바보 같은 사람들을 만들어 내는 산업화와 환경 문제란 참 복잡한 것 같다.

더 이상 지구의 안정적 기후 상태가 파괴되어서는 안 될 것이다. 언제 무서운 무언가가 우리 삶을 덮친다는 확률은 미지수다.

왜 우리는 위태위태한 삶을 살아야 하는가?

지구는 왜 우리로 인해 건강이 나빠져야만 하고 파괴되어야 하는 것일까?

이 모든 것이 아낌없이 주는 나무처럼 베푼 지구의 사랑이었다고 한다면 이제는 사람들이 되갚아 줄 때가 왔다.

기후 변화에 따른 환경 변화는 방대한 영향을 미치기 때문에 우리 모두가 관심 가져야 하는 문제다. 너무 많은 것을 알려고 할 필요 없이 첫 시작은 일기예보 시청으로 관심을 가져보는 것은 어떨까?

앞으로도 우리 후대에 하나의 숙제로 남겨질 기후 변화 그리고 기후 붕괴, 현재 차세대라고 말할 수 있는 우리가 나서서 먼저 문제를 해결하려는 노력을 보여야 할 것이다.

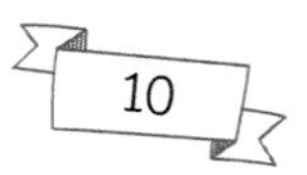

지구에 사는 민족

인류의 경우만 보아도 지구에는 수많은 민족이 살고 있어서 작게는 이를 부족이라고도 한다. 중국에만 50이 넘는 부족이 사는가 하면, 인구 숫자도 적어 기십 백 명에서 기천 명까지의 아마존 오지 부족은 그 수를 다 헤아리지 못해 TV에서는 오지 탐방 다큐멘터리를 자주 방송하기도 한다. 우리 대한민국은 단일민족이라는 게 자랑이다만, 이제는 다문화 가족이 되어가는 중이기도 하다. 미국처럼 수백 개 나라와 민족이 모여 사는 합중국이 아니지만, 이처럼 세상에는 각기 다른 유전자로 태어나 각자 다른 피부색이나 언어 풍습을 가지고 사는 다양한 인종이 각기 자기 종족들의 삶을 영위하고 있기 때문에 나를 알고 우리를 안다는 것의 저변은 지구에 사는 민족에 대한 이해와 지식이기도 하다.

♡ 민족의 구분

할아버지께서 말씀하시기를 민족을 구분하는 대표적인 것은 언어 풍습 또는 같은 지역에 사는 사람들로 구별하고 나아가 피부색과 문화로 민족을 구분 지을 수 있다고 하셨다.

민족이 되는 과정을 할아버지께서는 이렇게 말씀하셨다.

부부에서 하나의 가정으로, 그리고 가정이 대를 잇고, 이어 큰 씨족이 되고, 씨족이 부족 사회를 거쳐 부족 국가로 커가며 이것이 국가이자 나라가 된다는 것이다.

국가란 국민이라는 말을 들은 적이 있는데 아마도 이 말은 한 사람 한 사람이 만나 부부관계를 맺게 되고 점점 발전하는 인과관계가 결과상으로는 국가라는 큰 집단을 만들기 때문이 아닌가 싶다. 뭐, 어디까지나 제멋대로의 내 생각이지만 말이다.

그렇듯 나라를 구분 짓는 대표적인 게 언어인데 사실 이 기준도 상대적이고 모호한 것이 한 땅덩어리에 같이 살아도 언어가 가지각색인 경우도 있기 때문이다.

예를 들어보자면 라오스에도 50개 부족이 산다고 하고, 아메리카 합중국의 경우에는 각자 서로 다른 언어를 쓰며 그들은 서로의 문화를 존중하고 계승해간다.

♡ 민족과 부족

민족으로 세계를 나누는 데 다소 어려운 부분이 있다. 세계에는 아직 민족이라고 하기에는 조건이 맞지 않는 '부족'이 2~3만 개 정도라는데, 이 부족들을 배척하자니 그들 문화를 존중하지 않는 것 같고 인정하자니 너무 작은 규모의 집단이라 어떻게 지칭해야 할지 모호한 경우가 많다.

대부분의 인류학자는 민족을 가장 일반적으로 구분하는 기준은 언어와 종교지만 이 기준에 입각해 봐도 실제로 칼로 자른 듯 민족을 명확히 구분 짓기에 어려움이 있다고 한다.

어쩌면 이 세상에 알려지지 않은 부족이 많을 거라는 생각도 하게 되었다. (실제로 할아버지께서 있다고 하신다.)

하지만 가장 중요한 것은 스스로가 그 민족 구성원임을 인정해야 한다고 한다. 그러니 민족의 개념은 모호하고 상대적이기 때문에 보다 정확한 정의를 할 수 없다.

정확한 정의가 없다니, 공부에 어려움이 있는 것이 사실이다.

♡ 민족 공부는 무조건 어렵다

처음에 민족을 공부할 때 무조건 어렵다는 생각뿐이어서 어떻게 공부해야 할지 앞길이 막막했다. 공부하다 보니 내 시선에서는 무언가 특별한 관습이 있는 부족들을 보게 되었다. 계승되는 특수한 문화와 관습은 그들만의 문화와 관습이기 때문에 우리가 함부로 뭐라고 할 수 없다.

무어라 할 수 없는 이유는 우리의 문화와 관습 역시 타국민이 보기에는 이상하거나 괴짜 같다고 느낄 수 있기 때문에 서로 인정하고 포용해야만 민족과 민족 간의 상부상조가 원활하게 이루어질 수 있을 것이다.

하지만 도저히 눈 뜨고 볼 수 없는 관습이 존재하기도 한다.

이를 놓고 사람들은 이러한 문화와 관습을 인정해줘야 하느냐와 보편윤리에 어긋나기 때문에 인정할 수 없느냐의 논제로 아직까지도 언쟁이 있다. 그 대표적인 예로 몇 가지만 들어보자면 네팔의 쿠마리와 여성 할례가 있겠다.

앞서 말하지만, 이 관습과 문화를 감히 잘못됐다고 옳고 그름을 판단하는 것이 아니다. 학자들의 견해와 보편윤리의 사고, 발전한 현대 시대와 여성 인권이 선진화된 현 시대의 시점에서 글을 적는 것임을 독자 여러분이 알아주셨으면 한다.

가령 여성 할례의 경우 단순한 문화적 관습 때문에 여성의 생식기 일부를 절제해 손상을 입히는 행위 같은 것이다. 의료적 행위와 전혀 상관이 없으며 주로 여성 미성년자를 대상으로 열악한 환경에서 자행되는 경우가 많다. 빠르면 태어나자마자 바로, 늦으면 여성 할례를 자행하는 시기가 14세 경이라고 한다.

♡ 여성 할례

내가 알고 있는 상식선에서 여성의 생식기를 찢는 타당한 이유는 출산할 때 출산의 편의를 위해 회음부를 살짝 칼로 찢는 걸로 알고 있는데 이보다 더 심하게 아예 여성 생식기를 봉합하거나 절단하기도 한다.

이런 관례는 (자세히는 모르지만) 소말리아, 이집트, 에티오피아, 나이지리아, 아프리카 중동지역 29개국이 여성 할례를 진행하고 있으며 소말리아의 경우 90% 정도가 여성 할례를 진행한다고 한다. 60%의 소말리아 사람들이 여성 할례가 필요하다고 말한다는 것이다.

여성 할례의 기원은 정확히 밝혀진 바는 없지만 일부다처제가 보편적인 아프리카에서 남편이 모든 아내를 성적으로 만족시켜 주는 것이 쉽지 않기 때문에 아내의 외도를 막아 보려는 남성 우월주의 사회와 여성 인권 유린에서 비롯되었다는 의견도 있다.

남성 할례는 있지만 성경에도 없는 여성 할례가 우리가 보기에는 인식과 논쟁이 끊임없이 나타날 만한 문제점이지만 그들에게 있어서는 특정 지역(또는 부족)에서는 여성의 성적 욕망을 악마의 장난이라고 생각하며 여성을 악마의 접근으로부터 보호한다는 종교적 신념에서 할례를 자행하기도 하고, 아프리카 일부 지역에서는 4천 년이 넘는 오랜 관습으로 인해 할례를 받지 않은 여성은 결혼조차 할 수 없다고 한다.

정숙하며 순결한 여성임을 이 의식으로 증명하기 때문이라고 한다. 여성 인권 유린으로부터 구제되고 사회가 발전함에 있어 이러한 관습을 악습이라고 하며 국제사면위원회는 최근 여성 할례를 인권 유린으로 지정했다. 또한 UN은 매년 2월 6일을 세계 여성 할례 금지의 날로 지정해 보편윤리에 어긋나는 관습을 억제하기 위해 노력하고 있다.

♡ 쿠마리

또 네팔의 쿠마리는 살아 있는 여신으로 숭배되는 존재이며 산스크리트어에서 처녀를 뜻하며 카우마르야에서 비롯된 말로 처녀신을 뜻한다고 한다.

보통 초경 전의 어린 소녀가 초경을 할 때까지 역할을 맡는데, 쿠마리(살아있는 처녀신)가 되기 위한 조건도 무척이나 까다롭다. 32가지의 조건을 충족해야 하는데 이를 본 누리꾼들의 반응은 “사자 같은 가슴은 뭐고 또 다리가 부드러워야 한다는 건 만져봐야 아는 거 아니야? 그 어린애 다리를?”과 “선발 기분이 소아성애적 변태성을 신앙이라고 포장한 것 같다.” 등 부정적인 의견을 낸 사람의 글을 보았다.

UN에서는 쿠마리를 아동학대라고 분류하는 관습이다.

나이 불문 초경을 시작하면 여신 자리에서 물러나는 것이 대부분이고 때로는 유치가 빠지거나 상처를 입어 피가 나는 경우에도 신성함이 훼손되었다는 이유로 자리에서 물러나야만 한다. 살아있는 여신으로 지내는 동안 절대 걸어 다닐 수 없으며 집 밖을 나갈 수 없다. 또한 말도 할 수 없기에 쿠마리로 유년기를 보낸 어린 여성은 사회에 나가 어려움을 겪게 된다.

초경이 시작되어 쿠마리의 자리에서 물러나게 된 한 아이는 혼자 걷는 것조차도 어색했다며 전반적으로 보편적인 생활에 적응하는 것이 힘들었다고 한다.

게다가 쿠마리였던 여자와 결혼하면 남편이 일찍 죽는다는 터무니없는 속설 때문에 결혼하기도 쉽지 않아 쿠마리로의 유년기를 살았던 어린아이들의 미래는 그야말로 깜깜하다.

♡ 궁극적인 물음

그렇다면 궁극적인 물음을 한 번 제시해보겠다.

우리는 왜 이것들을 알아야 할까? 우리나라 국민끼리 똘똘 뭉쳐서 살기도 어렵고 다사다난한 요즘 왜 남의 나라 관습과 인권까지 신경 써야 할까?

앞서 말한 것처럼 문화가 달라 그에 따른 관습이 다른 건 당연할 거고 자연환경에 따라 생활 양식이 다른 것 또한 사실인데 왜 우리가 이런 것을 문제점으로 공론화 시켜야 하는 것일까?

단순히 모든 관습과 문화를 포용하면 되는 것 아닌가? 그렇다면 초래될 문제도 없을 것이고 일단 나부터 잘 살아야 맞는 게 아닌가? 내 처신도 똑바로 못하면서, 내 나라 처신도 똑바로 못하면서 내가 누구를 걱정하는 것이 과연 맞을까?

할아버지께서 말씀하시기를 풀과 그 자그마한 동물과도 공생하며 살아가야 균형이 맞는 세상이 만들어지는데 하물며 인간들끼리 상부상조하는 것은 당연한 것 아니냐는 말씀이다.

타국이 번영해야만 자국(自國)도 번영

지구촌이라는 말이 있다. 한 마을 한 울타리 속에 있음을 강조하는 단어인데 우리가 한 울타리 안에 있으면서 이런 문제에 무지한다는 것, 알고도 모른 척한다는 것은 문명 발달을 쇠퇴시키고 낙후시키는 것이다.

같이 살아가는 지구촌 사회이기 때문에 우리만 잘 살아서는 안 된다. 타국이 번영해야만 자국(自國)도 번영할 수 있다. 함께 살아가는 사회이기 때문이다. 정의로운 삶이 구축될 때 과연 조국도 번영하고 타국도 번영하며 모두가 행복하고, 문명의 발전에 있어 크게 기여할 수 있을 것이다.

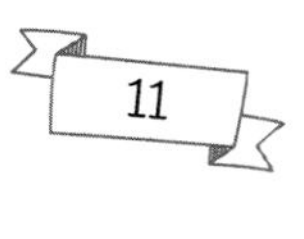

11 문명

원시인과 현대인이 있고 미개인과 문명인이 있다. 놀라운 건 동물 중 유난히 인류만 새로운 문명을 생각하고 도전하며 발전시켜 지금은 인터넷을 넘어서 첨단 문명의 상징이라 할 영상 시대에 와 있다. 영상 시대는 인터넷을 딛고 올라선 문명이지만 인터넷은 글자 발명을 딛고 올라선 것이고, 글자는 인쇄술로 발전되었고 인쇄술은 종이 발명과 활자에 의한 것이나, 그 이전에는 목간과 죽간에 글을 쓰다가 그보다 훨씬 앞선 구석기 신석기 과정에는 돌에 그림이나 글자를 새겼던 것을 볼 수가 있다. 무심코 배우는 글자와 인터넷은 전부 인류의 문명 발달에 의한 것으로 지구 유일의 문명개발 우수자는 인류다. 문명, 그 속내를 들여다보자.

♡ 살기 좋아지는 열쇠, 문명

사전적 의미를 읊어 문명이라 함은 본디 인류가 이룩한 물질적, 기술적, 사회 구조적인 발전, 자연 그대로의 원시적 생활에 상대하여 발전되고 세련된 삶의 잉태를 뜻한다. 할아버지는 이 말을 간단하게 '인류가 개척해 낸 것'이라고 표현하셨는데, 이런 인류가 만들어낸 최대의 문명이 바로 글자라 하셨다.

조선시대만 하더라도 여자는 교육의 폭이 좁아 글을 읽지 못하고 쓰지 못하는 사람이 글을 읽거나 쓸 수 있는 사람보다 확연히 많았을 것이며, 설령 남자라 하더라도 양반 자제가 아닌 사람 역시 글을 배울 수 있는 교육의 폭이 좁았다고 한다.

하지만 말이라도 통하면 다행, 글자가 없던 시대에는 돌에 그림을 새겨가며 상형문자라는 것을 주로 썼으며 대부분의 의사소통도 몸짓을 통해 소통했을 것이다. 얼마나 답답했을까?

♡ 글자 창제

이렇게 문명이 발전해 글자가 창제되고 글자를 통해 자필을 쓰며 인류의 문명이 크게 발전했다.

자필을 쓰는 도구에도 여러 가지 발전이 있었다. 처음에는 돌에 상처를 내 글씨를 새기는 방법이 있었고 점점 발전하자 죽간과 목간이라는 현재의 종이 같은 것들이 나와 먹과 붓으로 글씨를 써 내려가기 시작했다 배우고 있다. 말하면 길지만 그 후에 연필도 생기고 만년필도 생기고 후에는 등사판이라는 것이 나오고 곧이어 타자기가 나와 인간의 삶을 많이 바꾸었다.

신기하게 이처럼, 글자가 발전할수록 사람들의 문화 접근성도 용이해졌다. 사람이 시대를 거듭할수록 똑똑해져 간다는 소리다.

♡ 문명과 문화의 차이

글자를 읽을 수 있고 해석할 수 있으니 글자로 오목조목 쓰인 글을 보며 지식을 넓힐 수도 있고 글을 읽고 말하고 쓰면서 공부하기도 한다.

문명이 발전할수록 문화도 발전한다? 그렇다면 문명과 문화의 차이점은 무엇일까? 간단하게 사전적 의미로 보면, 문명은 인류가 창조해 이룩한 무엇인가를 뜻하고, 문화는 일정한 목적 또는 생활 이상을 실현하고자 사회 구성원에 의해 습득되거나 공유되거나 전달되는 행동 양식이나 생활 양식이라고 간단하게 서술하겠다.

문명과 문화는 둘 다 인간이 자연 상태에서 벗어나 물질적 또는 정신적으로 진보한 상태를 뜻한다. 위 단어는 사람에 따라서 같은 개념으로 쓰이기도 하고 구별하여 쓰이기도 한다는데, 자세히 말하자면 문화는 종교나 학문 또는 예술과 도덕 같은 정신적 움직임을 가리키고, 문명은 보다 더 실용적인 생산과 공업 또는 기술 따위를 물질적인 방향으로 이끌어가는 움직임을 뜻한다. 그렇기에 대개 문화를 정신화, 문명을 물질문명으로 분류한다 하면 딱은 아니겠다.

♡ 최대의 문명은 글자

내게 있어서 이 말은 문명이 지아비고 문화가 그의 자식이라는 것처럼 들리는데 과연 문명이 발전해야 문화 역시 진보할 수 있다는 가설을 설정하겠다.

인류가 만들어낸 최대의 문명은 글자다. 이 글자로 기본적인 소통은 물론 지식 습득을 할 수 있다. 글자를 모르는 사람은 문맹이라 불리며, 현재는 이 문맹이 있을까 말까 한 세상에 살고 있다. 타국의 글자를 차용하지 않고 자국의 글자를 고유하게 가진 나라는 우리나라를 비롯해 몇 없는 것이 사실이다. 사실 이 '문자'를 누군가가 만들어 내어 실용화가 되는 건 너무나 힘든 것이 사실이다.

세종대왕도 처음에는 28자를 만들었지만 옛 이응을 비롯한 현대사회에서 굳이 쓸모없다고 여겨지는 것들이 진보의 혁신을 걸어가며 삭제되고 없어져 24글자로 바뀌었다.

몇 년 만에 이렇게 변한 것이 아니라 몇백 년에 걸쳐 어렵사리 바뀐 게 사실이다. 아무튼 글자를 창제하는 것부터 어려움이 있는 인류 문명의 첨단이다.

만드는 과정과 배포 과정 역시 험난하였다. 지금 보면 차세대는 말과 글자를 신조어라고 하는 새로운 언어를 창제해 이른바 언어 파괴를 선동하기도 하는데, 가장 대표적인 예로 '야민정음'이라 칭하며 한글 자모를 모양이 비슷한 것으로 바꾸어 단어를 다르게 표기하는 인터넷 밈(형식)이다.

♡ '틀딱', '문찐'

댕댕이는 멍멍이, 띵작은 명작, 괄도 네넴띤은 팔도 비빔면이라는 뜻이 있다.

훈민정음을 야민정음이라는 어찌 보면 수치스러운 뜻으로 이름을 바꾸어 한글을 파괴하는 것이 아니냐는 의견도 분분하나 신조어를 모르면 일명 '틀딱', '문찐'이라고 하며 맹목적으로 비하하기도 한다. 심지어 비빔면 회사는 이 야민정음을 차용한 '괄도 네넴띤'을 아예 상표명으로 내세워 한정판 라면을 출시하기도 했다. 이를 본 누리꾼들은 점점 한글의 기본적인 자음과 모음의 원초적인 조합을 배척하는 게 아니냐며 비판적인 태도를 보이기도 했다. 하지만 과연 신조어를 쓰는 게 무조건적으로 나쁜 것일까?

사실 첫눈에 보기에도 알아듣기 어려운 신조어나 '야민정음'은 듣는 사람의 눈도 찌푸려질뿐더러 어른과 대화할 때 예의가 아님은 분명하다. 결코 무조건적으로 따라가서는 안 된다는 말이지만, 이를 완곡히 지양할 필요도 없다는 것이 내 입장이니 어른들에게 야단맞지 않을까….

만약 언어가 파괴되는 날이 도래했다면 그것은 누군가가 이 언어를 함부로 썼기 때문이 아니라 더 이상 누구도 이 언어와 글자를 사용하지 않고 재미를 느끼지 않는 그때라고 생각한다.

문명 아래 가장 완벽한 문자 한글이 가장 큰 위기를 맞았을 때는 너도 나도 함부로 막 쓰는 때가 아니라 누군가가 못 쓰게 훼방을 놓거나 천대하던 그때일 것이다. 훈민정음의 사용을 금기시하고 우리의 고유한 문명을 억압하던 조선시대와 같은 그때 말이다.

♡ 시대 문화로 받아들이며

신조어는 시대가 지나면 지날수록 '비유행기'를 거쳐 사라지는 것들이 많다. 지금은 별로 쓰이지 않는 '즐'이라든가, '캡짱'이라는 신조어는 청장년 기성세대에게 그릇된 신조어로 낙인 찍혀 차세대는 사용하지 않는 신조어가 되었다.

신조어를 무조건적으로 배척할 게 아닌 하나의 문화 즉, 한때의 시대 문화로 받아들이며 그 나라의 고유한 밈으로 인정하는 것은 어떨까? 새롭게 탄생되는 신조어 대부분은 그 시대의 열망과 풍속이 담겼기 때문이다.

그 뜻이 나쁠지언정, 우리 고유의 말로 하나의 밈을 탄생시킨 것이다. '인구론'은 인문계의 90%는 취업이 어려워 그냥 '논다'는 뜻으로, 이공계가 취업이 더 잘되는 사회현상을 비꼰 것이며, '복세편살'의 경우 복잡한 세상 편하게 살자라는 청춘의 열망과 희망이 투영된 신조어다. 그뿐만이 아니라 삼포세대 같은 사회를 비관적으로 생각하는 신조어 또한 많이 만들어지는 추세다.

앞서 말했듯 언어가 위기에 놓이는 순간은 다른 순간도 아닌 아무도 사용해주지 않는 그 순간일 것이다. 그렇다고 무지막지하게 신조어만을 쓰는 것은 소통불가를 야기할 것이다.

문명은 발달해야 하고 문화는 진보해야 한다.

우리 모두가 문명에 눈을 떠 스스로 문명 개척자가 되어야 할 것이다.

♡ 문명은 발달하고 문화는 진보해야

유튜브는 15살짜리가 2년간 만들어낸 웹페이지로 지금은 유튜브로 많은 사람이 재화 벌이를 하고, 즐겨보는 하나의 문화로 정착했다. 영상 시대가 도래하고, 문화가 점점 미디어 시대로 바뀌어 가며 과거와 비교해 많은 것이 상당수 진보한 경향이 뚜렷하다.

영상 시대도 우리가 따라가기 벅찬데, 다음은 어떠한 시대가 펼쳐

지게 될까? 또, 문명의 발전을 이루어내는 문명 선구자와 개척자는 누가 될 것인가. 우리는 이제 자연스럽게 이러한 것들을 고민할 시대가 왔다.

인류가 인공지능(AI)에 밀리지 않고 스스로 무언가를 만들어내는 생산적인 활동으로 무엇을 할 수 있을까라는 생각을 해 볼 때가 왔다는 것이다.

이러한 문명 개척자가 되어야 하는 필수불가결한 절차가 새로운 시대를 조급하게 맞는 모든 세대에 버거울 것이다. 나도 과히 그렇다. 하지만 더 이상 인류가 로봇에게 밀려 뒤처지는 일이 있어서는 안 된다. 우리 것은 우리가 스스로 지켜내고 만들어가며 발전해야 한다.

♡ 나는 어떤 문명 선구자?

이것이 후대를 위한 일이며 장차 나를 위한 일이다.

후대에게 자랑스러운 국뽕(국가정신/국가와 히로뽕을 합성한 말로 국가에 대한 자부심을 높여 부르는 신조어)을 물려줄 수 있을 것이다.

나는 어떤 문명 선구자가 될 것인가? 독자들은 어떠한 문명 개척자가 될 것인가? 꺼지지 않는 불씨처럼, 끝없는 아이의 물음처럼 인류의 숙제이자 개개인의 의무일 것이다.

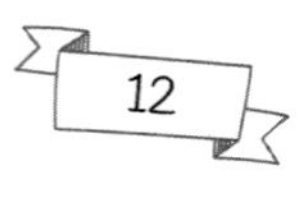

나라

사람은 국가라고 하는 나라의 틀 속에 산다. 이는 인구 숫자가 늘어남에 따라 모든 인류 삶의 토대가 필요하기 때문에 부족 국가에서 전제 국가로 이어오다 민주 국가가 되어 오늘에 이른 것이다. 그러므로 국가라고 하는 이 나라를 알지 못하면 교육은 누가, 어떻게, 왜 시키며, 우리는 왜 공부해야 하는가를 몰라 목적지 없는 항해와 같아지고 만다. 최소 단위 국가는 가정이지만 절대 단위 나라는 국가다. 이런 국가란 어떻게 만들어지고 어떤 조직으로 구성되는가? 청년은 누구이며, 학생은 누구고, 부부란 누가 부부로 정해주며, 가정을 이루는 가족은 누가 그렇다고 증거하느냐의 답이 바로 국가요 법이다. 국가는 법으로 세워지고 최상위법은 헌법이다. 나라와 헌법을 공부해 보자.

♡ 나를 증명하는 나라

할아버지께서 나라는 누가 세우느냐 물으셨다. 나는 얼버무렸다. 태조 이성계인가? 그러자 나라는 국민이 세우는 것이라고 하셨다.

오늘은 나라에 대해 배우고 글을 쓰게 된다. 나라를 체계적으로 질서 있게 세우고 잡아주는 것이 바로 법인데, 할아버지께서는 모든 것이 법 아래에서 세워진다고 하셨다.

나라는 기본적으로 국민들이 세금을 내는 것으로 유지되는데 아직 나는 세금을 실질적으로 내지 않아서 그런지 단순하게도 법의 저촉이 크지 않을 것이라 생각했다.

하지만 할아버지께서는 의외로 법으로 인정하고 법으로 증명하는 것들이 많다며 그 예시를 몇 가지 들어주셨는데 과연 이렇다. 부부는 사실혼 관계를 인정할 수 있는 민법을 통해 증명할 수 있다고 하셨고, 내가 대한민국 국민임은 주민등록법을 통해 발급되는 주민등록증 또는 청소년증으로 인증받을 수 있다고 하셨다.

도로 질서를 법으로 규정해놓은 도로교통법 역시 곳곳에 눈을 돌려 살피면 법과 저촉되지 않은 부분을 찾기가 어렵다.

♡ 나라의 조건

할아버지 설명을 들으면 들을수록 내가 생각하는 것보다 훨씬 많이 법에 노출되어있고 접촉하고 있다는 것을 알게 되었다.

나라, 즉 국가의 사전적 의미 역시 이렇게 서술하고 있다. 일정한 영토와 거기에 사는 사람들로 구성되고, 주권에 의한 하나의 통치 조직을 가지고 있는 사회집단으로 국민, 영토, 주권을 3요소로 필요로 한다고 한다.

여기서 쟁점은 주권으로, 주권은 게텔이라는 학자가 지적한 대로 절대성과 보편성, 영속성 및 불가분성을 지니며 이것이 일반 사회와 국가가 비교선상에 놓일 수 있는 차이점이라고 한다.

게텔이 쟁점이라고 말한 주권은 할아버지 말씀과 비슷하게도 주권을 국민으로 위임받은 국가는 영토 내 국민 및 물건을 일정한 질서 속에서 통합 또는 지배하기 위하여 권력을 발동해 정책을 실현한다는데, 간단하게 줄여서 법을 규정하거나 제정하는 것이 아닌가 싶다.

보통은 입법부에 속해있는 국회의원들이 법을 만들고 국회가 승인하면 법으로 규정되는 것이 대부분인데, 법을 만드는 국회의원 역시 법의 기준 아래 선출되며 권력을 사용할 수 있다. 만약 법이 잘못되었다고 생각된다면 헌법 소원 재판을 통해 이의를 제기할 수 있다.

♡ 헌법으로 세워진 나라

할아버지 설명을 듣다 보니, 우리나라의 가장 큰 법은 헌법(憲法)이며 그 아래가 법(法)이며, 그 밑은 법률, 시행령, 시행규칙, 조례라고 한다.

헌법이 제일 상위에 있으니 모든 법률이든 시행령이든 헌법에 어긋나는 법은 없을 것이다. 국가와 나라는 법으로 이루어져 있으며 국가와 나라를 운영하는 기본 방침도 바로 헌법이다.

우리나라 가장 큰 헌법이 무엇을 의미하는지 알기 위해서는 공포된 법을 가장 먼저 읽어보는 것이 우선이라고 생각했다.

그중 헌법 조항 몇 가지를 읊어보자면 헌법 제1장 1조 ① 대한민국은 민주공화국이다. ② 대한민국의 주권은 국민에게 있고, 모든 권력은 국민으로부터 나온다.

헌법 제1장 2조 ① 대한민국의 국민이 되는 요건은 법률로 정한다. ② 국가는 법률이 정하는 바에 의하여 재외국민을 보호할 의무를 진다.

가장 기본이 되는 제1장의 조항은 우리나라가 어떤 나라인지를 서술하고 있다.

헌법을 공부하고 있는데 갑작스레 든 의구심, '헌법은 누가 처음에 만들었을까?'였다. 찾아보니 답은 명확하지 않다. 세계 최초의 헌법이 고대 바빌로니아 제1왕조의 제6대 왕인 함무라비 왕의 성문법이라는데, 사실 성문법 역시 헌법 안에 속하는 것이라 이것을 세계 최초 근대적 헌법이라고 하기에는 부족하다.

물론 헌법이 뭐냐는 시각에 따라서는 대헌장이라 불리는 마그나카르타까지 올라갈 수 있지만 우리가 가장 먼저 떠올리게 되는 헌법 개념을 처음 만든 것은 미국의 버지니아 주 초기 헌법이라고 봐도 무방하다고 한다.

실제로 많은 학자가 1776년 6월 12일 버지니아 의회에서 만장일치로 채택한 버지니아 헌법이 오늘날 헌법의 시작이라고 주장한다.

♡ 헌법에 대하여

대한민국의 경우 최초로 만들어진 헌법은 '홍범 14조'와 광무개혁 때 선포된 '대한국 국제'의 의견으로 나뉜다. 그런데 할아버지께서는 대한민국 최초의 헌법 같은 것은 1898년 10월 13일 월남 이상재 선생이 쓴 헌의 6조와 상정부서라고 하셨는데, 이 법은 미국 형식을 본따

입법, 사법, 행정의 삼권분립을 기초로 한 현대식 민주주의 헌법의 시초라고 강력 주장하셨다.

수험적으로는 홍범 14조를 최초의 근대적 헌법이라고 보는데, 대한국 국제도 헌법적인 특징을 지닌다고 평가하는 경향이 있기에 대한국 국제도 최초의 근대적 헌법이라고 말하는 것이다.

현대와 같이 국회가 있던 시절이 아니라 홍범 14조도 대한국 국제도 국회에서 만들어진 것은 아니다. 그래도 다른 법률의 바탕이 되는 법률이라는 의미에서 헌법적 특징을 지닌다고 보기에 최초의 근대적 헌법을 홍범 14조라고 할 수 있다고 한다.

덧붙여 홍범 14조가 발표된 시점에는 아직 탁지아문을 탁지부로 바꾸지 않은 시점이라 탁지아문이라 표현했는데, 2차 갑오개혁 때 아문을 부 체제로 바꾸면서 탁지아문도 탁지부로 바뀌고 재정 일원화를 하게 되었다고 한다.

이뿐만 아니라 1948년 7월 17일 공포된 제헌헌법 이후 9차에 걸쳐서 현재에 이르렀으니 그간 우리나라에 발효됐던 실제 헌법은 참 많다. 수정되고 또 수정되며 사회상에 따라 바뀌기도 하고 삭제되기도 하며 법도 진보의 길을 걷기 시작했다.

안타까운 이야기지만 고등학생인 나도 법에 대해 자세하게 배운 적은 없다.

♡ '선택과목으로 법과 정치를 할걸…'

고2에 접어들고 선택 과목으로 법과 정치를 선택하지 않는 이상 딱히 법이나 정치에 대해 배울 기회가 마땅하게 생기지 않는다. 여담이지만 나 또한 법과 정치를 선택하지 않았다. 법과 정치는 엘리트 과목이라는 각인이 세게 박혀있어 내신 따기 어려운 것도 사실이고 많은 학생이 기피하는 것이 사실이다.

우리나라의 기본이 되는 법을 알아야 권리를 정당하게 내세울 수 있고 정확한 의무를 질 수 있는데 아쉬울 따름이다. 공부를 하면서 조금 어려워도 '선택과목으로 법과 정치를 할걸, 왜 기피했지?'라는 생각도 들었다.

법의 중요성을 잘 알지 못했다. 돌이켜보면 법의 중요성을 인지하기는커녕 범법행위를 했던 기억이 새록새록 난다.

예를 들면 무단횡단 하기? 인도에서 자전거 타기 등… 솔직히 말하자면, 이 글을 쓰기 전까지 법에 대해 사고하고 생각하는 게 전무했을 뿐더러 법은 법이요 나는 나로다 이런 생각뿐이었다. 뭐, 법이 나랑 무슨 상관이 있냐는 무식한 생각이랄까.

모든 어른이 그런 것은 아니겠지만, 법을 향한 어른들의 시선은 마냥 곱지만은 않다. 법으로 보장받는 것이 확실히 있음에도 불구하고 한 번의 헌법 소원으로 인해 약자는 법을 지키고 강자는 법이 지켜준다는 안타까운 말을 하는 것을 듣고는 했다.

♡ 국영수 공부도 좋다. 하지만,

만들어진 법을 누구나 다 호의적이게 따르지는 못한다.

국민 모두를 안심시킬 수도 없고, 모순적이게도 법에 의해 권리를 보장 받는 우리지만 법에 대해 모르는 사람이 허다하다. 할아버지께서는 이런 기현상을 참 안타깝게 생각하시고는 한다.

헌법에는 국민과 지도자들에 대한 의무를 적어놓은 법률과 조항이 많다. 그것들이 가장 이상적인 사회상을 그려내기도 하고 국민의 의무와 권리에 대한 구제를 보다 잘 받기 위해서는 법을 공부해야만 한다.

국영수 공부도 좋다. 하지만, 우리 삶의 기초가 되고 기반이 되는 것은 바로 헌법 이하 법들이다. 나 몰라라 하지 말고, 너무 깊게 파고들 필요 없이 정말 기본적인 것이라도 숙지할 수 있는 그런 현명한 국민이 되었으면 하는 바람이다. 나부터도….

미국

지구촌에는 200개가 넘는 국가와 6000개 넘는 부족이 산다. 국가들은 유엔(UN)이라는 국제연합 가입으로 자국의 권리와 의무를 지키고 누리는데 지금 수많은 나라 가운데 가장 영향력이 크고 부자 나라면서도 민주주의 모범국가라고 보아도 무방한 나라는 미국이다. 물론 땅은 미국보다 큰 나라도 있다. 그러나 미국은 특히 우리 대한민국과 친하기 때문에 가까우면서도 국제적 위상이 막강한 나라인데, 특별히 이런 미국은 교육이라고 하는 공부에 월등 앞설 뿐만 아니라 군사력 경제력에도 세계의 리더 국가라는 것이 현실이다. 그럼 대한민국은 어떠한가. 우리 중심에서 우리만의 눈으로 보기보다 선 중 후진 타국과 견주어 같이 보아야 제대로 보인다. 그럼 미국부터 공부해 보자.

♡ 가 보았던 나라, 미국

미국이라… 나는 2015년도 여름에 세종인성학당 학당생들과 학당장인 할아버지와 함께 미국 워싱턴 DC에 견문을 넓히러 간 적이 있다. 그때 난생 처음 비행기를 타서 기대 반, 기다림 반 장장 이틀 되는 시간이 걸려 미국에 간 적이 있다.

가던 중 경유로 갈아탈 비행기도 놓쳐보고 비행기에서 아빠가 선물로 주신 가방을 조심성 없게 잃어버린 기억도 새록새록 떠오른다. 미국에 막 도착했을 땐 어둑어둑한 밤이었고 장시간 비행으로 피로가 쌓여 주변 경관을 볼 틈도 없었다. 꾸벅꾸벅 졸며 차를 타고 이동하는데 스치듯 지나가는 미국의 첫인상은 한국과 다를 것이 없다였다.

그 이유는 미국의 도로교통 표지판이 한국과 똑같은 색과 비슷한 모양새로 별다를 게 없어 보였기 때문이다 어느 나라를 가든 나무는 푸르고 아스팔트는 대부분 회색임을 인지하지 못한 채 '아, 사람 사는 거 다 똑같네?'라고만 생각했다.

♡ 고층 건물이 보이지 않던 워싱턴 DC

미국 역시 나무도 푸르고 아스팔트도 회색이라는 이유만으로 한국의 고속도로 풍경과 다른 게 없어 이상하게도 두 국가가 다르다는 괴리감보다는 포근함이 먼저 들었다. 아직까지 내가 한국 반대편에 있다는 게 실감이 안 나서 그런가. 하지만 차가 달리면 달릴수록 한국의 도식화된 풍경과는 다른 모습에 점점 놀라웠다.

가장 첫 번째로 아파트 같은 고층 형태의 주거시설이 없다는 데 충격 아닌 충격을 받았다. 멀리서 봐도 웅장함이 느껴지는 집을 봤는데 처음에는 한국의 백화점처럼 여러 브랜드를 모아놓은 드롭 스토어가 아닐까 생각했다. 후에 사람이 사는 부잣집이라는 소리를 듣고 얼마나 충격받았는지 아직도 그 여운을 상상하면 소름이 돋을 정도다.

그보다 미국 가서 한국과 다르다고 느낀 가장 큰 부분은 바로 언어였다. 집이야 뭐 한국도 농촌에 가면 고층 주거 시설보다 주택이 많으니 그럴 수 있다고 치지만 6년 전 12살의 나는 언어 장벽으로 아이스크림을 사고 싶어도 소통이 마음대로 되지 않으니 답답할 뿐이었다.

♡ 막막했던 미국 생활

박물관 기념품 매장에 들어가도 도통 달러가 한화로 얼마인지도 모르겠고 또 왜 이리 미국 물가는 한국보다 비싼지 가격을 듣고는 기념품을 그 자리에 그대로 놓고 아쉬움을 뒤로한 채 떠났던 기억이 난다. 너무 뻔한 이야기 아니냐는 사람도 있을 것이다. 미국과 한국의 언어가 다른 건 유치원 아이들도 아는 사실일 테니 말이다.

이젠 고등학생쯤 됐으면 미국이 민주주의의 선진국이고 무엇보다 자유를 열망한 선진국이다, 이런 소리부터 해야 되는 거 아니냐는 사람도 있을 것이다.

물론 그 이야기도 할 거지만, 12살의 내가 직접적으로 느낀 점은 언어의 장벽과 음식이 다른 것 그리고 한국은 도보로 걸어갈 수 있는 동선이 많은 데 비해 미국은 차가 없으면 대부분 이동이 어렵다는 것이었다.

미국 가서 민주주의를 몸소 겪어봤다는 건 가식적인 경험담일 것이다. 한국도 민주주의 국가인데, 민주주의를 미국 가서 몸소 체험했다니, 얼마나 가식적인 여행 경험담인가? 그렇다면 왜 사람들은 다른 것이 언어일 뿐이고, 먹을거리이고, 물가가 조금 더 비싸다는 것이고, 가장 큰 차이라고 한다면 문화 차이인데, 사람들은 굳이 이 어려움을 무릅쓰고 왜 비싼 돈을 들여서 미국으로 유학을 갈까?

♡ 무한대의 돈이 필요한 나라

드라마를 보면 예체능 전공 학생이라든가, 교수로 임용되기 위해 박사 학위를 받는 사람들 대부분은 미국 유학을 다녀왔다는 설정이 있고 유학 중 남편 또는 부인과 떨어져 사는 모습을 그린다.

굳이 미국? 영어는 필리핀도 사용하는 언어 아닌가?

할아버지 말씀에 따르면 미국으로 유학을 가기 위해서는 1년에 1억 정도를 가져야 그나마 살 수 있다고 한다.

1억 원의 경우는 최하 선이고, 많을 경우 1년에 2억 원 정도는 들어야 된다고 한다. 2억이라, 30살 될 때까지 빠듯하게 적금 들고 돈 모아도 1억 원을 모을까 말까인데 1년에 2억 원씩 유학에 소비한다는 것은 실로 쉽지 않은 일이다. 그럼에도 불구하고 굳이 미국으로 유학을 가는 이유는 바로 미국이 교육 선진국이기 때문이란다.

교육만이 선진국일까? 천조국의 기상이라는 말이 있을 정도로 미국의 힘은 막강하다. 찾아보니 GDP는 세계 1위 21조 4,277억 달러이며(한국 GDP 1조 6,463억 달러), 토지 면적은 9억 8,315만 1천*ha*로 세계 3위다. 인구 역시 3억 3,291만 5,074명으로 세계 3위다. Top 3에 모두 드는 막강한 선진국이다.

현재에만 미국이 선전국일까? 아니다. 승정원일기를 찾아보면 미국의 위상이 현재와 다르지 않음을 알 수 있다.

♡ 한미 과거와 현재

고종이 보빙사 민영익에게 "미국의 부강함은 천하제일이라는데, 경이 지금 눈으로 보니 과연 그러하던가?"라고 묻자 민영익은 이렇게 답했다고 한다. "그 나라는 곡식을 생산하는 땅이 많고 사람들이 모두 근면성실합니다. 그래서 상무(商務)가 가장 왕성하니, 다른 나라와는 비교가 되지 않습니다."라고 말이다. 실제로 승정원일기 고종 21년 갑신(1884) 5월 9일(계미)에 작성된 내용이다.

미국은 신이 축복을 내린 국가라고도 한다. 한국의 경우는 위태로운 지리적 특성을 해학적으로 풀어낸 말인 '단군 할아버지 부동산 사기 맞았다'라는 소리까지 나오는데 말이다.

또, 의외로 석유도 많이 나고(2018년 세계 1위) 또한 역사적으로 바다 접근성에서도 압도적이다. 배타적 경제수역 면적 세계 2위에 태평양과 대서양에 활짝 열린 엄청난 해안선이 있다. 경쟁국인 러시아나 중국의 경우 몇몇 전략 지점(해협, 섬)이 막히면 대양 접근성이 크게 떨어지는 걸 보면 정말 복 받은 나라라고 할 수 있다.

치안 빼고 모자란 게 없는 나라라고 할 정도로 막강한 기술력과 교육 시스템의 우위를 보여준다.

오죽하면 강남 8학군 엄마들은 유학 가고 안 가고를 아이들의 수준을 판가름하는 기준으로 삼아 아이들에게 유학, 그것도 무조건 '미국'을 보내려는 심정이 크니 이걸 안타깝다고 해야 할지 고민이 많다.

♡ 미국도 식민지로 지배를 받았던 나라

미국은 과거 식민지였음에도 불구하고 경제 성장력이 단기간에 크게 발전한 국가이기도 하다. 그리고 초대 대통령과 예하 사람들도 평화의 상징인 민주주의를 위해 헌신한 것을 생각하면 그때 그 당시나, 지금이나 미국은 깨어있는 국가가 아닐까 싶기도 하다.

미국의 1달러짜리 지폐에 나온 미국의 초대 대통령 조지 워싱턴은 민주주의를 열망했고, 토마스 제퍼슨은 독립선언서를 작성했다고 배우고 있다. 대부분 근대 민주주의의 뿌리는 미국이라고 주장한다. 실로 그도 그런 것이 조지 워싱턴의 별명이 민주주의의 아버지다.

우리나라는 현재 교육과 관련해 많은 노력을 기울이고 있으나 미국에 비하면 아직도 멀다는 게 할아버지의 말씀이다.

미국도 현재 마찬가지지만 코로나19로 교육 체계가 붕괴된 현실에 놓여 있고, 교육 시스템 자체가 정말 터무니없이 어렵고 쓸모 없는 내용들로 득실하다는 것도 할아버지의 말씀이다.

♡ 꼭 필요한 공부보다는…

정작 대학 진학을 위해서만 전전긍긍하며 공부하는 실생활이 조국의 번영을 위해 공부하는 것과 거리가 멀다는 점에서 미국에 비하면 아쉽다는 논리다.

미국이 선진국인 이유는 별다를 게 없다. 내가 생각하기로는 자라는 미래의 희망 청소년 또는 아이들의 교육 시스템 자체가 다른 국가와 다르게 혁신적인 것에서부터 시작되는 것이 아닐까 싶다.

우리나라가 번영하고 크게 성장하려면 경제 성장의 선두를 달리는 선진국을 배우는 것이 가장 급선무일 것 같다. 어찌 보면 한국이라는 작은 면적의 국가에 갇혀 있는 것은 말 그대로 우물 안 개구리일 터, 하지만 작은 면적의 한국이지만 경제 성장력과 기술이 퇴보하라는 법은 없다.

작은 고추가 맵다는 속담처럼 질 좋은 국가의 장점을 배워 우리나라에 대입 시키는 것이 경제 성장과 조국 번영에 큰 이바지를 할 것이라고 생각한다. 무조건적으로 미국을 신처럼 받들며 모시면서 미국 따라쟁이가 되라는 것이 아니다. 질 좋은 국가의 장점을 생각해 보며 우리나라의 현재 상황은 어떨까 비교하며 발전의 혁신을 걷는 것이 필요하다는 생각이다.

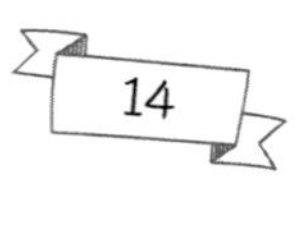

일본

KEYWORD

과거 우리는 일본의 침략으로 36년이나 식민지의 서러움을 받아 일본이라면 누구나 인상을 찌푸리고 싫어한다. 대표적인 게 종군위안부 징발인데 이건 드러난 것이지만 실상은 언어 말살과 교육받지 못하게 했던 것부터 양곡 수탈과 징용, 물질적인 측면의 늑탈 못지않은 정신적이고 역사적인 측면에서의 침략은 이루 말할 수가 없다. 일본을 공부해 보면 과거 힘없고 못 배운 것이 어떤 결과를 가져왔는지를 알게 되어 이웃이지만 원수 같은 일본이라는 생각보다 가져야 할 민족 정신과 지식을 배우고 기술과 힘을 길러야 한다는 한을 풀 방도를 생각하게 되어 그냥 싫다고만 할 게 아니라 배워야 한다는 의지 등 돌아볼 게 많다.

♡ 책으로 본 일본이라는 나라

할아버지께서 일본에 대해 아는 것을 말해보라고 하셨다.

나의 대답은 '가깝고도 먼 나라 아닌가요?'라고만 대답할 수밖에 없었다. 사실은 일본에 대해 아예 모른다. 우리나라와의 끈질긴 악연이 있는 것을 제외하고는 아무것도 모르는 백지 같은 상태였다.

할아버지께서 집필하신 《민족의 스승 월남 이상재》 제2권을 보면 독립운동가 이상재가 일본에 대해 이렇게 표현한다. "양육강식은 악이 아니라 정의이며 그것이 그들의 인격이고 찬양 거리입니다.", "가뿐가뿐 인사도 잘하고 사교술도 참 좋습니다. 사람을 녹이는 재주가 뛰어납니다. 허나 일단 사정권에 들어온 사슴이라면 절대 놓치지 않습니다. 하여 등 뒤에 비수를 꽂습니다."라고 말이다.

사무라이 정신으로 다져진 일본, 무력한 조선을 상대로 침략을 일삼던 일본은 현재까지 '우리나라와 가깝지만 먼 나라'라는 관용어가 꼬리표처럼 붙어 다닌다.

이 말인즉 지리적으로는 가까우나 심리적 · 정신적으로는 다소 긴장 관계에 있는 양국 상황을 함축한 관용어라고 하는데, 실제로 일본과 한국은 물리적으로 대한해협을 사이에 두고 매우 가까이 위치해 있다. 또한, 부산광역시 사하구와 나가사키현 쓰시마시를 잇는 거리는 불과 40Km(세종부터 대전까지 거리)밖에 되지 않는다.

♡ 가까운 이웃인데 왜 저럴까

부산에서 날이 좋으면 실제로 나가사키현 쓰시마시를 볼 수 있다고 한다. 신기하다….

한국과 가장 가까운 국가가 어디냐 묻는다면 정답은 '일본'이다. 아파트로 따지면 이웃 주민과 같은 격이다. 그렇다면, 북한은? 북한은 국제법상 한국과 하나의 나라이자 휴전선을 국경으로 맞댄 사실상 가장 가까운 나라가 맞으나 북한을 나라라 부르지 않고 국가가 아닌 한반도 이북 영토를 불법 점거한 단체로 간주하기 때문에 한국과 가장 가까운 나라를 북한이 아닌 일본으로 여기는 것이다. 일본은 과거부터 우리나라와 악연이 참 많은데, 할아버지께서는 과거를 크게 4가지로 분류한다고 하셨다.

그 기준은 고대(고려 이전)와 중세(고려 말~조선), 근대(조선 말~대한제국), 현대(해방 직후~현재)까지. 고대에는 당시 왜구라고 칭했던 오랑캐가 땅을 함부로 겁탈하였고, 중세에는 임진왜란이 일어나 군사적 · 경제적으로도 큰 어려움을 겪게 했다.

신기하게도 우리나라는 타국을 의도적으로 쳐들어간 적은 한 번도 없는 나라다. 일본은 우리나라에 쳐들어와서 눈에 뵈는 것 없이 사람이고 곡식이고 문화재고 수탈을 일삼은 나라다.

♡ 서양 문물을 일찍 수용한 일본

문화재 수탈의 잔재로 남은 것은 바로 일본에서 꽃을 피운 백제문화로, 할아버지께 어떠한 수탈의 잔재가 남아있나 물어보니 일본의 국보 1호(반가여래입상)가 바로 백제인이 만들었다고 보아도 될 문화재라고 하셨다.

싸우다 보면 미운 정도 들 텐데 왜 현재까지 일본과는 아직도 불편한 관계일까. 미운 정도 들 사이가 못 될 만큼 앙숙의 관계일까?

현재 일본은 경제 대국으로 크게 성장했다. 그 이유는 서양 문물을 빠르게 받아들인 것이 가장 큰 이유라고 하셨다. 일본은 분명한 명분, 방향성(화혼양재, 급진 개혁), 추진력을 지니고 개혁을 시도한 반면, 조선은 꽉 막혀 현실을 받아들이지 않고 뒤늦게 크게 당하고서야 불리한 조건으로 개항을 시도한 것이 두 나라의 운명을 갈랐다고 보는 의견이 있다.

조선은 그에 비하면 서양과의 직접적 교류는 아예 전무했으며 당시 조정은 왕실 외척에 시달려 제 기능을 하지 못했다. 단적으로 일본은 이미 서구와 직접적 교류를 통해 외교 경험을 쌓아오며 경제뿐만 아닌 일본 사회 전반적 새로운 문호를 개방했던 것이다.

♡ 서양 문물을 늦게 수용한 우리나라

할아버지께서는 그 당시 흥선대원군의 쇄국 정치가 조선의 직접적인 문명 발전을 몰락하게 했을 거라고 주장하셨는데, 할아버지께서 말씀하시기를 흥선대원군은 서양 문물을 더럽다고 표현했다고 하셨다. 실제로 흥선대원군은 세도정치를 타파하고 각종 개혁을 시행하며 내치에는 힘을 썼지만 권력의 중앙집권화에 너무 신경 쓰느라 서양에는 거부적인 태도를 드러냈다. 그렇다고 흥선대원군이 아예 처음부터 반대한 것은 아니다. 흥선대원군이 대외 개방을 염두해 천주교 신자를 통해 프랑스와 접촉을 시도한 흔적은 남아있으나, 두 번의 양요와 오페르트 도굴 사건을 겪으면서 쇄국 정책이 정점에 이르렀다.

그의 아들인 고종과 고종의 아내인 중전 민 씨가 직접적 개발의 주춧돌이 되었음에도 불구하고 일본의 명치유신보다 13년이나 늦춰진

조선 말기 상황은 걷잡을 수 없이 발달이 낙후된 상황이었다.

여기서부터 일본과의 경제적인 차이가 심화되었던 것일까. 공부를 해 보니 현재 일본의 GDP는 5조 817억 6,954만 2,379.8달러다. 1조 6000억 원 대인 한국과 비교하면 몇 배에 달하는 수치다. 뿐만 아니라 일본은 경제 문화적으로 선진국이며 일본의 엔화는 유로와 함께 기축 통화로 인식된다. 기축통치인 달러를 포함한 세 개의 통화가 세계 무역 결제 통화량의 9할을 차지한다.

♡ 경제적 격차를 줄여야 한다

GDP는 미국과 중국에 이은 세계 3위이며 PPP(민관합작투자사업)는 세계 4위다. 그뿐만 아니라, 주요 선진국 회담인 G7의 유일한 동양 유일 회원국이며 세계주식시장은 세계 3위다. 왜 이리 일본이 거머쥔 권력이 세고 많은지, 아시아를 타이틀로 설립한 아시아개발은행(ADB)의 주도국이자 설립국인 일본은 군사력 세계 5위에 진입할 만큼 막강한 힘을 보유하고 있다.

학교에서 배우는 일본은 우리나라를 수탈한 나쁜 국가라고만 배웠지 일본이 얼마나 강대국인지는 알려주지 않고 있다. 이러니 자연스럽게 일본에 무심할 수밖에 없다. 하긴 자기 나라 실정도 모르는 판국에 남의 나라 실정까지 꿰뚫어 보는 건 어려운 일이기는 하지만 말이다. 나 역시도 일본에 무식하고 무지했던 게 사실이다. 이 글을 쓰기 이전까지 일본이 어떠한 나라인지는 자세히 몰랐으니 말이다.

할아버지께서는 현재 일본과 한국의 국력 차이가 10년 넘게 차이가 난다고까지 하셨다. 아니, 의문인 것이 우리나라는 과거에 미국에 가는 편도가 마땅치 않아 일본으로 유학 가 많은 것을 본받고 갑신정변 때도 형식을 지향하며 근대화를 추진하려는 동태가 컸는데 어찌 수십 년이나 국력 차이가 날까. 물론, 갑신정변은 삼일천하로 끝났지만 말이다.

실제로 우리 생활에 현재까지도 녹아든 일본 문화의 잔재는 아직까지 여전한데 왜 국력과 돈의 차이가 명확하게 드러날까?

♡ 한일 관계, 나아질 기미가 잘 안 보여

초중고 학교의 수업 진행 방식 역시 일본의 잔재이자 예전의 소학교(현재는 초등학교라 불림) 또한 우리 교육의 시초 역할을 하기도 한 것이 사실이다.

할아버지께서는 이러한 교육적 방면에서만 잔재가 남아있는 것이 아닌 역사나 정치 방면에서도 짙은 왜색이 선명하게 남아있다고 하셨다.

아직 유권자도 아닌 내가 정치에 대해 이렇다 저렇다 왈가왈부할 것은 아니다. 투표권이 있는 대한민국 국민이라도 정치가 심히 어려운 것은 사실이다.

글쎄다, 정치색을 띤다는 것은 정말 어려운 일이다. 하여튼 어른들의 말씀은 일본의 금권 정치라는 뒷돈 문화가 한국에도 여전하다는 것, 뒷돈 문화가 일본의 어긋난 정치 왜색의 잔재일 것이라고 하신다. 그렇다면 일본과의 관계는 나아질 기미가 보이지 않는데, 앞으로 우리나라와 일본의 관계는 어떻게 이어져야 할까? 할아버지께서는 일본과 우리나라의 관계가 자립권과 자주권을 강화해야 한다고 하신다. 일본에게 영향을 받은 일부 우리의 자립권과 자주권이 더 이상 방치되면 안 될 것이다.

지금까지 일본에게 당한 물적, 심적 피해는 너무 많다. 그러나 이제는 다 잊고 대한민국 스스로가 자립해서 우리나라의 위상을 떨칠 수 있어야 할 것이다.

그렇기 때문에 우리는 공부하고 또 공부해야만 한다.

무식하게 총칼을 들이밀며 전쟁을 선포하는 시대는 까마득한 옛날 일로 끝내고, 많은 부분이 발전한 이 사회의 전쟁이란 두뇌 싸움일 것이다.

일본과 풀어야 할 사안은 산과 같이 쌓여있다.

현재까지는 일본과의 대화가 진전조차 할 수 없었던 매력 없는 대화였다면 지식의 수준을 넓히고 공부해 막강한 지식 선진국이 된다면 아마 자연스레 현명한 대처법이 나오지 않을까.

자립권과 자주권을 강화하기 위해서는 특별히 지식을 함양해야 할 것이다. 무능했던 과거와는 다르게 똑똑해지고 더 영리해져서 이제는 더 이상 무언가를 뺏기고 우리의 선조와 같은 아픔을 겪어서는 안 될 것이다. 그 아픔을 미연에 방지하는 것이 자기 자신을 위한 길이자 후손을 위한 최고의 선물임이 분명하다고 감히 말할 수 있겠다.

중국

한국사를 보면 일본보다 오히려 중국이 더 많이 나온다. 그런데 중국 역시 일본처럼 긍정보다 부정이 더 많았던 게 양국의 과거지사다. 하지만 이제는 한나라로부터 청국까지의 강자와 약자처럼 갑을의 관계였던 세월이 가고 현실 동반자 관계인 중국은 아직도 이해가 얽히는 등 깔끔치는 않지만 이웃이자 경제적 협력 관계가 지대해 과거보다 현재와 미래의 눈으로 보고 오가야 할 나라가 중국이다. 드디어 이건 청소년 학생들에게 짐이 넘어가는 중이다. 무기전쟁에서 경제전쟁 세월을 맞아 문화전쟁이 치열한 국제 관계 가운데 한중 관계는 우선 과거를 배우고 현재를 알아 미래에 대처하려면 열심히 배우고 피차 서로를 알아야 한다.

♡ 내가 모르는 게 많은 나라, 중국

오늘도 어김없이 시작되는 할아버지의 물음, "중국에 대해 네가 아는 대로 설명해 봐라."

말문이 막혀 아무런 말을 하지도 못했다. 그래도 무슨 말이라도 해야 할 것 같아서 한 답변은 "중국이요? 중국은 강대국…"이라고 말끝을 흐릴 뿐이었다.

사실, 중국에 대해서 그나마 아는 것은 끊임없이 우리나라와 전쟁을 벌여왔던 까마득한 지난날의 역사뿐이다. 그나마 알고 있는 단문의 역사마저도 긴가민가할 정도로 기억이 흐릿해져 대답은커녕 콧방귀도 뀌지 못할 지경이었다.

할아버지께서는 중국에 대한 기초적인 설명으로 우리나라와 지리적으로 가까운 나라라고 하셨다. 일본의 경우는 대한해협을 두고 바다를 건너 가장 가까운 나라라고 하셨지만 북한을 같은 민족, 즉 같은 나라라고 보았을 때는 중국은 북한과 국경이 맞닿아 있기에 땅이 붙어 있는 셈이니 가장 가까운 나라라고 보아도 무관하다 하셨다. 지리적으로만 가까운 나라가 아니라 일본 이상으로 역사가 복잡하다고 하셨는데 대부분 우리나라가 괴롭힘을 당한 역사라고 하셨다.

♡ 여러 번 우리를 침략했던 나라

단군 할아버지께는 부동산 사기를 맞으셨나, 사대열강에 사무쳐 기한 번 제대로 펴보지 못한 우리나라 역사는 깨지고 흔들리며 전란 속에서의 뿌리 곧은 한 송이 꽃을 피어낸 격과 비슷하다.

간략하게 우리나라가 중국에게 괴롭힘을 당한 역사를 정리해보자면, 고조선은 중국 한나라에게 나라를 빼앗겨 멸망했고, 고구려는 신라에게 멸망당했지만 그 배후에 당나라의 도움으로 고구려를 멸망에 이르게 할 수 있었다고 한다. 고려 때는 몽골(후일 원나라)에 침략과 환향(還鄕)여 등 공녀(貢女) 수출까지 강요했고 중간에 많은 역사적 사실을 중략했지만 조선에 이르러서 명나라는 우리나라를 신하의 나라처럼 부려먹기도 했다.

명나라는 우리 백성이 배를 주리며 하루하루를 고달프게 연명하고 있음에도 불구하고 인정사정 눈물도 없이 조공을 바치라며 인삼과 쌀 등 모든 것을 가져갔다고 할아버지께서 말씀하셨다.

중국이라는 나라는 심성이 고약한 사람들만 모여 전쟁을 안 하면 몸이 근질거리는 것도 아닐 테고, 뭐 그게 그때의 부귀영화를 누리는 방법 중 하나가 아니었을까? 전쟁 승리로 인한 수탈과 전란의 반복.

♡ 1.4후퇴라는 크나큰 아픔

물론 중국이 우리나라를 만날 괴롭혀 왔던 것은 아니다. 임진왜란 때는 파병하여 일본을 부산 앞바다까지 싹 밀어냈던 일이 있어서 고맙기도 하지만, 막상 6.25전쟁 당시 중공군의 개입으로 우리에게 1.4후퇴라는 크나큰 아픔을 주기도 하였다.

대한제국 시대부터 일제까지 우리를 억누르던 청나라의 많은 간섭이 있었다. 그럼 이처럼 수난의 역사를 거쳐 오며 현재 중국과의 관계가 어떨까가 우리의 과제이기도 하다.

중국은 공산당이 독재하는 일당제 사회주의 국가로 중화인민공화국이라 불리며, 중화인민공화국 정부는 '하나의 중국' 원칙에 따라 대만과의 대치 시 자국만이 중국의 유일한 합법 정통 정부임을 선언한 사실이 있다.

나는 중학교 2학년 때 학교 대표로 선출되어 중국에 교환학생으로 탐방을 간 적이 있다. 물론 탐방이라고 해서 미국과 비슷한 크기에 유럽 전체 면적보다 2배나 큰 중국 영토를 모두 탐방한 것은 아니다.

눈과 얼음의 도시 하얼빈을 갔는데, 처음 중국에 가자마자 느낀 것은 공산주의의 폐쇄성이었다. 먼저, 한국에서 할 수 있는 SNS가 모두 차단된다. 친구들에게 나 여기 중국이라고 자랑도 하고 싶었는데 이게 뭐람? SNS가 전면 차단되어 연락조차 원활하게 할 수 없었다.

♡ 내가 가 보았던 중국

와이파이는 또 어찌나 느린지, 미국에서는 이렇게 느리지 않았는데 부모님과 연락도 못 하고 속 터져서 답답했다. 미국에서는 부모님과 시차를 제외하고는 연락이 잘 닿았었다. 메신저 어플로 메시지 하나 딱 보내놓으면 끝인데 말이다.

세계를 많이 돌아다닌 건 아니지만 요점은 공산주의와 민주주의의 가장 큰 차이점을 느꼈다는 데 중점을 두려고 한다.

또 하나, 며칠간 중국에서 있으면서 느꼈던 점은, 이미테이션 즉 짝퉁이 길거리에 즐비하다는 게 놀라웠다. 왜인지는 몰라도 미제나 일제는 어느 정도 알아준다고 해도 메이드 인 차이나는 품질이 떨어진다며 배척하기 일쑤인데, 하지만 진짜 놀라울 정도로 똑같다. 애플 회사의 아이폰 짝퉁을 본 적 있는데 소름끼치도록 똑같다. 아니, 아예 출시하지도 않은 색상까지 만들어 거리에서 파는 모습을 보았는데 진품보다 더 예쁘다. 메이드 인 차이나가 우습게 보이지 않던 순간이었다. 다방면으로 기술력이 참으로 우수한 나라이다.

할아버지께서 말씀하시기를 늦은 출발에도 실은 우리 기술력이 많이 넘어가서 그런지 중국의 기술력이 우수하다고 하셨는데, 예로부터 여자면 여자, 소면 소, 모든 것을 빼앗아 가던 산적이나 해적 같던 중국은 우리나라의 기술직에 임하는 유능한 기술직 종사자들도 끌고 가 과거에는 청자도 만들고 칼도 만들게 시켰다고 한다.

그게 현재까지도 계승된 것일까, 드디어 중국의 기술력은 세계가 알아주는 수준이란다.

UN 안보리상임이사국이자 핵무기 보유국으로 ICBM(대륙 간 탄도 미사일)과 SLBM(잠수함 발사 탄도 미사일)의 기술을 보유한 기술 최강국이다. 덧붙여 세계 군사력 순위는 러시아를 앞질러 2위 군사력의 우세함을 보이고 있다. 우주 분야에서도 유인우주선 우주도킹을 세계에서 네 번째로 할 수 있는 막강한 과학기술을 보유한 나라이다.

다 말하기 어렵지만 무역 규모도 세계를 쥐락펴락할 만큼 막강하고 미국과 1, 2위 쟁탈전을 벌이는 수준이다. 중국과 미국이 얼마나 막강하냐면, 21세기의 역사는 중국의 도전과 미국의 응전으로 펼쳐질 것이라는 말이(리콴유 싱가포르 총리의 말) 있을 정도다.

그렇다면 이러한 강대국들이 싸우게 된다면 가운데 있는 우리나라는 고래 싸움에 새우등 터지는 격이 되지 않을까?

직접적인 전쟁이 없더라도 한국의 상품 불매라느니 수출입 관세 규제라느니 뭐니 이러한 소리가 들리면 경제적인 타격이 심할 거라고 예측한단다.

정확하고 명료한 자료를 찾기 위해 어떤 자료를 찾아보면 좋을까 하다가 주 중국 대한민국 대사관 사이트에 기재된 자료로 공부하는 것이 좋겠다는 생각을 하게 됐다.

♡ 주중한국대사관 홈페이지를 둘러 보다

주 중국 대한민국 대사관 사이트에 기재된 내용을 보면, 중국은 우리의 제1위 교역국, 수출국 및 무역 흑자국이자 2019년 대 중국 교역 규모 2,434억 달러(약 300조 원) 대, 대중 수출 1,362억 달러, 수입 1,072억 달러(흑자/이윤 290억 달러/약 35조 원)로 중국해관총서에 기재된 내용에 따르면 2019년 한국은 중국의 제3위 교역 대상국이라고 언급하고 있다.

또 내가 공부를 해 보니, 이렇게 교류가 활발하니 자연스레 중국에 대한 한국 기업의 투자도 끊이지 않는다. 대사관에 기록된 사실에 따르면 2008년 이래 중국은 미국에 이어 제2위 투자 대상국이자 한국수출입은행 실제 투자 기준에 따르면 2019년 중국 투자액 58.0억이라고 한다.

세상에, 2019년 말 누계 기준 중국 진출 우리 기업은 27,779개라고 한다. 대기업, 중소기업 너나 할 거 없이 심지어 고부가 가치를 투자하기도 한다고 밝혔다.

이제는 총칼 들이밀고 싸우는 시대는 지나갔다. 고도의 지식과 경제 전쟁의 싸움이다. 혹여나 중국이 우리를 배척한다면 중국에 진출한 우리 기업의 균형은 무너질 것이고 그것이 곧 국가 경제 재난을 일으킬 수 있을 것이다.

1992년 9월 노태우 전 대통령 국빈 방중을 통해 중국과의 첫 정상 간 교류 후에 국회운영위원회 대표단 방중과 군사적 교류인 2020년 10월 한중 국방장관 간 전화 회담 이후 지금까지의 정상 간 교류가 중단되었다.

♡ 후대가 살기 좋은 한중관계를

아무튼 우리는 배워야만 한다. 조선시대부터 우리는 여자라는 이유로, 양반자제가 아니라는 이유로 공부할 수 없었다. 그때는 사회적 통념이 그랬다 치지만, 지금은 공부한다고 뭐라 할 사람도 없고 공부하지 말라고 말리는 사람도 없다.

오히려 공부하면 떡 하나 더 주는 상황이다. 이러니 공부해야 한다. 공부해서 다시금 중국으로부터, 사대 열강의 막대한 강대국으로부터 침탈당하고 괴롭힘을 당하는 날이 오지 않도록 막아야만 한다.

한중간 인적교류가 지속적으로 발전해 나갈 수 있는 제도적 기반을 마련하는 것은 정부의 몫이고, 민간 통상 현안들이 양국 관계의 발전을 저해하지 않도록 안정적으로 관리해 나가기 위해 1.4후퇴라는 크나큰 아픔 해소의 노력을 경주하는 것은 국가의 책임이다.

우리는 국가의 책임에 힘을 보태 국민의 의무로 세계에 대한 지식을 넓히며 똑똑한 시민이 되어 명품 국가를 만들어 후대에 살기 좋은 나라를 만들어갈 의무가 있다.

이는 중국 같은 강대국에 대한 우리나라 국민의 수비적인 처신뿐만 아니라 모든 국가에 대립하는 우리나라 국민의 의무이자 영원한 숙제일 것이다.

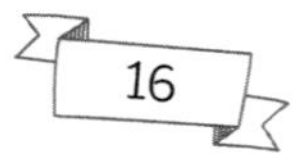

인도·동남아

수출에서는 단가가 싸기 때문에 문제기는 한데 중국이라는 거대 시장에 버금가는 지구촌 국가에는 인구 숫자에서 중국을 추월할지도 모른다는 인도와 주변 동남아 국가들이 있다. 초등생 때 오랜 시간 세계사를 배웠고 월드 맵과 지구본을 돌려가며 그때도 했던 말처럼 동남아 시장은 거리로 보나 생산 소비적 측면에서 중국과 함께 미래 대한민국의 원대한 시장이면서도, 동시에 세계 최고의 아이큐를 자랑하는 우리가 그들에게 많은 것을 가르쳐도 주고 피차 도우면서 가까이 지내야 할 지리적 여건을 갖추고 있다. 인류사에서의 동남아는 빙하기 따뜻한 곳으로 이동하여 인구가 늘어난 만큼 곧 세계인의 소비처이며 생산처가 될 국가들이니 어서 동남아에 눈을 떠야겠다.

♡ 인구 수 세계 2위국

첫 목차에는 러시아에 대한 글도 쓰려 했으나, 이는 다른 글에서도 많이 다뤘으므로 자세히 들어가지 않기로 했다.

그런데 인도와 동남아시아라, 도무지 어떠한 국가인지 감이 잡히지 않는다. 할아버지께서는 단번에 눈치채셨는지 큰 지도 두 개를 가지고 와 일일이 짚어주시며 설명해 주셨다. 중국과 일본에 비해 미디어 매체를 통해 접할 기회가 상대적으로 적어서 그런지 인도에 대한 지식은 아예 없었다. 할아버지께서는 그런 나에게 가장 먼저 인도는 세계 인구 순위가 2위라고 말씀해주셨는데, 예상 외의 수치에 놀랐다. 2023년에는 중국의 인구를 추월할 거라는 견해조차 나오고 있으며, 신생아 숫자와 0~29세 인구로는 중국을 능가한단다.

사실 인도에 대한 지식이 그리 넓지 않아서 그런지 인도가 생각 외로 우리나라와 협력 관계에 있다는 사실도 오늘 공부하며 알았다.

인구 순위가 2위라고 하니 무슨 근거인지는 모르겠지만 갑작스럽게 막강한 힘을 보유한 나라인 것 같은 그러한 느낌이 든다.

앞서 '인도가 생각 외로 우리나라와 협력 관계에 있다는 사실도 오늘 공부를 하며 알았다'라고 했는데, 대체 인도가 우리나라와 어떤 협력 관계를 맺고 있을지 근본적인 의문이 들었다.

할아버지께 여쭈어보자 돌아오는 답변은 우리가 먹는 식자재 상당 부분이 동남아시아산이라고 하셨다. 그중 인도와 동남아시아에서 수입하는 많은 종류의 농산물 생산량이 죄다 상위권에 속한다고 한다(인도가 제일 많은 농산물 수출량을 보임).

♡ 잠재적 선진국

동남아시아라고 하면 무언가 후진국을 떠올리기 쉽다.

실제로도 이러한 사실을 배척할 수 없는 것이, 동남아시아 치안 관련 뉴스를 볼 때마다 과연 사람의 탈을 쓰고 과연 저렇게 극악무도한 일을 저지를 수 있을까 생각하며 동남아시아에서 지켜지지 않는 치안이나 인권 유린은 더할 나위 없이 여러 방면에서 낙후된 사회상을 보여주고 있다고 보이기 때문이다.

인도나 동남아시아 역시 성비 불균형(여자가 적음) 문제의 이유로 신부 측에서 부담되는 결혼지참금 제도, 여아 낙태 혹은 살해 등의 반사회적인 행위들을 예로 들고 있다. 물론 현재에는 모든 것이 나아지는 추세이고 사법과 행정 등 인도의 정부 기관에서 많은 정책의 심혈을 기울이는 상황이기에 많이 호전된 상태라고 한단다.

인도나 동남아시아라고 하면 그리 좋지 않은 내용의 뉴스만 주야장천 들어왔었지, 인도가 우리나라와 어떠한 우호적 관계를 맺는지는 접할 기회가 없었는데 이미 몇 년 전 2017년 연합뉴스 보도에 따르면 풍부한 내수시장인 인도가 새 생산기지로 떠올랐다고 한다.

'다국적 기업'이라고 해 실제로 인도에는 현대차 회사가 진출해 있는데 내수 2위인 인도에서 차종 개발과 시설 투자에 박차를 가한다고 한다. 앞에 중국에 대한 글을 쓰며 중국 내 진출한 우리나라 기업 수는 대략 27,779개가 있다는 자료를 봤는데, 인도 역시 우리나라 경제에 이바지하는 대기업이 인도에 진출하며 투자를 확대한 뉴스가 많이 보도됐다.

삼성은 7천억 원을 들여 현지 공장을 증설했고, LG는 LCD 공장 설립을 추진하는 바 있으며, 현대는 2021년까지 인도에서 현지 생산 1백만 대 이상의 가치를 기대한다고 했다.

중국 다음으로 막강한 투자시장의 발판이 된 인도(외에도 많은 동남아시아 국가가 우리나라 투자시장의 발판이 됨)는 인도에 진출한 한국기업을 우호적으로 돕기 위해 '코리아플러스'라는 정책도 만들었다고 한다.

♡ 토지 면적 51%가 경작지

이렇게까지 우리나라가 인도와 우리나라 간의 협력 관계를 유지하려는 이유는 아마 주변국과 좋게 지내서 나쁠 게 없다고 하지만 먼저 인도는 우리나라와의 거리가 미국보다 4분의 1 정도 가까우므로 수출 과정에서 수송비를 절약할 수 있으며, 수입 과정에서 수송비(물류비)가 적게 들기 때문이다. 또한 인도는 물가가 싸서 수입 비용도 절약할 수 있지 않을까가 나의 주된 생각이다.

인도는 지리적인 특성에서도 땅이 비옥하고 토지 면적 51%가 경작지이며(한국은 16%?) 경작지 세계 1위의 국가이기 때문에 사실상 농사만 지어 먹고 살아도 잘 살 수 있을 정도인데 사회간접자본시설과 농작물 생산시설도 미비한 편이며 특히나 농산물 저장시설이 미비하다고 한다.

농산물 저장시설이 미비해서 농작물의 30%가 그대로 손실된다. 30%의 농작물이 그대로 버려진다는 건데 대부분의 경제 학자들은 일관적이지 못한 정부 정책 즉, 예고도 없이 보조금과 세금 정책이 갑작스레 뒤바뀌는 일과 낮은 생산성에 속하는 미비한 관개시설의 부족함을 탓하고 있다.

수많은 난관을 뚫고 농업 발전이 제대로 된다면 미국을 제치고 세계 최대 농업 대국으로 성장할 가능성이 많다고 보는 추세라는데, 그렇게 된다면 한 송이에 7천 원씩이나 호가하는 샤인 머스캣을 좀 더 싼 가격에 먹을 수 있지 않을까?

인도의 경제성장률은 5.02%로 우리나라(2.5% 대)보다 높은 편이다. 노력하면서도 도움을 받아 성장하다 보면 엄청난 선진국으로 더 발전할 수 있다는 소리다.

♡ 인도 역시 IT 강국?

인도에 우리나라 대기업이 진출하면 그 공장에서 일할 현지인들이 필요할 것이다. 우리나라는 상대적으로 인건비가 저렴한 인도에 지식산업을 수출해 적은 비용으로 최대의 기회비용을 누릴 수 있고, 현지인들은 취직의 기회가 보장되며 우리나라 기술력을 인도에 전파하는 과정에서 그들의 기술력 역시 늘어날 것을 기대할 수 있다.

우리나라도 IT 강국이라는데 인도 역시 IT 강국이다. 우리의 기술들을 가르치며 그들에게 도움을 주며 협력하면 결국 양국 다 콩고물이 떨어지는 것 아닌가? 모두가 경제 발전에서 큰 이득을 볼 수 있는데 우리는 이러한 것들을 배우려고 하지 않는다.

♡ 무한한 가능성과 기회의 나라

주 인도 대한민국 대사관에서는 인도를 '무한한 가능성과 기회의 나라'라고 표현한다. 이 무한한 가능성을 일깨워주고 가능성을 통한 기회를 부여하며 인도와 우리나라의 우호적인 관계가 더욱 극대화되고, 양국의 경제까지 더불어 발전시킬 수 있는 상황이 된다면 분명 우리나라와 인도 모두 대성의 길을 걸을 수 있는 말 그대로 두 마리 토끼를 모두 잡는 셈일 것이다.

세계를 공부한다는 것이 쉽지많은 않다. 인도가 어떤 상황에 놓여있고, 인도를 대하는 우리나라의 태도를 살펴보는 것은 고등학생 나이에서 조금 이르지 않냐는 생각이 들기도 한다만, 사실 우리는 이러한 공부를 초중고 정규교육과정에서 배우지 않고 어른이 된 후에 정치가 이렇다, 양국이 어떻다, 의미 없는 지적질과 돌팔매질을 반복할 뿐이다.

할아버지께서는 이러한 교육과정을 가끔 비판하신다. 어렸을 적부터 이러한 것들에 익숙해지고 서로의 목소리를 모으다 보면 어느새 좋은 방법이 도출될 수 있고 그 방법이 정답일 수도 있다.

왜 우리는 이러한 것들을 배우지 않는가? 필자인 내가 유독 머리가 특출 나서 이 어려운 공부를 하는 게 아니다. 무능하고 무지한 사람들이 시도조차 하지 않아 다소 어려워 보이는 것이지 막상 그 나라에 대해 공부해 보면 쉽다. 아니, 농담 반 진담 반으로 오히려 우리나라 정세를 파악하는 것보다 쉽다고 봐도 과언이 아니다.

지구 전체를 한 마을처럼 여겨 이르는 말인 지구촌이라는 친숙한 명사가 있음에도 불구하고 아무런 관심조차 주지 않는다. 미래의 지도자인 청소년들이 가면 갈수록 이러한 문제에 무관심하다는 게 제일 큰 문제로 보인다.

♡ 지구 전체를 한 마을처럼

만약 우리 청소년들이 이대로 몸만 커 성인이 되어버린다면 얄팍해진 지식에 어디부터 손을 보고 다시 공부해야 한다는 말인가? 이러한 것들에 이제는 정말 진심으로 관심을 가져야 한다. 어렵고 삭막한 이 시대와 이 시국에 한 줄기 빛이 될 수 있을 것이다.

글을 보고 나신 할아버지께서는 무역수지에 대한 문제, 한국은 높은 인건비로 인한 고물가, 인도는 낮은 인건비로 인한 저물가 등이 상충하기 때문에 각 양국이 모두 무역수지를 어떻게 조율하느냐는 것은 미래 우리들의 몫이라고 하신다.

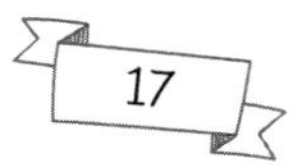

대한민국

지구촌에서도 가장 중요한 국가는 우리 대한민국이다. 우리는 한국어를 쓰고 한글을 가진 나라이면서 지구촌 유일 단일민족으로 말 그대로의 유구한 역사와 찬란한 문화를 자랑하는 참으로 존귀한 국가의 국민이며 청소년이다. 다 알아도 자신을 모르면 허사인 것처럼 다 알아도 우리가 우리나라 대한민국을 제대로 모른다면 뿌리가 약해진다. 대한민국에 대한 공부는 미래 학문의 토대가 된다. 문제는 아는 것 같아도 모르는 게 많으니 이게 무슨 말인지 기왕에 검색하고 글도 쓰는 바, 높고 넓고 깊이 공부하여 위대하고 뛰어난 국민의 나라 대한민국이 지구촌 지식의 허브가 될 길을 모색해 보기로 하자.

♡ 옥편(玉篇)을 모르는 나

"♪ 아름다운 이 땅에 금수강산에 단군 할아버지가 터 잡으시고, 홍익인간 뜻으로 나라 세우니 대대손손 훌륭한 인물도 많아 ♪…" 〈한국을 빛낸 100명의 위인들〉이라는 노래 첫 소절이다.

할아버지께서 말씀하시기를 대한민국이라는 명칭은 "위대하고 뛰어난 국민의 나라"라는 뜻이라고 하셨다.

할아버지께서는 요즘 학생들이 옥편(玉篇)을 보지 않는데(실은 나도 처음 들음), 옥편이란 글자를 해석한 자전(字典)의 뜻이 있단다. 그중 대(大) 자는 위대한, 뛰어난, 걸출한, 특별한 이런 뜻을 포함한다고 한다. 그러므로 대한민국의 뜻은 위대하고 뛰어난 국민의 나라라고 해석하신다. 이 위대한 나라는 지리적으로 아시아 대륙 동쪽 끝 한반도로 동북아시아에 위치해 있다.

♡ 머리가 좋은 나라

대한민국의 국가(國歌)는 애국가, 국화는 무궁화로 우리 민족의 고유한 특성을 잘 나타낸 상징이다.

할아버지께서는 우리 민족 고유의 특성, 민족 고유의 DNA는 머리(지식)가 뛰어나며 인성이 좋고 강인하다 하셨다. 특히 세종대왕 집권 당시를 보면, 천체학에 유능했으며 의학 관련 지식도 뛰어나(허준-동의보감) 예로부터 문(文)을 숭배해온 우리의 조상들은 글로 무언가를 풀어내는 재주가 특출나다고 한다. 머리싸움으로는 당시 막강한 군사력을 지닌 열강들과 난형난제라 할 만큼의 수준이라는 것이다.

또, 우리나라가 인성이 좋다고 자부할 수 있을 만한 근거로는 약

900번 이상의 외침(外侵)을 당했어도 다른 나라를 단 한 번도 침략하지 않았다는 것에서 이를 입증할 수 있다.

IMF 때의 금 모으기 경우만 봐도 국난이 일어나면 자기 것을 나누어 국가를 다시 일으켜 세우는 면모를 보이는 투철한 나라 정신이 으뜸인 민족이다.

한국 전쟁 후 대한민국은 최빈국으로 전락하고 많은 국난이 있었음에도 불구하고 냉전체제의 최전방이라는 지정학적 특성 덕에 미국을 비롯한 자본주의 진영의 자원을 받았지만, 대한민국은 건국 이후 원조를 받던 수혜국에서 원조를 주는 시혜국으로 바꾼 나라 중 하나로 G20 회원국에서 민주화와 산업화를 동시에 이룩하고 경제대국 반열에 선 몇 안 되는 훌륭한 나라다.

글을 쓰고 몇 개월 지나고 보니 현지 시간 2021년 7월 2일 기준으로, 대한민국이 유엔무역개발회의(UNCTAD)에 가입한 지 56년 만이자 1964년 UNCTAD가 설립된 이래 개발도상국에서 선진국 그룹으로 처음 올라가게 되었다. 이는 유일무이하며, 대단한 정도가 아닌 세계사에 없는 정도라고 할아버지께서 말씀하셨음에 이 문단을 보완한다.

♡ 우애가 돈독한 나라

또 조선 이후부터 뿌리를 내렸던 유교 사상의 경우 탄탄한 예의범절과 동아시아 대부분이 비슷한 사상이겠거니와 유독 빛을 비추는 우리나라의 유학 사상적 집단주의는 호형호제하며 함께 살아가는 인류 공생의 따스한 우애를 보여준다.

다음으로 할아버지께서는 우리나라의 위대한 면모 중 하나를 강인하고 꿋꿋한 힘(끈기와 집념)이라고 하셨는데 약 900번을 침략당해, 최빈국으로 전락했을 때도 다시 털고 일어나 국가를 지키며 이겨내는 모습이 좋은 나라라고 하셨다.

아니나 다를까, 이런 아픔의 역사를 민족 스스로가 꿋꿋이, 목숨 내놓고 지켜내는 강인함은 국가상징 국화인 무궁화처럼 우리 민족의 강인한 성격을 뜻한다고 한다.

연중 사계절 겨울의 매서움과 여름의 뜨거움, 봄과 가을의 변덕스러운 날씨를 이겨내는 무궁화는 가히 꽃 중의 꽃, '민족의 기상을 닮았다'고 일컬어지며, 겸양하고 자중한 것이 우리 민족을 쏙 빼닮았다.

♡ 고조선에서 코리아까지

뿐만 아니라 고조선은 조선으로, 고구려는 고려로, 고려는 코리아가 되어 대한민국을 상징하고 있으니 이처럼 나라 이름과 민족 정신을 보존 계승하는 나라는 세계에 몇 되지 않을 것이다.

세계에서 유일한 분단국가라는 것만 빼면 나무랄 데가 없는 국가이다.

다만, 북한과는 언어도 같고 풍속과 예절도 같은데 양국이 서로를 국가로 인정하지 않고 있다.

우리나라는 북한을 국가가 아닌 한반도 이북 영토를 불법으로 점거한 집단으로 간주하고 있고, 북한 역시 비슷한 이유로 대한민국과 반목하고 있다. 같은 혈통을 지닌 형제자매임에도 불구하고 서로를 끈질기게 받아들이지 않고 있다.

안전과 안보뿐만 아니라 양국의 조국 번영을 위해서라도 통일이 되면 장점이 무수히 많을 텐데, 통일… 통일의 기미가 아직까지도 불투명한 상태다.

할아버지께서는 자기 세대 때 통일이 될 수도 있고 안 될 수도 있고 나아가 당장 우리 후대에도 될 수도 있고 안 될 수도 있지만 그럼에도 불구하고 통일은 언젠가는 돼야 한다는 주장을 하고 계신다.

안전과 안보라는 주제에서 이 이야기를 더 다루도록 하고, 우리 대한민국이 위대하고 뛰어난 성품과 머리를 가지고 어떻게 사대열강의 나라뿐만 아니라 전 세계와 선의의 성장으로 어깨를 겨눌 수 있을까?

♡ 홍익인간

고조선 건국 정신이자 홍익인간 정신이라는 말 뜻 그대로 널리 세상을 이롭게 할 수 있는 방법이 있을까? 선조들이 목숨과 피로 지켜낸 조국의 번영을 위해 뭘 해야 할까?

할아버지는 대한민국이 지구촌 스승의 나라가 되면 된다고 하셨다. 할아버지는 매번 공부하는 나를 보고는 지도자 1인이 1억 명을 먹이고 살릴 수 있다고 하셨다.

못 가르칠 것도 없다. 끊임없는 자기 계발로 다져진 우리나라의 기상을 떨쳐 타국에게 전한다면 못 할 것도 없다.

끊임없이 도전하고 실패해도 다시금 일어나는 뿌리 깊은 국민 정서를 배우려는 마음가짐을 널리 알린다면 지구촌 스승의 나라가 될 수 있다고 생각한단다. 이미 우리나라는 1명의 대통령이 5천만 국민을 이끌고 있지 않은가?

음, 지구촌 전체 인구가 약 75억 명이니 1인당 150명 정도의 제자만 거느리면 되니 오히려 대통령보다 쉽다(?). 국적 불문 1인당 150명의 제자들에게 인성과 지식, 인류애를 가르치는 것이 곧 우리나라가 지향하는 미래 평화로움의 기반이 될 수 있을 것이라고 생각한다.

♡ 지식 전쟁의 시대

이제는 전쟁이라는 개념이 총칼을 들이미는 세상이 아니라 경제 전쟁 이후 지식 전쟁의 시대이다. 지독한 머리싸움으로 승패를 가리는 세상이 왔다.

깊은 지식의 폭으로 타국을 제패하거나, 타국을 함부로 침략해서는 우리의 홍익인간 정신과 선조들이 지켜낸 굳건한 인류애의 품성을 무너트리는 것이다. 이 깊은 지식의 폭으로 여러 나라를 함께 도우며 우애롭게 살아간다면 우리나라 역시 함께 번영할 것이다.

끊임없는 노력의 산물인 대한민국, 지금까지 우리나라가 이런 경제 대국의 반열에 들 수 있었던 것은 여러 나라의 도움이 있었다. 우리가 여러 도움을 받아 수혜국에서 공여국으로 물자를 지원해주며 성장할 수 있었던 것처럼, 개발도상국에서 선진국 반열에 접어들 수 있었던 것은 많은 나라가 충분히 우리 나라에 도움을 주며 시작된 것이다.

이제는 우리가 도움을 줄 때가 왔다. 아직까지 이러한 사실을, 이렇게 중요한 점을 알지 못하는 사람들이 아는 사람보다 더 많겠지만 이제는 알아야 한다.

나 역시도 오늘 공부를 하며 이런 중요한 사실들을 알게 되었다.

♡ 국가의 번영이 국민 개인을 보다 더 나은 나라로

단순히 국어, 수학, 영어만 공부하면 잘 먹고 잘 살 수 있을 거라고 생각했는데, 근본적으로 내가 잘 먹고 잘 살기 위해서는 국가가 뒷받침을 해줘야 한다는 것도 알게 되었다. 국가의 번영이 국민 개인을 보다 더 나은 수준으로 살게 할 수 있다는 것도 알게 되었다.

우리의 무구한 지식과 인류애를 전파해 사제지간을 만들라는 것이 아니라, 서로 교류하고 양국의 장점들을 나누며 함께 커가는 인류애를 도모하며 평화의 지구촌을 만들어 가자는 것이다.

이를 위해서라면 우리도 공부를 끊임없이 해야 하고, 경제, 세계사 등등 어렵다며 배척했던 과목에 관심을 가져야만 한다. 나 역시도 그렇다.

할아버지께서 대한민국의 미래는 학생과 청년의 몫이라고 하신다. 밝은 미래가 보장되어 있는 나라 대한민국, 끝없는 노력의 결실이 밝혀지고 있는 나라 대한민국이 아픔을 딛고 통일이 되어 더욱 더 민족화합의 터가 마련된다면 선진국보다 더욱 선진국 같은 나라가 될 것이다.

땅과 흙

KEYWORD

지구상에 수많은 물질이 있어도 우리가 사는 곳은 땅이다. 땅에서 태어나 땅에서 살다 땅에 묻히는 것이 사람이라면 더불어 꼭 알아야 할 것은 땅에서 나오는 것이 또 식량이다. 하여 바로 어머니의 젖가슴과도 같은 것이 땅이자 흙이다. 이에 음식을 먹으면서도 그 음식을 누가 어떻게 만들어 내가 먹는가의 답변에서 아빠가 돈을 벌고 엄마가 요리를 해 줘서 먹는다고만 하면 맞는 말 같지만 지식 측면에서 이건 유치원생 같은 답변이다. 정답은 땅과 흙이다. 양식은 땅과 흙 안에 있다. 이때 물고기는 땅이 아니라 바다에 있다고 하련? 바다는 다음에 공부하기로 하고 땅과 흙이란 무엇인가부터 열심히 탐구하고 배워보자.

♡ 땅을 딛고 서서 산다

흙에서 태어나 흙으로 간다는 말을 어렴풋이 들었던 기억이 난다. 아마도 내가 이 말을 들은 것은 어렸을 때 아버지가 해 준 말인데 아무리 많은 돈과 재물이 있다 하더라도 사람이 죽어서는 결론적으로 흙으로 간다는 말이다.

그 말인즉, 땅에서 태어나 땅으로 다시 간다는 말인데 땅과 인간의 삶은 어떠한 인과 관계를 갖는지 의문을 가지게 되었다.

아주 간단하게 생각해 보자면 땅은 우리가 실질적인 활동을 할 수 있는 모든 것이 밀집되어 있는 곳이다. 예를 들면 집이 있고, 학교가 있고, 회사가 있고, 여가생활을 즐길 수 있는 문화시설이 있다. 이렇게 땅은 사람이 생산적인 활동을 할 수 있도록 건물이 세워져 있는 곳이다. 우리가 걷는 장소도 땅이자 흙이다.

땅이 우리 지구 면적에 얼마나 차지할까 찾아보니, 먼저 지구의 70%는 바다로 이루어져 있다고 한다. 그렇다면 그 나머지 30%는 땅, 육지다. 바다와 육지의 비율이 7:3인데 땅과 흙이 어떻게 만들어졌을까? 내가 찾아보니, 풍화작용으로 땅이 생성된다고 한다. 풍화작용의 종류도 얼마나 많은지 크게 4가지나 있다. 물의 작용, 공기의 작용, 식물의 뿌리 작용, 기온의 변화까지. 무심코 밟고 다녔던 땅이 오랜 시간 풍화작용을 통해 만들어진 것이라 하니 참 우리가 밟고 있는 땅이 새삼 다르게 느껴진다.

♡ 흙 1cm는 약 200년 쌓여야

보통 우리가 아는 땅은 거의 흙으로 이루어져 있다. 흙은 돌, 자갈,

모래 더 작은 알갱이들이 구성하겠지만 왜 우리는 흙의 중요성을 깨달아야 하는가?

나는 이렇게 생각한다. 사실상 우리가 밟는 부분은 과연 순수한 흙일까? 정답은 아니다. 우리가 밟고 다니는 땅은 비포장도로와 포장도로 두 가지로 나뉘는데 나는 태어나서 비포장도로를 걸었던 기억이 거의 없다.

내 기준에서는 시골 이모할머니 댁에 방문했을 때도 비포장도로가 아닌 포장도로를 밟았던 기억이 난다. 바로, 아스팔트와 콘크리트포장도로다. 이 도로는 사람이 사람의 편리를 위해 인위적으로 포장해 만들었다. 우리는 이 길을 밟으며 생활한다. 내가 앞서 땅은 곧 흙이라고 했는데, 우리는 순수한 흙이 아닌 포장된 도로를 걷고 있으니 흙을 밟고 살아간다는 것은 어쩌면 틀린 말로 보인다.

논과 밭을 이루는 흙의 두께는 최하 30cm라는 할아버지 말씀을 들은 적이 있다. 암석이 풍화작용을 통해 흙으로 변하는데 흙 1cm가 쌓여 만들어지는 데 걸리는 기간은 약 200년이라고 한다.

그렇다면 논과 밭을 이루는 흙은 적어도 6,000년이 걸린다는 계산이다.

도시화가 빠르게 진행됨에 따라서 우리는 순수한 흙으로 된 길을 밟아보기는 어렵다. 단, 논과 밭을 제외하자면 말이다.

사실 나는 흙으로 이루어진 길에 대해 꽤나 부정적으로 생각했다. 흙을 밟으며 자연과 공생하며 살아가는 것도 좋지만 일단 흙에는 벌레가 많다.

게다가 비옥한 땅과 흙에는 벌레가 많다는 소리를 들은 적이 있다.

하지만 나는 태어나고 자라면서 벌레와 멀찍이 살았던지라 벌레가 싫다. 어쩌나 많은 벌레가 흙 속에 들어 있는지 특히, 다리 많은 벌레가 왜 이리 많은지 글을 쓰면서 다시금 생각해봐도 소름이 돋는다. 그렇다고 해서 다리가 별로 없는 벌레들은 그나마 괜찮느냐 하면 그것도 아니다. 다리가 아예 없어도 싫고 적당히 있어도 싫고 다리가 많아도 벌레 그 자체로 싫다.

또한, 흙을 밟으면 신발이 더러워진다는 아주 단순한 이유에서다. 우리 학교는 산과 밀접해 있어서 학교 앞에서 머지않아 2~3분만 걸으면 순수한 흙을 밟을 수 있다. 물론 순수하게 흙으로만 이루어진 길을 찾기 위해서는 산속 중 포장된 길을 제외하고 조금 깊숙이 들어가야 하긴 하지만….

본론으로, 흙을 밟으면 신발이 더러워지는 것은 사실이다. 인간이 왜 아스팔트로 도로를 포장하는 이유가 무엇이겠거니 생각해 보자면 편익이다. 그 편익은 바로 신발이 더러워지지 않게 하는 데 큰 비중을 두는 게 아닐까?

♡ 흙과 가까이 산다는 것은

신발에 흙이 묻으면 더러울뿐더러 흰 신발이나 새 신발일 경우 순수하게 흙으로 된 길을 밟는 게 꺼려진다. 흙의 입자가 비교적 작다 보니 사람의 몸무게를 지탱하지 못해 흙속으로 푹푹 들어가고, 비 온 뒤의 상태라면 말할 것도 없이 신발 망치기에 딱 좋은 환경이 만들어진다. 그러니까 흙과 가까이 살면 무언가 귀찮아지는 일이 많다.

하지만 자연, 흙과 가까이 살면 우리 건강에 이로운 영향을 끼칠 때가 많다. 심지어 사람들은 미용 재료로 황토를 쓰기도 한다.

보령시는 머드(뻘) 축제를 개최하고 사람들은 머드를 자신의 몸 구석구석에 발라댄다. 심지어 나는 황토 팩이라는 것을 본 적도 있다. 혹은, 벌레가 무진장 많이 나올지도 모르는 흙을 이용한 미용 재료라니 신기했다. 이뿐만 아니다. 우리 생활 속 흙의 이용 예시는 다양하다.

먼저, 동식물이 살아가는 터전을 이룬다. 식물이 자라고 동물이 자라야만 우리의 의식주 중 '식' 부분을 차질 없이 내 줄 수 있을 것이다. 또, 식물들의 집은 흙이라고도 생각한다. 아스팔트에서 방울토마토를 재배한다는 말은 아예 들어본 적이 없기 때문이다.

이런 것 말고도 흙이 해주는 일이 참 많다. 그럼에도 벌레가 많아서… 단순히 내 신발이 더러워져서 흙을 기피했던 나 자신이 부끄러워진다. 흙은 아무런 대가 없이 우리에게 많은 것을 내어주고 있다. 우리에게 삶의 터전을 내어주고 있으니 과연 모든 것을 내주고 있다 해도 과장되지 않을 것이다.

모든 사람에게 재미있는 이야기일지 모르겠지만 아버지한테 들었던 옛날 이야기 중 할아버지, 할머니, 고모, 아버지, 작은아버지 이렇게 다섯 식구가 황토로 이루어진 초가집에서 가족 전체가 사셨던 적이 있었는데 어린 시절 작은아버지가 황토로 된 벽을 갉아먹었다는 이야기를 들은 적이 있다. 초근목피로 연명했던 시절 말이다.

♡ 늦게 외동이로 태어난 나

우리 아버지는 나를 늦둥이로 낳아 다른 내 친구 아버지들보다 좀 연세가 많으신데 우리 아버지 시대 때를 굳이 비유해보자면 애니메이션 〈검정 고무신〉 시대라고 할 수 있겠다.

먹을 것이 영 없었고, 보충할 영양분이 적었던 시대였다. 물론 치킨도 없고 피자도 없고 지금 흔히 먹는 과자도 그 시절에는 먹기가 어려웠으니 단순히 배고팠던 작은 아버지가 허기 채움 본능에 이끌려 흙을 파먹었던 것이라고 생각했다.

하지만, 아버지 해석은 그렇지 않았다. 사람의 몸속에는 기생충이 살고 있다. 나도 어렸을 적 구충제를 먹었던 기억이 생생한데, 옛날, 그것도 시골 환경에서 구충제를 복용할 수 있는 환경이 아닌지라(심지어 지금은 병원에 가면 흔하게 받는 검사 또한 어려울 지경이었으니 말이다) 흙을 파먹는 일이 많았다고 한다.

뭐, 흙을 먹으면 그 해충이 없어진다는 이야기도 있었고, 몸에 기생충이 있으면 흙을 본능적으로 찾아 먹는다는 이야기도 들었다. 물을 멀리하는 사마귀가 연가시에 감염되면 물로 찾아가는 습성이 있는 것처럼 말이다. 아버지 말씀만 들어도 옛날에는 흙과 인간이 얼마나 밀접히 살아갔는지 알 수 있다.

흙은 숨 쉰다는 말이 있다. 그래서 사람들이 휴양을 가면 황토로 만들어진 방에서 자는 경우도 간혹 있다. 그래서 그런지, 황토로 만들어진 곳은 하나의 옵션으로 가격을 더 높게 받기도 한다.

♡ 환경 사랑의 실천은 흙에서부터

흙과 더불어 살면 인간이 건강해진다는 말은 사실 같다. 이렇게 흙은 우리에게 이로운 영향을 많이 끼친다. 벌레나, 신발이 더러워진다는 이유만으로 흙을 싫어하고 기피할 이유는 전혀 없다는 것이다. 편의만으로 건강을 잃고 본질을 잃는 것은 옳지 않다고 생각한다.

현대의학이 발전함에 따라 아프면 병원 가는 것이 당연시되고 있지만, 그러기 전에 본인이 얼마나 인공적인 환경에 의존하며 살아왔는지 다시금 새겨보고 산으로 가서 포실 포실한 흙에 발을 살짝 묻어 보는 것도 나쁘지 않을 것이다.

흙이 우리에게 무한대로 내주는 것에 비해 우리는 흙을 하대했던 것 같다.

♡ 흙의 소중함

흙의 존재 이유와 그 가치를 알아보고 흙이 존재하기까지의 과정을 학습한다면 흙이 새롭게 보일 것이다. 시간이 나면 순수하게 흙이 깔린 길을 밟아보고 흙이 선사하는 자연의 소중함을 느껴 볼 참이다.

대지가 인간의 어머니란다. 흙이 얼마나 우리 삶에 크나큰 영향을 미치는지 비로소 알고 있다면 환경 사랑의 실천은 흙에서부터, 흙으로부터 시작하는 것이 바람직하다는 나의 생각에 잠겨 본다.

농촌

지구촌 어느 나라든 나라마다 농촌이 있다. 물론 어촌도 있고 산촌도 있지만 인류가 살아갈 양식을 기르는 곳은 농촌이다. 그러나 현실 속 청소년, 장년도 농촌에는 무관심하다. 그러면서도 농촌에서 나오는 것을 먹어야 산다. 하여 필연 농촌과 농사를 알아야 하는데 그건 모르더라도 월급만 많이 타오면 된다는 말은 맞는 것 같지만 부족하다. 먹을 국민은 1만 명인데 생산 농촌의 땅이 부실하고 농민 숫자는 10명이면서 초고령화에 영농인구까지 줄어든다면? 한국만의 문제가 아니라 지구촌 전체가 그렇게 된다면? 우리 미래의 식량문제는 인류멸망이나 기아현상이 될 게 뻔하다. 가서 농사를 짓지는 않더라도 농촌에 대한 이해와 관심과 지식을 가지며 먹을거리를 알고 감사한 미소가 되기 바란다.

♡ 농촌은 부모와 같아서

이번 주제는 농촌이다. 농촌의 사전적 의미는 주민 대부분이 농업에 종사하는 지역이나 마을인데, 도시화에 익숙해진 우리에게 있어 다소 낯설다.

억지로라도 내 생활과 농촌의 접점을 모색해 본다면 주말농장 수준으로 작은 땅에 농사를 짓는 우리 가족의 아주 작은 농업체험이라 할 수 있겠다.

그런데 나는 우리 가족이 관리하는 밭에 가서 일손을 도운 적은 실질적으로 두 번 정도밖에 되지 않는다. 땡볕 아래서 비료를 뿌리고 물을 주는 것은 힘든 일이기에 아빠가 밭에 가자 할 때면 몸을 비비 꼬면서 싫은 티를 냈다. 이로써 요즘 아이들이 농촌에 대한 관심이 얼마나 부족한지 대충 짐작할 수 있을 것이다.

또, 유치원이나 초등학교 저학년 때 현장 체험학습을 가는 날이면 매번 농촌으로 떠났던 생각이 난다. 고구마 캐기도 해봤고, 딸기 따기 체험도 해봤다. 배추도 직접 뽑아서 김장도 해봤다. 어릴 적부터 농촌과 가까이 하며 체험할 기회가 없어서 그런지, 유치원이나 학교에서 현장 체험학습을 농촌으로 가는 게 아닐까도 생각해 본다.

♡ 먹기 전에 농부들의 노고에 감사

현장 체험학습을 할 때마다 직접 수확한 농작물을 집으로 가져왔는데, 집에 귀가할 당시 유치원 선생님께서 매번 강조하던 말씀이 농부들 노력을 생각해서라도 밥을 남기면 안 된다, 우리가 잔반을 많이 남기는 것을 지적하며 농부들의 노고를 강조하셨던 기억이 난다.

초등학교 저학년만 해도 급식을 다 먹고 난 뒤 담임 선생님께 찾아가 잔반 검사를 받고 최종 허락을 맡아야 남은 잔반을 버릴 수 있었다.

♡ 농촌 하면 바로 떠오르는 것

잔반을 버리기 위해 담임 선생님께 허락받으러 갈 때면 매번 아프리카 아이들은 이것조차 먹지 못한다며, 이 잔반을 버리면 힘들게 기른 농부들의 농산물이 버려지는 것이라며 되도록 다 먹으라고 말씀하셨다.

글을 쓰며 생각해 보니, 어릴 적부터 농촌의 중요성을 생활 속 많은 부분에서 인지하고 있었을지도 모르겠다는 생각이 든다.

농촌 하면 바로 떠오르는 것이 무엇이냐, 아마 다수의 친구들이 논과 밭을 생각할 것이다. 그 논과 밭에서 농부들은 경작한다. 이처럼 농촌에 거주하는 농민들은 경작을 통해 소득을 발생시킨다.

누군가 나에게 농촌의 필요성을 몇 가지 말해보라 한다면 주저앉고 식량 공급 기능에 가장 큰 비중을 둔다고 할 것이다. 글을 쓰기 위해 몇 가지 찾아봤는데, 농촌자원개발연구소의 자료에 보면 농촌이 필요한 이유는 식량 공급의 기능을 해주기 때문이라고 되어있다.

♡ 미래의 단백질 보충

식량의 안정적인 생산과 공급은 국가 경제를 좌우하는 중요 요소이자, 식량이 무기화될 수 있다는 것이라는 건데, 생각해 보니 이러한 문제는 학교에서도 배운 적이 있었던 것 같다.

대표적으로 학교에서 했던 독서 활동 중《왜 세계의 절반은 굶주리는가》라는 책을 읽고, 문제점을 제시하고 그 문제점 해결을 위한 구체적 방안 써 보기였는데, GMO(유전자변형 농산물)의 찬반 견해 논문도 작성했던 기억이 난다(나는 양측의 견해 모두 수용했다).

또, 학교에서는 미래 식량난이 가장 큰 문제로 다가온다며 외부 강사를 초빙해 왜 이러한 일이 발생했는지, 이 문제의 실질적 방안이 무엇이 있을까 모색하는 단계에서 내가 제일 싫어하는 벌레들을 이용한 단백질 섭취 방법을 예시로 들었는데 진짜 기절할 뻔했다.

미래의 단백질 보충은 고단백질 벌레인 귀뚜라미와 밀웜(햄스터가 주로 먹는 딱정벌레목 거저리과) 등으로 이뤄진다는데, 내가 햄스터도 아닌데 왜 밀웜을 먹어야 하는지 의구심이 들었다.

♡ 거의 100%가 수입?

당시에는 식량으로 인한 경제적 문제가 마치 먼 일처럼 느껴졌다. 우리가 먹는 밀가루는 자급률이 2%도 안 된다 하니 거의 100%가 수입이라 봐도 무방하기 때문이다. 이건 우리나라 농경지가 국토 면적 대비 매우 적다는 데 관심을 두려고 한다. 찾아본 자료에 의하면 우리나라 농경지는 전체 국토에서 16% 정도에 달하는 미미한 수준이라는 것. 놀랍지 않은가?

우리 삶을 영위하기 위한 3가지 충분 요건으로는 의식주 문제다. 금강산도 식후경이라는 속담이 있듯, 한국인은 밥심이라는 말도 있으나 농촌의 농경지가 현저히 부족하고, 게다가 현재 많은 사람이 밀가루를 주식으로 섭취하기 때문에 이로 인한 현실을 외면하는 우리의 태도가 잘못된 것인데도 이를 인지하지 못하는 사람들이 많다.

사실, 교과서에도 이런 점은 간과되고 있다. 농촌의 어려움보다는 도시화에 따른 사회의 변화가 더욱더 중요하다. 먹지 못하면 우리는 말 그대로 기아 상태에 놓일 것이다. 코로나19 사태가 잠적할 수 있다는 희망을 염원하는 이 시점에서 식량난을 고려하지 않는 것은 잘못됐다고 본다. 또한, 농촌은 국민 정서의 순화 기능을 도맡음과 동시에 환경교육의 장이 된다.

눈이 피로하면 산을 보라는 말이 있다. 풀이 무성하게 난 농촌은 말 그대로 힐링하기 좋은 장소다. 한 번쯤 풀벌레가 지저귀는 자연의 소리를 들으며 그 순간의 고요함을 느끼는 것이 가장 큰 힐링이 아닐까 싶다. 저벅거리는 흙을 밟으며 그대로의 살아있음을 느끼는 것이 아마 가장 큰 힐링이 아닐까?

그리고 앞서 말했듯 유치원, 초등학교 저학년 때 현장 체험학습을 줄줄이 농촌으로 갔듯 환경교육의 배움터가 될 수 있다.

환경교육으로 인해 환경이 얼마나 소중한지도 알 것이고 당연히 발전된 사회의 산물인 스마트폰을 이용해 노는 것보다는 친구들과 뛰놀며 자연과 밀접하게 지내는 것이 건강에 더 유익하다는 것을 누구나 다 알 것이다. 이렇게 농촌은 우리에게 정서적으로 주는 이로운 점이 많다.

찾아보면 농촌이 우리에게 주는 소중함은 정말 많다. 우리가 인지하지 못할 뿐이다. 드러나는 농촌의 소중함과 드러나지 않은 농촌의 소중함은 셀 수 없이 많을 것이다. 파고들자면 끝도 없을 정도로 말이다.

농촌 중 일부는 도시를 지키는 그린벨트 구역으로도 본분을 다하는데, 여기서 말하는 '그린벨트 구역'이란 개발제한구역을 뜻한다. 농촌의 공익적 기능 중 자연환경적인 기능이 고려되지 않은 무조건적 개발만이 이루어진다고 가정한다면, 국민에게 제공되는 자연친화적인 기능은 적을 것이다.

따라서 그린벨트 기능은 무분별한 개발을 줄게 하여 순간의 개발이 가져다주는 편리함보다 후대까지 오랫동안 누릴 수 있는 농촌의 안락함을 더 중요시한다는 것이다.

개발이 되면 물론 우리의 생활은 더 용이해진다. 누릴 수 있는 여가 생활도 늘고, 삶이 좀 더 윤택해지지만, 무분별한 개발은 지구를 아프게 한다. 자연환경을 배척한 인문환경, 그로써 발생하는 매연 등으로 지구는 병들고 있다. 농촌에서의 먹이사슬 관계가 공존하는 것이 원활한 인류 생활 유지에 기여할 것이다.

♡ 시작은 농촌 사랑부터다

인간은 왜 어리석게 인간들끼리의 공생에만 목을 매는 것인지 의문이다. 환경이 받쳐주지 않는다면 아무 소용이 없다. 농촌이 황폐해지고 농촌 그 자체와 자연이 황폐해진다면 우리의 기초가 되는 삶의 환경이 무너진다.

인간은 필연적으로 자연과 공생해야 더 나은 삶을 살아갈 수 있다. 또한, 후대에도 청렴한 사회를 되물려주기 위해서라면 자연을 소중히 해야 할 것이다.

그 시작은 농촌 사랑부터다. 너무 큰 것을 실천하기보다는 우리 생활에 실질적인 영향을 부여하는 농촌을 살리는 배려부터 시작해야 한다. 농촌의 순기능과 그 감사함을 인지하는 것부터 농촌 사랑은 시작된다.

주말농장을 운영하라는 주장이 아니다. 단지 농촌에 대한 감사함을 가지고 작게나마 실천에 옮기는 것 역시 농촌에 대한 이해를 넓히는 것이다.

미 해군대장 맥레이븐이 한 말을 차용하자면 세상을 변화시키려면 이부자리부터 제대로 정리하라고 했다. 작은 것도 실천 못 하는 사람은 큰일을 행하지 못할 것이라고 다그치기도 했다.

따라서 작은 것부터 실천하며 점진적으로 큰 것을 향해 나아가는 행동을 진취적으로 지녀야 할 것이다. 농촌을 사랑하는 것이, 나아가 지구를 위한 것이며 후대를 위한 것이라는 사실을 인지하고도 무관심하다면 정말 바보 같은 행동일 터, 이제부터 나라도 먼저 이 사실을 인지하고, 나부터 농촌 사랑에 한 발짝 기여하기로 했다.

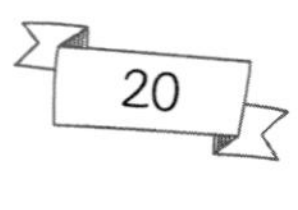

물

KEYWORD

놀라울 것이 정확할 정도로 지구에는 물이 70%이며 땅이 30%인데, 더 놀라운 것은 우리 몸 역시도 물이 70%라는 사실이다. 인간 생명은 첫째가 호흡할 공기지만 거의 동급으로 중요한 것이 물이다. 물은 크게 해수와 담수로 나뉘지만 바닷물이고 민물이고 간에 물은 똑같은 물이 아니라 맛도 다르고 성질도 다르다는 것은 알 게 아니라 할 문제가 아닌 것이 물은 생명이기 때문이다. 물 모르는 학문도 학문일까? 물을 배우지 않는 것도 공부일까? 영어수학만 공부라고 생각하거나 문화예술만 재능이라고 보기 쉬운데 물은 살리는 물에서 죽이는 물이 될 수도 있고 단순 환경 문제를 넘어 생명 문제의 기초가 되는 것이 물이다.

♡ 물에서 자라난 나

우리는 어쩌면 세상으로 나오기 전부터 물과 함께했다고 해도 과언이 아닌데 내가 이런 의견을 내세우는 이유는 바로 '양수' 때문이다. 양수란 양막에 둘러싸여 있는 액체로 엄마 뱃속에서 태아를 보호하는 중요한 역할을 하는, 말 그대로 '물'을 뜻한다. 이렇게 우리는 양수라는 물을 통해서 보호받고 자라며 엄마의 뱃속에서 서서히 점진적으로 커간다는 것은 나중에 알았다.

뿐만 아니라, 물은 우리의 삶에도 많은 영향을 끼치는데 예를 들어 물을 많이 마시면 피부가 좋아진다든지, 몸속 노폐물이 빠져나간다고 하는 등 많은 정설이 있다. 소위 말하는 '물 다이어트'가 한때 유행했던 것처럼 물이 우리에게 주는 이로운 점은 참 많다.

과연 우리는 물이 없으면 살 수가 없다. 우리 몸속의 70%가 물로 이루어져 있다는 것부터 물이 얼마나 우리 몸에 큰 영향을 미치는지 알 수 있다.

이 글을 쓰기 위해 여러 자료를 찾아보다 꽤나 흥미로운 기사를 보게 됐는데 화장실 문고리가 고장 나서 화장실에 5일 동안 고립된 사람이 화장실의 수돗물만 먹고 5일을 버텼다는 것이다. 물만 먹고 5일이라, 참 대단하다는 생각이 든다.

포괄적으로 물은 우리 생체뿐만 아니라 지구상 모든 기후를 좌우하며 모든 식물이 뿌리를 내리는 토양을 만드는 힘이 되고, 증기나 수력 전기가 되어 근대산업의 근원인 기계를 움직이게도 한다.

인간을 제외한 다른 생물의 생명 현상도 여러 가지 물질이 물에 녹은 수용액에 의해서 화학변화가 복잡하게 얽힌 것이라는데, 물이 얼마나 모든 생물과 우리에게 막대한 영향을 주는지 다시 한번 깨닫게 됐다.

♡ 물 낭비

하지만, 우리는 자원 낭비와 동시에 물 낭비 또한 적지 않게 하고 있다. 초등학교 때부터 물을 낭비하지 않기 위해 실생활 속 많은 노력을 기울여야 한다는 소양 교육까지 받은 적이 있다.

물 부족 국가라지만 결코 바다가 메마른 적은 없었다. 물론, 바다가 마르려면 막대한 시간이 걸리지만 '물 부족 국가'라는 아픈 표 딱지를 붙이고 이에 대한 소양 교육을 필수로 하는 나라라면, 물을 얻기 어렵거나 물을 먹거나 사용하기에 신중해야 된다 생각했는데 예상 외로 물을 얻기란 참 쉽다.

집에서는 정수기만 누르면 물이 나오고, 수도꼭지를 틀면 물이 쏟아져 나온다. 고등학교 과학 시간에는 물의 평형식을 배우는데 이것을 식으로 풀어내자면 P=E+T+R+I이다. 대충 강우량은 증발량과 증산량, 유수량과 지하수로 빠져나가는 양과 동일하다는 것이다. 한 마디로 비가 내리는 양만큼 물이 순환한다는 것이고 이로써 평형을 이룬다는 것이다.

♡ 바닷물 순환은 3,100년

물의 순환이란 전 지구적 물질의 순환 중 하나로 물 분자가 대기, 육지, 담수와 해양 사이를 상 · 변이하며 이동하며 순환하는 것을 뜻한다.

각 저장소 간 물이 교환되는 방식으로 물이 순환하며 대개 대기의 물의 순환 시간은 9일, 강은 12일에서 20일이며, 호수의 경우 호수의 깊이, 면적, 배수량에 따라 수일에서 수세기에 걸치는데, 바다는 3,100년이다. 엄청난 양의 물에 비해서는 굉장히 빠른 속도다. 지구계의 물의 순환은 주로 태양복사에너지에 의해 일어나는데 물은 단순히 증발됐다고 해서 소멸되는 것이 아닌 고체, 기체, 액체로 상태가 변하면서 순환한다.

예를 들자면 바다의 물이 태양복사에너지에 의해 수증기화되어 구름으로 응결된다면 그것은 수권에서 기권으로 이동한 물의 순환이고, 수증기가 구름으로 응결되어 다시 비가 되어 내린다면 기권에서 수권으로 순환한 것이다. 이처럼 물의 순환은 기권과 수권으로 한정되어 있는 것이 아니라 지권 등 여러 권으로 이동하며 순환한다는 것도 알게 되었다. 그러므로 물의 순환은 생물권에도 많은 영향을 끼친다.

물이 막강한 영향을 미치고 광활한 역할을 하는데 우리는 그것을 교과서를 통해 배우고, 배웠음에도 불구하고 물을 낭비하는 습관은 여전하다. '내가 오늘 작정하고 물을 낭비해볼까?' 하며 물을 낭비하는 사람은 없겠지만 자신도 모르게 낭비하는 습관이 제일 문제다.

♡ 큐드럼과 생명빨대

글을 쓰는 나라고 지금까지 물을 아끼며 살아왔던 것은 아니다. 한 번 더 재사용해도 되는 물을 그냥 아무런 생각 없이 흘려보냈던 경험이 더 많다. 참 창피한 경험이다.

사실, 우리나라는 물을 정수하는 시스템이 잘 갖추어져 있는 편이라 깨끗한 물을 어디든 찾아 마실 수 있으나 복에 겨워 망정이지 깨끗한 물을 마실 수 없는 나라가 많다는 것도 알았다. 익사뿐만 아니라 더러운 물로 생명의 위협을 받아 사망한 사람이 적지 않다는데, 물을 먹지 않으면 사람이 도통 살 수 없으니 육안으로 보기에도 더러운 물을 길러 먹었을 것을 생각하니 참 안타깝다는 생각이 든다.

물이 얼마나 우리 삶에 막강한 영향을 끼치는지 발명품 중 물과 관련한 것이 있다. 내 나이 또래는 교과서에 관련된 문헌이 있어 많이들 알고 있는 큐드럼(Q drum)과 생명빨대(Life straw)인데, 두 발명품 모두 물로 인해 생명을 위협받는 물 부족 국가에 보급된 발명품이다.

우리가 계속 물을 펑펑 쓰다 보면 어떻게 될까. '물 쓰듯 쓴다'는 말이 있을 정도로 물을 얼마나 많이 쓰는지 간접적으로 알려주는 말이다.

♡ 물로 인한 전쟁 예견

하지만, 물 쓰듯 물을 쓰면 전쟁이 난다는 말도 있다. 내 의견이 아니라, 세계보건기구가 21세기 전쟁은 물로 인한 전쟁이 예견된다고 했다. 물 전쟁이 단순히 21세기만의 문제가 아니라 사실 오래전이라면 오래전부터 있었던 전쟁이었다.

가장 대표적인 물 전쟁은 1961년 '골란고원 점령사건'으로, 시리아가 요르단 강 상류에서 물길을 차단하자 이스라엘이 전면 공격을 감행한 사건인데 타국 일이라고 간과할 게 아니라, 이렇듯 앞으로 물로 인한 전쟁이 예상된다고 하니 우리 후대를 위해서라도 최악의 상황을 만들어내면 안 된다는 것이 내 입장이다.

할아버지께서는 이 책을 쓰는 이유가 단순히 할아버지 잘되려거나, 너 잘 되는 것에 그치는 것이 아닌, 후대를 위해 선한 영향을 이 사회에 주기 위함이라고 말씀하셨다.

그러니 내가 이 책을 쓰는 도전의 이유는 후대를 위함이다. 곧 차세대를 위한 건데 이렇게 물을 낭비하고 또 낭비하다 보면, 아무리 우리가 물과 밀접하게 생활하고 있어 물을 물 쓰듯 한다지만 여기서 물을 낭비하다 보면 어쩌면 우리 간에 물 전쟁이 야기될 수도 있다는 것이 내 주장이다.

♡ 빗물을 먹어도 됐었을 정도

이번 코로나19 사태 초반에도 우리나라 지도자들이 우리나라는 코로나에 괜찮을 거라며 간과했었다. 하지만, 예상은 빗나갔다. 현재 우리나라는 경제난에 시달리며 수많은 자영업자가 생계의 위협을 받고 있다. 자영업자뿐만 아니라 일반인에게도 역시나 많은 영향을 끼치고 있다.

현재 우리가 너무 당연하게 쓰는 물도 언젠간 당연하지 않을 것이다.

아빠가 하신 말씀으로 본인은 어렸을 때 물을 사서 먹은 기억이 없다고 한다. 물을 사 먹을 필요가 없을 만큼 물이 깨끗해서 빗물을 먹어도 될 만큼 겨울에는 고드름도 따먹었다고 하셨다.

요즘은 비 맞으면 머리 빠진다며 비를 기피하고 물은 꼭 정수해서 먹거나 끓여서 먹음으로 물속에 있는 나쁜 균인 박테리아 등을 살균한다.

어렸을 때 고드름을 보고 신기해 따먹으려 하다가 아빠께서 먹지 말라 더럽다고 하셔서 안타까운 마음을 갖고 시무룩해 하자 아빠가 시판되는 아이스크림인 '고드름'을 사주셨던 기억이 생생하다.

그렇게라도 고드름을 먹지 못한 한을 풀었던 어린 날의 기억이 생생한데 아빠의 어릴 적은 불과 40년 정도다. 40년 만에 물을 사 먹게 됐고, 내리는 비 역시 깨끗한 비가 아닌 산성비로 기피하는 수준이 됐다.

산성비라 그런지 많은 건물을 부식하고 농작물들이 원활하게 크는 것을 방해한다. 고작 40년 만에 일어난 이 변화를 단순한 변화로 받아들여 심각하게 생각하고 있지 않는다.

그렇다면, 내가 이다음 50살이 되고 꼬부랑 할머니가 된다면 우리 또한 생명빨대를 소지하게 되지 않을까? 어쩌면 우리 삶이 무엇보다도 물로 인해 위협받지 않을까라는 생각을 하게 된다.

물은 우리에게 절대적인 존재다. 이 필연적인 존재를 간과하고 언제나 우리 곁에 남아있어 줄 거라는 것은 오산이다.

우리는 물을 보존해야 하고 우리 스스로가 보호해야 한다.

그래야만, 나도 잘살고 우리 후대도 잘 산다. 절대적 존재인 물을 지키는 것이 우리 사회를 보존할 수 있는 하나의 방법이 아닐까?

물을 보호하고 보존하는 것에 있어 우리 삶이 달라질 수 있다는 사실… 모두가 인지하고 물을 더 소중히 했으면 하는 것이 나의 바람이다. 오늘은 여기까지다.

21 나무

뭉뚱그려 식물이라 할 수도 있으나 나무를 제목으로 하고 이제 나무와 나, 채소와 나, 온갖 풀과 같은 식물들과 나를 생각해 보자. 앞서 지구가족 글에서 좀 해 본 생각이지만 정말 친근하고 가까운 지구가족 중에는 지금 유행하는 반려묘나 반려견보다 월등히 앞자리에 세워 마땅한 게 바로 나무와 풀이다. 나무가 없다면 우리는 살까 죽을까? 답은 숨 쉴 공기의 절대 요소가 되는 산소가 부족해 질식하고 만다. 알고 보면 고산지대에 오를수록 호흡이 어려운 고산병도 나무가 없으니 산소가 나오지 않는 현상이다. 나무는 우리를 지키는 양팔이다. 잡초처럼 보이는 들풀도 우리가 먹는 채소거나 약초이면서 동시에 산소공급원이다.

♡ 줄 줄만 아는 나무

나무를 떠올리면 가장 먼저 생각나는 책은 많은 사람이 알 법한《아낌없이 주는 나무》이다. 줄거리는 대충 이렇다.

사과나무와 소년은 친구 관계에 있었으며 함께하는 마음이 있었는데, 소년은 어른이 되어 가는 과정에서 돈이 필요했고 나무가 자기의 열매를 팔아 쓰라고 했고 소년은 열매를 모두 가져갔다.

곧이어 어른이 된 아이는 집이 필요하다며 나무에게 말했고, 나무는 자기의 가지로 집을 지으라고 했고 아이는 나뭇가지를 모두 가져갔다.

시간이 흘러 나이가 든 남자가 멀리 떠나고 싶다고 하자 나무는 자신의 줄기를 이용해서 배를 만들라고 했고 남자는 줄기를 이용해서 배를 만들어 떠났다. 떠난 남자는 시간이 흘러 노인이 되어 돌아왔다. 노인은 피곤해서 쉴 곳이 필요했다. 나무는 그루터기만 남은 자신에게 앉으라 했고 남자는 나무 위에 걸터앉았다. 남자는 진정으로 행복하다고 했다는 내용의 책이다.

♡ 나무에게 준 것은?

이렇게 단편적 줄거리만 본다면 인간과 자연이 서로의 가치를 인정하며 행복하게 상호 공존하는 삶을 살아가며 생을 끝낸다는 해피엔딩의 스토리지만, 책 한 권을 모두 정독하면 남자가 나무에게 물질적으로 준 것은 없다고 봐도 된다.

나무는 남자를 위해 모든 것을 줬다. 나무의 80%가 다 없어졌음에도 불구하고 마지막까지 자신의 그루터기에 앉아 쉬라는 말을 남기고 나무와 남자 모두 마지막 여생을 함께한다.

언뜻 보면 자연과 인간이 이렇게 친하게 지낸다는 것을 내포하는 것 같지만, 면밀히 읽어보면 의외로 자연을 무자비하게 사용하는 인간 중심주의를 비판하는 듯한 내용을 담고 있다.

실제로 작가의 픽션으로 구성된 가설이 아니라, 실제로 인간은 자연을, 그리고 나무를 너무 훼손하고 있다. 인간이 가장 많이 훼손하는 자연 중 하나를 꼽아보자고 하자면 바로 나무일 것이다.

♡ "왜 종이를 아껴야 해요?"

나는 어렸을 때부터 그림 그리는 걸 좋아해서 유치원 자유시간일 때면 스케치북과 크레파스를 가져와 그리곤 했는데, 그림을 그리고 스케치북을 넘기던 나를 보던 유치원 선생님께 종이를 아껴야 한다는 꾸지람을 들은 적이 있다. "왜 종이를 아껴야 해요?"라고 되묻는 내 질문에 모든 어른이 '나무를 위해서'라고 했다.

이렇듯 우리가 가장 가까이 하고 가장 가깝게 접할 수 있는 종이 한 장 한 장이 나무의 일부라는 것이다.

나무의 학술적인 뜻은 나무질로 된 줄기 또는 가지를 가진 여러해살이식물을 통틀어 이르는 말이다. 또한 나무는 흔히 지구에서 가장 거대한 단일 생명체라고 알려져 있다. 나무가 무엇인지는 누구나 다 알지만, 막상 엄밀하게 정의되지 않는다.

♡ 대나무 이름만 나무일 뿐, 분류는 풀

내가 나무를 공부하며 의외의 지식을 습득했는데 대나무는 이름만 대나무일 뿐, 사실상 분류는 풀로 되어 있다는 것이다. 그 외에도 명칭만 나무이며, 사실상 식물학에서는 초본 식물 즉, 풀로 분류되어 있다는 사실에 놀랐다.

또 나무의 조건이 얼마나 깐깐한지 나무 조건을 다 갖추었어도 다 자란 상태의 키가 너무 작으면 나무가 아니라 관목으로 분류하기도 한다. 예를 들자면 무궁화나 진달래 또는 개나리 같은 종류를 떠올리면 쉽다. 그런데, 정확히 어느 선 이상으로 자랄 수 있어야 나무인지는 엄밀하게 정의되지 않는다.

보통 최대로 성장한 나무의 키가 2m 이하이면 관목으로 분류하며, 현실적으로 성인보다 크지 않다 싶으면 관목으로 분류하는 경향이 있다. 나무의 분류와 그 종류가 엄청 많아 7쪽에 다 담기에는 역부족이기에 여기까지 기재하도록 하고….

♡ 나무에 대한 다큐멘터리

나무라는 주제로 글을 쓰다 우연히 외국 TV를 보니 마침 분재에 대한 주제로 분재의 아름다움을 설명하는 다큐멘터리가 나왔다.

나무를 공부하며, 분재들도 많이 봤는데 나는 분재를 딱 공부했을 때는 분재가 과연 본래 그 나무의 아름다움을 보존하는 것이 아닌 인간의 손으로, 덧붙여 인간의 욕심으로 나무 형태를 의도적으로 변화시키는 것이므로 분재 자체의 행위를 그리 긍정적이게 보지는 않았다.

분재 같은 개념을 일반적으로 분 가꾸기라고 하는데, 말 그대로 나무를 분에 심어 가꾸어 즐기는 행위임에는 틀림없으나 분 가꾸기 경우와는 달리 몇 가지 조건이 요구된다. 그 하나는 가꾸어지는 나무가 자연스럽고 고목다운 운치를 풍겨야 한다는 것이다.

나무에게도 하나의 생명이 있다. 사람처럼 필연적인 생명이 요구되는 것은 아니지만 생명이 있기 때문에 죽기도 하고 번성하기도 한다. 분재는 말 그대로 회화(繪畫)나 조각처럼 하나의 예술 작품으로 다루어짐에 있어서 참으로 인공적이라는 느낌이 강하게 든다. 그래서 자연의 보존성을 주안점으로 따지자면 분재는 그에 반하는 개념이기 때문에 그런가 보다.

하지만, 다큐멘터리의 내용 속 주안점은 분재는 아름다운 인간의 행위예술이라는 것이었다. 단순한 인간의 행위예술에 그치는 것이 아닌 자연과 인간이 이루는 하나의 합작 행위예술이라는데 분재에 대한 부정적인 의견은 나의 지극히 주관적인 의견이니 분재를 어떻게 보면 긍정적으로 보는 사람 또한 있을 것이다.

♡ 분재에 대한 생각

인간의 삶에 자연스럽게 녹아들어 분재를 키우고 작은 나무를 사랑하는 습관을 들인다면 자연스럽게 창밖에 세워진 나무도 사랑할 수 있고 나아가 광범위하게는 환경 역시 사랑할 수 있을 것이라 생각한다.

이것이 내가 생각하는 분재의 이점이다. 사실 분재가 집안 인테리어로만 쓰이지 않고 심리적 요인에서 안정을 주기 때문에 긍정적 요인도 있다고 본다. 억지로 나무의 본래 모양새를 변형시키는 것이 아닌 인간을 위해 억지로 모양을 변화시키는 것이 확실하지만 사실 분재가 나쁘다 나쁘지 않다는 논제 앞에서 내 견해는 한없이 작아지기 때문에 결론을 내리자면 잘 모르겠다.

하지만, 확실한 점은 나무가 심각하게 훼손되고 있다는 것이다. 지구의 허파라고 불리는 브라질 삼림은 전 세계 삼림의 3분의 1을 가진 나무들의 집합소인데 삼림이 남벌되면서 이산화탄소를 산소로 바꾸는 지구의 조절 장치가 고장나고 있다.

또한, 아마존 역시 극심하게 훼손되면서 친화적인 나무의 필연적인 활동량 역시 적어졌다는 소리다.

나무가 어느새 갑자기 남벌된 것이 아니다. 환경이 나빠지고 나빠짐으로 인해, 또는 인간의 편리를 추구하게 됨으로 인해 나무가 우리로부터 죽임을 당한다는 표현이 어쩌면 더 정확할지도 모른다.

♡ 나무를 본래 그대로 지켜야 하는 이유

호흡 활동은 우리 삶에 필수불가결하기 때문에 원활하게 숨을 쉬지 않으면 생명에 지장이 있다. 삼림이 많으면 많을수록 동식물들의 집터가 늘어나고, 이산화탄소를 산소로 바꾸는 생태학적인 활동을 함에 있어 선순환이 되기 때문에 나무를 지켜야 한다.

사실 내가 앞에 기재한 나무의 본래 그대로를 지켜야 하는 이유의 절반은 그게 우리의 삶과 직결되는 문제이기 때문이다.

나무가 잘 살아있어야 우리 삶을 영위할 수 있다는 이야기다.

누군가는 이렇게 말할 수도 있다. 4차 산업혁명이 도래함으로 인해 우리가 영화 속에서 봐왔던 첨단세상이 머지않았다고 말이다.

틀린 말은 아니다. 우리는 현재의 기술에서 정체하고 멈춰있을 뿐만 아니라 더 발전하고 더 새로워질 것이다.

그만큼 우리는 환경을 소중히 여기기보다는 인위적인 환경에 더 쉽사리 노출되어 인위적인 환경에 편리함을 느끼며 사는 경향이 있다.

사실, 인위적인 환경이 삶의 편의를 높이는 것은 명백한 사실이다. 하지만 인위적인 환경에 쉽게 노출될수록 환경에 대한 생각은 무지하게 변해간다. 단순히 환경에 대한 흑백사고만 남을 뿐이다. 그런 마인드 역시도 우리는 바꾸어야 한다.

♡ 후손을 위하는 마음

후손 이야기도 빼놓을 수 없다. 생물이 살아가는 목적 역시 번성이라고 한다면 인간이 살아가는 이유 역시 번성과 대를 잇기 위함일 것이다. 그렇다면, 세대가 바뀌어 현재 17살인 내가 누군가의 엄마가 된다면? 그런데 그 때에 우리와 함께 공존할 나무들이 듬성듬성 잘려 나가고 죽어있어 제 몫을 하지 못한다면? 멸망은 조금 과한 말일 수도 있으나, 나는 단순히 멸망이 전쟁으로 인해 도래되는 것이 아니라고 생각한다. 왜 우리는 스스로가 멸망의 길로 접어들고 있는 것일까?

나무를 사랑하고 삼림을 사랑하는 것이 우리 삶을 사랑하고 후손을 위하는 마음가짐이 아닐까?

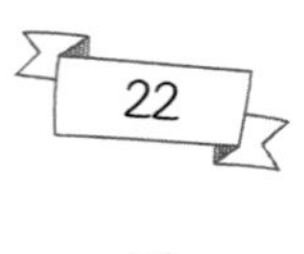

돌

해 보지 않았을 돌 공부는 지구를 좀 안다는 사람의 기본이다. 돌이 곧 흙이고 돌이 곧 땅이며 돌의 작은 알갱이가 갯벌이 되는가 하면 모래가 다시 돌로 굳어 흙은 또 퇴적암이 되어 쌓이는 등등. 자연의 이치는 단순 순환의 이치만이 아니다. 그로써 인간이 사는 땅과 흙이 만들어지는 것을 넘어 지구촌 모든 생물과 무생물이 살아갈 터전이 만들어진다는 것은 참 흥미롭고 재미있는 공부가 된다. 돌이 근원 땅이 되는 시작은 마그마다. 마그마는 화산폭발을 일으키며 터지는데 놀라운 건 지표면을 뚫고 나온 마그마가 식으면서 각기 다른 암석으로 굳어진다는 것이다. 더 놀라운 건 돌 속에 지구 존재 산소의 99.99%가 들어 있다 하니 무한대로 배울 거리가 많은 게 돌이다.

♡ 면밀히 보면 각기 다른 돌

사람마다 각각 생김새가 다르듯 돌도 각기 다른 모양새다. 이번에 돌이라는 개념을 좀 더 공부하기 위해 검색해 봤는데, 돌은 바위 조각으로 모래보다 크며 또는 천연의 무기질 고체로 모래보다는 크고 바위보다는 작은 광물질의 단단한 덩어리라고 정의한다. 또한 돌은 우리가 쉽사리 부르는 명칭이고 과학적인 용어로는 암석류라고 한다.

우리가 알고 있는 암석은 지각을 이루는 물질이다. 검색한 내용에 따르면 돌은 암석, 암석은 지각의 물질인데 그렇다면 땅바닥에 굴러다니는 돌은 우리가 밟고 지나다니는 지각이라고 할 수 있을까?

♡ 인공이 가해지지 않은 것은 모두 암석

이렇게 된다면 근본적으로 지각이 무엇인지 더 자세히 알아야 한다. 이것을 좀 더 구체적으로 표현한다면, 한 가지 또는 그 이상의 광물이나 유기물이 자연의 작용으로 모여서 어떤 덩어리 또는 집합체로 만들어진 것이다.

지구상에 있는 모든 물체의 집합체 중 인공이 가해지지 않은 것은 모두 암석이라 통용한다고 포털 사이트에서 정의하고 있다. 흔히 지각을 구성하는 암석에는 굳지 않은 지층인 표토와 굳은 암석인 기반암의 구별이 있으므로 엄밀한 의미에서 암석은 견고한 돌이나 바위를 뜻하게 된다.

사실, 나는 돌을 떠올렸을 때 '아, 돌은 암석이자 지각이야'라고 생각하기보다 오래전부터 우리 삶과 관련한 돌의 영향력은 밀접한 관계가 있다고 생각했다.

예를 들자면 돌은 무덤에도 쓰였다. 말 그대로 돌무덤이다. 우리가 배운 고인돌은 혈연을 기반으로 한 당시 토착 농경 사회의 정치 권력의 상징적 구조물로서의 의미도 있었다.

말 그대로 모든 사람이 돌무덤에 안치되는 것이 아닌 권력자에 한해 돌무덤에 안치되어 후의 안주처로 이용되기도 했다. 그뿐만이 아니라 샤머니즘의 전유물로 선사시대 신앙의 대상으로 돌이 자주 이용되었다는 것을 알 수 있다. 우리나라에서도 고인돌이나 선돌은 단순히 조상의 시신을 묻거나 표를 나타내거나 경계 표시의 의미를 넘어서 조상숭배라는 차원에까지 이른다.

♡ 불상, 석탑, 부도, 석등, 탑

현재에도 선돌은 최근까지도 동네 입구에 세워져 수호신으로서 신성시되어왔다.

이는 장승이나 경계표지석과도 무관하지 않을 듯하다. 이러한 고인돌이나 선돌에 사용된 돌은 대개 우리나라에 흔한 화강암이나 화강반암 그리고 흑운모화강암이라고 한다.

와~ 돌의 종류도 어찌나 많은지 바로 전에 썼던 나무 글을 쓸 때도 나무의 종류가 너무 많아 놀랐던 기억이 나는데 돌은 어찌나 많고 이름이 어려운지 정말 놀라웠다.

돌은 단단해서 그런지 예술로 승화되고 그 소재가 되어 조형물로 만들어지는 경우와 상징적 제재가 되어 추상적 예술로 표현되는 경우가 있다.

불상도 있고, 석탑도 있고 부도 그리고 석등 및 탑비 또는 석비 외

각종 대좌, 석주(石柱)류, 우리가 많이 보는 돌다리 석수, 석표, 석빙고 등이 있다. 진짜 많다. 돌, 즉 암석의 갈래는 그 형성 원인에 따라 화성암과 퇴적암 그리고 변성암 세 가지로 구분된다.

화성암은 용융상태에 있던 물질이 냉각, 고결되어 이루어진 암석이다.

♡ 어마어마한 돌의 종류

화강암, 유문암, 섬록암, 안산암, 반려암, 현무암, 감람암 등이 이에 속한다.

퇴적암은 기존 암석이 풍화와 침식작용으로 부서지거나 녹아내린 것이 다른 곳으로 운반되어 쌓인 암석이다. 역암, 각력암, 사암, 미사암, 셰일, 이암 등이 이에 속한다.

변성암은 화성암 또는 퇴적암이 지하에서 열과 압력의 작용을 받아 본래의 성질을 잃고 새로운 성질로 변화한 암석이다. 편마암, 편암, 천매암 그리고 점판암이 있다.

이들 암석은 단단한 정도에 따라 구별한다. 모스의 경도계로 광물 10종을 1에서 10까지 굳기를 측정해서 낮은 것부터 차례대로 구분한다.

모스 경도계, 정말 오랜만에 들은 과학 지식이다. 이것으로 초등학교 시험을 봤던 기억이 난다. 생각해 보니, 현재도 그렇고 과거도 그렇고 지구과학에서는 정말 돌을 중요시 여긴다. 어찌 보면 돌은 과거의 시대를 나타내주는 것이라 볼 수 있다.

바로 화석을 통해서인데, 표준화석과 시상화석을 통해 우리 과학자들은 선캄브리아 시대와 고생대, 중생대, 그리고 신생대의 화석까지를 분석하며 어떻게 우리 조상들이 땅덩어리에서 살아갔는지, 어떻게 생물체들이 진화를 거쳐 나아갔는지를 모색하는 데 보여주는 것이 바로 화석이다.

♡ 누가 이리 많은 돌의 명칭을 붙였을까

화석도 돌 석 자를 쓴 것이니 돌이라 간주하고, 우리 인간사회의 과학 지식과 지구의 생성까지 면밀하게 하나의 증거로 남아 현재까지 전해 내려오는 우리 모든 사회의 전유물이다.

우리가 무심코 지나쳐 밟고 갔던 돌이 이렇게 우리 사회를 변화시키는 것에 있어 크나큰 기여를 했다는 것에 놀라울 뿐이다. 돌뿐만 아니라 자연환경 그리고 생태계에는 정말 우리가 많은 시간 곁에 두고 있음에도 불구하고 소중함을 모르고 지나칠 때가 많다. 나를 포함한 모든 사람이 말이다.

성급한 일반화는 하면 안 되지만 나조차도 환경의 소중함을 모를 때가 많다. 사실상 간과하는 경우가 많다. 돌을 공부하면서 느낀 것은 정말 돌의 종류가 너무 많다는 것이다. 5000자 정도 되는 이 글에서 돌이라는 모든 학술적인 의미를 담기에는 여백이 꽉 차 있을 것이고 5000자 안에 돌이라는 것을 풀어내기도 어렵다.

앞서 썼던 돌의 종류만 해도 상당히 많다. 이것을 내가 일일이 풀어내서 쓰기는 지식적으로도 역부족이다. 단순히 돌에 대한 과학적인 지식의 의문점이 아닌 누가 이렇게 많은 돌의 명칭을 붙였을까가 궁금한 사안이다.

글을 쓰다 어느 순간 창밖을 바라보게 됐다. 돌에 관련한 글을 쓰고 있었던 터라 집안에서 육안으로 들어오는 돌을 찾기로 했는데 고층 위에서는 돌의 크기가 워낙 작아 내 눈에 보이지 않는 것인가 연신 눈알을 굴려 봐도 작은 모양의 돌을 찾을 수 없었다.

이때 머릿속에 스친 것은 암석은 우리 땅을 이루기도 하니 어떻게 본다면 또는 포괄적으로 따져서 돌은 우리 삶의 터전을 지원해주는 자원이 아니냐는 생각이 들었다.

♡ 퇴적암은 2차적인 원인에 의해

우리 땅 지구는 암석으로 이루어져 있는데 암석은 돌이라는 정의가 있었으니 억지를 조금 쓴다면 돌은 곧 우리가 밟고 있고 아파트를 세우는, 말 그대로 터전이 아닐까라는 생각이 들었다.

돌은 정말 어렵사리 오랜 기간에 걸쳐 만들어진 하나의 자원인데 생성된 곳에 따라 앞에 붙는 수식어가 다르다. 예를 들면 화성암, 퇴적암 등등 앞서 기재한 바 있지만 좀 더 설명하자면 불에서 기원한 암석은 바로 화성암이다.

지하(地下)나 지표에서 마그마나 용암이 굳어서 만들어지는 암석을 가리키는데, 지하 깊은 곳에서 천천히 굳은 것도 있고, 지표로 흘러나와 다소 빠르게 굳은 암석도 있다.

이것을 세분화해서 지하에서 천천히 굳은 것을 심성암 그리고 지표에서 빠르게 굳은 것을 화산암이라고 하는데 이뿐만이 아니라 이산화규소가 다량 함유된 암석을 산성암, 이산화규소가 아닌 금속 및 토금속 일부 전이금속 이온이 많고 상대적으로 이산화규소 함량이 적은 암석을 염기성암이라고 분류한다. 이 둘의 중간은 특히 중성암이라고 부르는 경우도 있는데 정말 머리가 아프도록 돌의 종류가 많다.

퇴적암은 2차적인 원인에 의해, 여러 지역의 암석이나 생물 등이 차곡차곡 쌓여서 굳어진 것이 암석이다. 그래서 화학적 퇴적암과 물리적인 퇴적암 두 가지로 구분하는데 화학적인 퇴적암은 물에서 특정 성분이 물에 녹지 못하고 가라앉아 만들어졌거나, 조개나 자개같이 껍질 등이 부서져 쌓이거나, 플랑크톤 등이 쌓이는 경우가 이에 속한다.

세상이 얼마나 복잡하게 이루어졌는지 알려주듯 돌의 종류도 많다. 화석이 오랜 시간 보존되어 내려왔던 것처럼 내가 무심코 지나쳤던 돌도 어쩌면 몇백 년 몇천 년 물리적인 충격으로 깨지지만 않는다면 어쩌면 내가 살고 있는 이 시점을 기준으로 미래사회까지 지나 후손들의 세상까지 보존되는 게 아닐까라는 단순한 생각도 해본다.

그러고 보니 우리 집에도 아빠가 전시해 놓으신 돌이 있는데 돌의 모양새가 참으로 신기하다. 마치 산과 같이 생겼기 때문이다. 참 신기한 것이 어떻게 풍화작용 또는 다른 작용을 거쳐 이러한 모양을 만들어 내는지 신기하다. 그뿐만 아니라, 돌에 산소가 있다는 말 들어 봤는가? 돌에 산소가 있다고 하면 이게 무슨 소리인지 갸우뚱 하는 사람들이 있을 텐데 돌은 구를 때도 쪼갤 때도 바람에도 물속을 뒹굴 때도 다 알지도 못하는 모든 작용마다 산소를 낸다는데 더 배워야 알겠지?

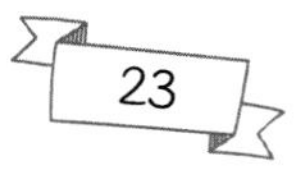

하늘

어디서 어디까지를 하늘이냐의 답은 지표면부터 시작하는 게 하늘이다. 우리 눈 위부터가 하늘이라고 보면 유치원생 답변이고 멀리 보이는 것만 하늘이라 해도 유치원생이다. 하늘은 지구 부피나 넓이의 몇 배나 되느냐의 답은 숫자로 표기조차 불가하여 하늘공간의 거리를 재는 데 쓰는 말은 광년이다. 광년이 무엇이며 그 길이가 얼마인가를 인간의 두뇌로 인지한다는 것은 불가능에 가까워, 좀 안다 하려면 지구를 떠나 우주로까지 가봐야 한다. 우주는 층층 면면 여러 단계로 구분되어 전문학문 영역에 들어가도 어려운데, 하늘은 왜 그렇게 멀고 넓은가의 답은 그저 하늘은 우리를 돕고 지켜준다는 것. 기압이 없으면 우리 몸은 걷지도 눕지도 못 한다까지 정도는 알아야 하겠다.

♡ 공활하다 그 이상의 하늘

하늘을 떠올리니 먼저 애국가 3절이 떠올랐다. 현재 글을 쓰는 이 시점 역시 막 가을이 시작되는 달이라 가을과 하늘을 각각 언급한 애국가 3절이 떠오른 것이 아닌가 싶다.

문학적이고 서정적인 뜻에서 하늘은 부정적인 의미보다 대개 긍정적인 의미를 지닌다. 하늘은 공활하고 끝없이 펼쳐져서 그런지 하늘을 떠올리면 그 부속적인 개념으로 '꿈'을 자동적으로 떠올리게 된다. 무한의 꿈을 펼치라는 말은 마냥 무한의 하늘을 비유적으로 일컫는 말의 개념과 비슷해 보인다.

왜인지는 모르지만 파란 하늘 그리고 몽글몽글한 구름을 보고 있으면 마음이 편해진다. 나는 복잡한 생각이 들 때마다 가끔 하늘을 주시한다. 아무런 생각 없이 하늘을 볼 때면 낮아 보이지만 사실은 높은 하늘이 위로라도 해주는 듯 밝은 태양 빛을 담아내고 있다.

하늘은 기권에 속한다. 고1이라면 배웠을 법한, 고1이 아니더라도 한 번은 들어 봤을 만한 기권. 세부적으로 이를 지구 시스템의 구성 요소 중 하나로 배우고 있는데, 지구 시스템은 기권, 지권, 수권, 생물권, 외(外)권으로 이루어져 있고 상호작용을 하고 있다고 지구과학 시간에 배운다.

♡ 지구 시스템

기권에 하늘이 속하는 건 맞지만, 하늘을 오로지 기권이라 하긴 의아한 점이 있는데 포털 사이트에 하늘이라고 치면 학술적 의미의 하늘의 뜻만 나올 뿐 하늘의 구성 즉 대기의 구성과 대기의 분포 등 좀 더 세부적인 지식을 알려주는 정보는 나와 있지 않다.

우리가 하늘을 보며 "어? 기권이네?"라고 하는 사람은 드물 것이다. 누가 하늘을 보며 대기라며 오늘 대기 너무 상태 좋다고 하는 사람이 있을까.

이 점은 과학자들 주장에 따라 기권과 하늘을 조금 다른 개념으로 생각하고 있을지는 모를지라도, 나로서는 이해가 되지 않는 개념이다.

하여튼, 하늘 즉 기권은 지구를 둘러싼 대기가 존재하는 영역으로 두께는 약 1,000km이다. 여기서, 지구를 둘러싼 대기는 여러 가지 기체를 뜻하며 대기는 지표로부터 1,000km까지 분포되어 있다.

높은 산에 올라가면 숨을 쉬기가 어려워지듯 대부분 기체는 지표 부근에 존재하며, 높이 올라갈수록 희박해진다. 이는, 높이 올라갈수록 중력이 작아지기 때문이다.

이 지표 부근에 분포된 대기의 종류는 질소, 산소, 이산화탄소, 수증기 등의 기체들이 섞여 있다. 질소와 산소가 가장 많은 비율을 차지하고 있으며 질소는 약 78%이며 산소는 약 21%로 이 두 개의 기체가 대부분을 차지한다.

♡ 산소는 약 21%

수증기를 제외한 기체들은 시간과 장소에 관계없이 대기에서 차지하는 비율이 거의 일정한데 이는 지표면에서 약 100km까지는 공기의 혼합 작용이 활발하기 때문이다.

우리가 살아감에 있어 필수불가결한 존재인 산소가 21%밖에 되지 않는다는 사실에 놀라웠다. 과학적으로 면밀히 파고들면 무식한 소리일 수도 있겠으나, 21%밖에 안 되는 산소 양으로 모든 사람이 살아간다는 것이 참으로 신기했다.

과연 산소는 고갈되지 않는 것인가? 물도 예전에는 사 먹지 않았지만 현재는 사 먹는 지경까지 이르렀는데 수도세가 당연해진 것처럼 우리도 곧이어 호흡세(貰)라는 것을 내는 것이 아닐까 싶어진다.

또한 기권은 높이에 따른 기온변화를 기준으로 대류권, 성층권, 중간권, 열권 총 4개의 층으로 구분되어 있는데 이 4개의 계면 각각이 참으로 신기한 본인만의 특징을 나타낸다.

먼저 우리와 가장 가까운 대류권이다. 대류권의 구간은 지표면에서 높이 약 11km이다. 기온 변화로는 높이 올라갈수록 기온이 낮아진다. 그 이유는 지표면에서 방출하는 열을 적게 받기 때문이다.

대류권의 특징은 아래쪽 공기의 기온이 높아 공기의 대류가 활발하다는 것이고, 전체 대기의 약 75~80%가 대류권에 분포한다는 것이다.

♡ 성층권과 오존

대류권은 말 그대로 대류가 일어나고 수증기가 존재하기 때문에 기상 현상이 일어난다. 예를 들자면 눈, 비, 구름 등이다.

다음은 바로 성층권이다. 성층권의 높이는 약 11~50km이다. 기하급수적으로 높이가 확 늘어났다. 성층권의 기온변화는 높이 올라갈수록 기온이 상승한다. 대류권과 정반대인 셈인데, 그 이유는 오존층이 자외선을 흡수하여 가열되기 때문이다. 지구온난화를 효율적으로 방어할 수 있는 하나의 버팀목인 '오존층' 덕분이다.

하지만 난 이 부분에서 의구심이 들었는데 왜 성층권의 기온이 오존층에서 가장 높지 않냐는 것이었다. 찾아보니 그 이유는 오존의 밀도는 높이 약 25km에서 최대지만, 태양 에너지는 대기를 통과해 내려오면서 점차 감소하므로 오존량 에너지가 적절히 많은 성층권 계면에서 온도가 가장 높기 때문이라고 한다. 지구과학 시간에 한잠도 자지 않고 초롱초롱하게 눈을 뜬 채로 수업을 들었던 나지만, 책을 써내려가며 처음으로 안 흥미로운 사실이었다.

성층권의 특징으로는 위쪽 공기의 기온이 높아 대류현상이 일어나지 않고 기층이 안전하다는 것이다. 그렇기 때문에, 대기가 안정하기 때문에 비행기의 항로로 이용된다.

예전에 할아버지와 미국에 간 적이 있었는데, 아마 비행기가 성층권을 항로로 사용한 것이 아닌가 싶다.

♡ 중간권 계면과 유성

다음은 약 50~80km의 구간인 중간권이다. 높이 올라갈수록 기온이 하강하는데 이유는 높이 올라갈수록 지표에서 방출되는 에너지가 적게 도달하기 때문이다. 지표와 현저히 멀어졌다. 지표에서도 태양복사에너지를 받아 열을 분출하기 때문에 아지랑이 같은 현상을 볼 수 있는데 이제 이와 같은 현상을 육안으로 확인하기 어렵고 지표에서 방출되는 에너지의 영향을 받지 않는 구간에 도달한 것이다.

중간권은 아래쪽 공기의 기온이 높아 공기의 대류가 활발하다.

중간권은 대류가 일어나나, 수증기가 희박하기에 기상현상이 일어나지 않는다. 이렇게 알 수 있는 사실은 수증기가 기상현상을 좌지우지한다는 사실이다. 하늘이 이 모든 것을 담고 있다니 정말 하늘은 무안하고 광활하다는 생각이 들었다. 중간권 계면 부근에서 기권 중 최저기온이 나타나며 예쁜 유성을 볼 수 있다.

다음은 태양과 가장 근접한 열권인데 이름부터 뜨거워 보인다.

구간은 높이 약 80~1,000km이며, 높이 올라갈수록 태양에너지에 의해 위쪽부터 직접 가열되기 때문에 기온이 점점 상승한다. 공기가 희박하여 낮과 밤의 기온 차가 매우 크고, 인공위성의 궤도로 이용된다. 극지방의 상공에서는 오로라가 관측되기도 한다.

♡ 하늘은 복잡한 구조

한 번쯤은 하늘의 끝부분이라고 할 수 있는 열권에 가보고 싶다는 생각을 한다. 아니, 어쩌면 나는 높디높은 하늘을 바라봄에도 불구하고 우물 안 개구리라는 생각이 든다.

하늘의 끝자락을 구태여 열권이라 칭한다면, 우리는 그 열권 부근 자체에서 내려다보면 먼지 한 톨도 아닐 터이니 말이다.

어른들은 꿈과 하늘을 연관 지어 하늘처럼 청량하고 광활한 꿈을 꾸라며 말이다. 굳이 수치로 나타내자면 높이 약 50~1,000km인 엄청나게 큰 꿈을 말이다. 수치로 나타내보니 얼마나 많은 꿈을 꾸고 도전을 해야 하늘만큼의 꿈을 꾸게 될까 가늠하며 살짝 웃어 본다.

하늘은 참 복잡한 구조로 이루어져 있구나라는 생각과 동시에 하늘은 우리를 보호해준다는 생각도 들었다. 바로 태양으로부터 내리쬐는 해로운 빛인 자외선을 막아주고, 지구의 기온을 따뜻하게 유지시켜 주며 운석이 지표면에 직접 충돌하는 것을 막아주기 때문이다.

자연재해는 사람이 예측하기도 어렵고 그것을 미연에 완벽하게 방지하기는 어려운 것이 사실이다. 몇 개월 전인 5월 2일, 한참을 떠들썩하게 했던 소행성 '1988 ORM' 지구 충돌은 지구를 멸망시킬 정도의 위력이 있었다 한다. 다행히 궤도를 틀어 최악의 상황까지 야기되지는 않았으나, 상당히 위험한 상황이었다. 기권 즉 하늘이 이러한 일들을 방지해준다니 정말 고마운 친구인 것 같다.

어쩌면 우리가 발 뻗고 잘 수 있는 이유는 하늘의 노력 때문이 아닐까 싶다.

하늘을 보면 참 많은 생각이 든다. 어릴 적에는 우리가 육안으로 보이지 않는 부분에는 하나님이 성을 짓고 살고 있을 거라고 믿었다. 아기자기한 구름이 나타날 때면 천사들이 인형놀이를 하다가 정리정돈을 하지 않고 간 흔적이라며 친구들과 웃었던 기억이 나는데 하늘을 아무런 생각 없이 쳐다보며 웃을 수 있는 그때가 참 그립다. 요즘은 왜인지 몰라도 광활한 하늘을 울적할 때만 응시하며 한숨만 내뿜는 것 같다.

하늘은 꿈을 의미하고, 꿈은 하늘을 의미하는데 아마도 나는 무의식적으로 하늘을 쳐다보며 다시 한번 꿈을 그린 것이 아닌가 싶다. 하늘을 바라볼 때 아무런 생각 없이 바라보는 것보다는 어릴 적 꿈을 회상하며 또는 현재의 목표와 꿈을 그리며 무한대의 꿈을 꾸는 나 자신을 격려해보는 것도 나쁘지 않다는 생각이 든다.

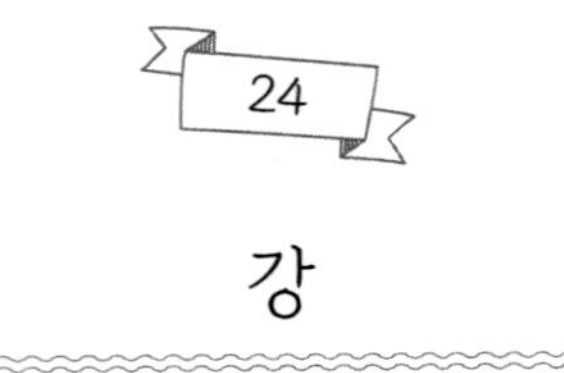

강

사람의 몸은 살과 뼈로 대분되어 건물에 비유하면 골조와 벽채다. 건물을 자세히 보면 전선과 수도관들이 벽채 등에 숨어 있어서 단순 건물만 있으면 죽은 시체와 다를 게 없듯이 사람의 경우 신경계와 혈관계가 있어 먹고 마시는 순간 전신에 퍼뜨리도록 태어나 산다. 오늘의 주제 강은 혈관과 같은 역할을 말한다. 강은 거대한 지구의 혈맥이다. 혈관으로 피가 흐르듯 지구에는 강이 흘러 큰 강은 아마존 미시시피 양자강 등이 있고 우리나라에도 압록강부터 낙동강까지 여러 개의 강이 흐르고 있다. 중요한 것은 혈관이 막히듯 강이 썩고 막히면 땅은 뼈대뿐인 골조처럼 생명을 잃는다. 세계 모든 나라마다 기름진 강을 끼고 있는 등 우리는 강을 배워야 한다.

♡ 강은 우리 몸의 핏줄

오늘의 주제는 강이다. 사실 강에 대해 어떻게 글을 써야 할지 감이 잘 안 잡혔다.

글을 쓸 때 어느 정도 공부해야 원활하게 쓸 수 있는 것은 모든 글에 해당되지만 강과 호수 그리고 바다, 이렇게 물을 담고 있는 세 가지가 무엇이 다른 것인지 잘 몰랐다.

아마 나를 포함한 일반인에게 호수와 강 그리고 바다, 이 세 가지가 어떻게 다르냐고 물어본다면 나와 비슷하게 크기를 중점으로 분류할 것이다.

나 같은 경우도 크기에 따라 분류 기준을 나누었는데, 사실 이 분류 기준에 적합하고 맞는지에 대한 사실 여부는 모른 채 단순히 호수가 제일 작고, 그 다음이 강, 마지막으로 바다가 제일 크다고 생각해 바다를 맨 마지막 순으로 나열해 분류했는데, 강에 대해 배우다 보니 그것이 아님을 알게 되었다.

바다와 강의 차이가 무엇인지 골똘히 생각해봐도 내가 보기에는 크기 차이인 것 같았는데 아주 단순한 이유로 강과 바다의 차이를 나누었다.

♡ 물이 짜면 바다

바로 '짠 물'을 담았는지 안 담았는지에 대한 기준이다. 그러고 보니 바다는 얼지 않는데, 강은 겨울이면 꽁꽁 얼어 스케이트를 타거나 꽁꽁 언 강 위에서 겨울 낚시를 즐길 수 있다. 이것이 바다와 강의 큰 차이이다.

더 놀라운 점은 이것을 초등학교 1학년 과학 시간에 배운다는 점이었다. 초등 1학년이 배운다는 점에서 놀란 게 아니라 나도 분명 초등학교 1학년 시절이 있었는데 기초 지식인 강과 바다의 차이점을 단순히 크기로만 판별했다는 점에 정말 놀랐다.

크기로 판별하는 것도 어쩌면 맞는 방법이지만, 정규과정 속 바다와 강의 차이는 짠 물을 기준으로 분류하는 것이니 어찌됐든 가르침을 받는 강과 바다의 차이는 바로 '짠 물'을 담는 곳인가 짜지 않은 물이 담긴 곳이냐의 차이이다. '짜게 된 물'이라니 표현이 참 익살스럽다.

마치 물이 유동적인 특성이 있는 것처럼 귀엽게 표현해 놓았다. 초등학교 1학년 학생의 지적 수준에 맞추어 설명하려다 보니 이렇게 표현한 게 아닐까 싶다.

하여튼, 바다가 짠 이유는 바로 염화나트륨 때문이다. 바닷물을 마셔보면 짜다 못해 쓴 정도다. 사실, 바닷물을 마시기보다는 손가락에 찍어 몇 방울을 먹어보고 말 정도로 짜다.

아무튼, 이 바닷물에 들어있는 염화나트륨이라는 특정한 성분 때문에 바닷물이 짠 것인데 나트륨이라니, 이름부터 짜 보인다.

바닷물은 염화나트륨 즉 소금 때문에 짠데 이것이 염분의 85%라고 한다. 절반 이상을 호가하는 수준이다.

♡ '강'의 정의

물이 흐르면서 물길이 생기는데 이 물길을 따라 흐르는 물이 바로 강이라고 한다. 이것을 바로 하천이라 부르기도 한다. 작은 물길은 '내'고 큰 물길은 '강'이다. 물길의 크기에 따라서 부르는 명칭이 달라지기도 한다.

이런 강이 흐름으로 인해 농업용수와 공업용수 그리고 식수와 발전과 교통에 큰 도움을 준다. 세계 4대 문명이 모두 강을 끼고 있는 지역에서 발달한 것은 좋은 예다.

하지만, 강이 모든 방면에서 이점을 주는 것은 아니다. 홍수 등으로 인해 폐해를 주기도 하는데 이것이 단점이라면 단점이다. 강의 이점이나 폐해 모두 강은 역사적으로 인간의 생활과 깊은 관계를 맺고 있다.

강에 대해 공부하는 나에게 할아버지께서는 지구와 사람의 인체구조는 비슷하다고 말씀하셨다. 할아버지 말씀에 의하면 땅은 살이고 피는 물이라고 하셨다. 피는 물이며 강은 혈관이라 했다. 사람에게 있어서 없어서는 안 될 존재가 혈관이듯 강도 그러하다.

지구도 그렇다. 지구의 물은 지구의 원동력이 되고 모든 생명체의 근원이 된다. 이렇듯 강의 역할은 생명의 근원이라 볼 수 있겠다.

♡ 강의 이용

강의 이용은 강에 흐르는 물의 양이나 빠르기, 수질, 수온 등은 강 유역의 크기와 형태, 강수량 · 지형에 의해 결정된다. 특히 강의 이용에서는 흐르는 물의 양의 변화를 매우 중요하게 생각한다. 이는 흐르는 물 양의 변화가 적을수록 편리하기 때문이다.

우리나라는 여름철에 홍수가 많이 나는데 이것 역시 한 해 동안 흐르는 물과 내리는 비의 양이 고르지 못하기 때문이다. 서해와 남해로 흘러드는 강은 바다와 만나는 곳 부근에서 밀물과 썰물의 영향을 많이 받는다. 따라서 물의 높이가 주기적으로 오르내린다.

이러한 강은 강과 바다의 접합 부근의 논밭에 염도가 증가하므로 농작물에 피해를 입힌다.

앞서 강은 이점과 폐해 모두 우리 삶에 많은 영향을 끼치는데 오늘날 세계 여러 나라는 강을 보다 효율적으로 이용하기 위해 다목적 댐 건설, 홍수와 가뭄피해와 전력을 얻거나 관광 자원으로 이용된다. 또한 교통로로도 이용된다. 또한 강을 공부하면서 안 새로운 사실이 있는데 바로 강의 상류와 중류 그리고 하류에 따라서 돌의 크기나 생김새가 달라진다는 것이다.

♡ 강의 상 · 중 · 하류

상류의 경우는 물의 흐름이 빨라서 강 폭이 좁다. 따라서 돌은 크고 울퉁불퉁하다. 강의 중류의 경우 강 폭이 넓어지면서 물의 흐름도 느려진다. 따라서 돌은 부딪치고 돌에 깎여 둥글어진다.

하류의 경우 강물은 아주 천천히 흐르고 폭이 매우 넓기 때문에 돌은 아주 작게 쪼개져 둥글둥글한 자갈이 되거나 또래에 가깝게 된다.

강은 정말 방대한 영역에 걸쳐 영향을 미치는 것 같다.

돌의 모양새를 바꾸기도 한다니, 생명의 근원 역할을 할 뿐만 아니라 어쩌면 생태계를 구성하는 무생물과 생물의 보금자리 또한 그 형태를 만들어주는 중요한 존재가 아닐까 생각한다.

강의 일생은 유년기의 초기, 유년기의 중기, 장년기의 전기, 장년기의 후기부터 노년기까지 나누어지는데 유년기의 초기는 호수 · 폭포 · 여울의 상태이며 이 상태부터 강이 만들어진다.

유년기의 중기의 경우 골짜기가 V자로 만들어져 V자 습곡을 만들게 된다. 과학 시간에 시험 문제로 나왔던 문제인데, 여기서 이 문맥을 다시 한번 보니 반가운 것인지 아는 지식이 나와 안도감이 든 것인지 신기했다.

장년기의 전기는 운반 작용으로 폭이 넓어지게 된다. 적극적으로 풍화와 침식작용이 일어난다는 것이다. 장년기의 후기의 경우 강은 범람원을 만들고 멋대로 꾸불꾸불 흐른다. 공부하면서 여러 사진도 보고 강에 대해 공부했는데 V자 습곡에서 S자 습곡으로 서서히 바뀌어 간다. 장년기 후기부터 노년기에는 흐름은 느려지고, 여러 곳에 초승달 모양의 호수를 만든다.

♡ 강의 일생

강의 일생은 이렇게 흘러가는데 정말 신기하다. 물이 풍화와 침식의 작용을 이루면서 돌의 모양을 바꾸고 점점 세월이 흘러 물이 흘러가고 나무에게 물을 공급해준다니 말이다.

마침내 이렇게 강에 대해서 공부하다 보니 우리나라 강에 관심을 가지게 되었다. 크게 총 5개의 강이 있는데 의외로 '이 강이 우리나라 강이라고?' 하는 강도 있었다.

그 5개 강의 주인공들은 낙동강과 섬진강 그리고 한강, 두만강, 압록강 그리고 대동강인데 다른 건 몰라도 대동강은 우리나라 강이 맞나 아닌 것인가 의아했다.

대동강은 평양 시내에 있는데 북한은 민족 차원으로 보면 우리가 같은 민족이자 같은 혈통을 가진 사람들은 맞다. 같은 한글을 쓰고 있으니 말이다. 하지만 찰나에 적대국으로 바뀌어버린 북한이 과연 정서상 우리나라라고 할 수 있을까.

내가 살아가는 나라는 대한민국이다. 그러므로 내가 부르는 나의 나라는 대한민국이다. 우리가 백두산을 쉽사리 갈 수 있는가? 대답은 아니다. 참 안타까운 현실이다.

이런 이야기는 나중에 다른 주제에서 다루기로 하고 두만강은? 하여튼 우리나라 강으로 따진다. 낙동강은 겨울 철새의 잠깐 보금자리가 된다. 섬진강은 비가 많이 내리고 한강은 사람들의 휴식처로도 이용된다.

이처럼 강은 각자의 자리에서 제 할 일을 다 하고 있다.

바라만 보아도 그 자체로 휴식이 되는 강을, 그리고 아무것도 해주지 않아도 생명의 근본이 되어 원활하고 완만한 생활을 이루게 해주는 강.

사람으로 따지자면 피와 혈류와 같은 강. 지구에 없으면 안 되는 필수불가결한 존재인 강을 다시 한번 다른 관점으로 우리의 친구처럼 편하고 소중하게 대해주는 것은 어떨까?

물이 인간에게 필요한 존재이듯, 인체에 있어 피는 없어서는 안 될 존재이듯, 지구에게 있어 물은 필요한 존재이듯, 어디서도 없으면 안 되는 강의 소중함을 다시금 좀 더 배워서 강에 대한 이해와 고마움을 깨닫겠다는 마음이다.

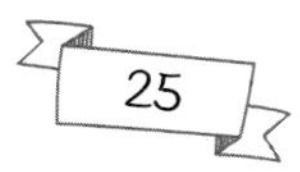

불

KEYWORD

아주 조금 지구를 아는 것의 시작에 불과했어도 이제 그 엄청나게 많은 지구 주제의 글 마지막으로 '불'을 주제로 공부하자. 불 하면 보통은 화재를 떠올리기 쉬우나 화재와는 성질이 매우 다른 전기와 에너지의 근원 등, 불 공부는 과거보다 미래를 살 인류 문명의 이기 가운데 으뜸이라고 보라는 것이 불이다. 때는 전기자동차가 달리는 중이다. 또 전자 칩과 우주선도 그 자체가 변형된 현대판 불, 즉 에너지의 산물이다. 그러니 불로 밥을 짓고 고기나 구워 먹던 인류는 불과 전기에 이어 풍력을 통한 불의 효과까지 삶의 수단과 문명의 이기로 사용하며 살아간다. 마그마도 에너지가 되고 화산폭발도 에너지가 되는 날이 오지 않을까?

♡ 불과 문명

불이라고 하면 인간 문명에 큰 발전을 기여한 물체라고 볼 수 있다.

불이라고 하면 또 우리 생활에 정말 밀접한 것이며 불의 특징을 이용해 우리 생활을 보다 편리하게 변화시키므로 우리 생활에 있어 없어서는 안 될 존재임을 누구나 알고 있을 것이다.

우리 조상들이 처음부터 불을 손쉽게 이용한 것은 아니었다. 많은 노력과 활용 끝에 불이라는 특징을 이해하고 불을 이용해 생활에서 유익을 누릴 수 있었다.

불은 원시시대의 인류를 다른 영장류로부터 구별하는 물체로 볼 수도 있다. 불은 인류에게 막대한 에너지를 주는 물체이기 때문이다. 대표적인 예로, 불은 온난함과 조명, 그리고 음식물을 조리할 수 있게 해주었고 불은 또 도구로 이용되기도 하였으며, 금속에 대한 지식도 증진해주는 하나의 물체로 통용되었다.

♡ 화재

불 즉, 화재가 발생하는 것은 대기 물질 균형이 깨지므로 발생한다고 할 수 있다. 고열이 산소와 화합하면 높은 온도로 빛과 불을 내며 타는 것이니 정상적인 그 환경을 뚫고 물질이 화합하며 비정상적인 환경을 구성하기 때문이다.

균형이 깨진다는 것은 거의 부정적인 의미로 생각한다. 실로 그런 것이, 물질과 물질 간의 균형이 깨진다는 뜻이기 때문이다. 비(非)생물적 요인과 생물적 요인이 함께 균형을 이루며 사는 생태계도 균형이 깨지게 된다면 흔히 말하는 생태피라미드의 삼각형 구조가 깨져버릴 수 있다.

생태계 균형이 깨지면 우리 인간 생활에도 많은 피해를 입히게 되는데, 이 예가 균형이 깨진다는 것의 대표적인 예라 할 수 있겠다.

또한, 우리는 화가 났을 때 '속에 천불이 난다.'라는 표현을 쓰기도 한다. 또는 '불같은 사람', '불같이 화를 낸다' 등의 표현으로 불이라는 특징을 강조해 그 사람의 성격이나 면모를 돋구기도 하는데 속에 천불이 난다는 것은 말 그대로 화가 무진장 났다는 뜻으로 평화로운 감정에 무언가 균형이 깨졌다는 말이기도 하다.

불은 우리 일상생활에 많은 영향을 끼치기 때문에 잘못하면 큰 인명 피해로 이어질 수 있다. 한반도 면적을 불태운 2019년에 시작된 호주 산불은 2020년 2월에 화재 진압에 성공했지만 거멓게 불타버린 산의 자태는 끔찍하기 그지없었다.

호주 산불의 원인은 많은 학자가 기후 변화라고 예측하고 있다.

♡ 불, 생활에 잘 이용하면

앞서 예시로 든 호주 산불처럼 불은 우리 생활에 잘 이용하면 충분히 이점이 될 수 있는 특징이 있지만 그 특징이 우리의 생활에 피해를 끼칠 수도 있다.

작년쯤이었을 것이다. 몸이 너무 안 좋아 학교를 조퇴하고 나성동에 있는 병원에 가기 위해 버스를 타고 딱 내리자 이유를 모르는 도담동의 하늘과는 달리 검은 구름이 대기를 뒤덮고 있었다.

먹구름이 나성동에서 도담동으로 이동하려는 찰나인가 싶었는데 그때 코끝을 찡하게 하는 쾌쾌한 냄새가 났다. 마치 차례가 끝난 뒤 지방을 태우던 그 냄새와 유사한 것이, 무언가가 타는 듯한 냄새와 비슷했다. 숨이 탁탁 막혀 잘 쉬어지지 않았다.

병원에 들어서면 냄새가 괜찮아지겠지 했는데 병원에 들어서서도 불쾌한 냄새는 사라지지 않았다. 병원 안에서 진료를 대기하는 환자 모두 이게 무슨 냄새냐며 각자 입을 열기 시작했고 얼마 안 되어 인근 건물에서 화재가 났다는 것을 알 수 있었다.

단순히 화재로 인해 어떠한 물체가 타는 것뿐만 아니라 화재로 인한 유독가스가 반경 범위보다 훨씬 더 많은 피해를 입히기도 한다.

이렇게 화재는 많은 이유로 일어난다. 화재 원인을 공부하다 문득 생각난 것은 옛날 우리 조상들도 손에 꼽을 만한 그런 화재가 있었을지 궁금했다.

지금이야 화재가 났다 하면 신속 대응을 해주시는 소방관 분들의 노고 덕에 대응만 잘한다면 인명 피해는 최소한으로 줄일 수 있겠으나 옛날에는 물로 화재를 진압하는 것이 최대한의 방법이라고 생각했기 때문이다.

찾아보니 역사상 처음 화재가 사료에 기재된 것은 132년 신라 제6대 지대왕(지마 이사금) 21년에 궁궐의 남문에 불이 난 경우이다.

♡ 신성한 불

그 다음은 333년 백제 제11대 비류왕(비류, 온조와 다름) 30년 5월에는 별똥이 떨어져 왕궁에 불이 났고 그 불이 민가에까지 번졌다는 내용이 삼국사기에 적혀 있다. 이것을 천화(天火)라고 하는데, 천화는 재이(災異)설에 포함한다고 한다.

예로부터 우리 조상은 불을 상상력의 대상으로 생명력 또는 창조력의 상징으로 여겼다고 하는데, 불 그 자체를 청정한 힘과 정화한 힘으로 여겨 신을 숭배하는 것처럼 신성하게 여겼다고 한다.

이러한 불의 상징적 의미가 가장 잘 나타나는 경우는 전통적인 놀이와 세시풍속이다. 가장 잘 알려진 세시풍속으로는 정월대보름 전날 밤의 불놀이를 예로 들 수 있는데, 흔히 '쥐불놀이'로 알려진 이 놀이는 정월 열 나흗날 밤에 아이들이 논둑과 밭둑에 불을 지르고 노는 것이다.

이 기록들이 꼭 일치하는 것은 아니나 민간에서 고사를 지낼 때 소지, 즉 지방을 불태우는 행위와 제사 등에 향불을 피우는 일은 모두 불이 가지고 있다고 믿는 신통력을 빌려 하늘과 땅, 이승과 저승, 산 자와 죽은 자를 서로 통하게 하려는 노력이다.

친할아버지 제사를 모두 마치고 할머니께서 한 마디 하셨는데 다음 제사부터는 꼭 큰 촛불을 제사상에 두어야겠다는 말씀이었다. 이유를 물어보자 죽은 사람이 제삿밥을 먹기 위해 이승에 잠시 올라올 때 흑막같이 어두운 길을 걸어오게 되는데 그때 이 촛불이 그 어두운 길을 밝혀준다는 미신이 있기 때문이라고 하셨다.

♡ 신이 노하여 일어난 불

또 다른 재미있는 일화로는 1090년 선조 7년 3월에 번개를 맞은 신흥창에 화재가 일어났는데 화재 사실을 안 어사대가 "화재의 일어남에는 반드시 조짐이 있었을 터인데, 어찌 그런 보고가 없었는가?"라며 추궁했다고 한다.

갑작스럽게 일어난 화재의 경우 하늘이 내린 천벌이라고 생각한다고 해 우리 조상들은 예로부터 재이설이 일어나면 신이 노하였다고 생각했다 한다.

선조들은 이것을 불귀신이 노하였다고 하여 하늘을 향한 천제를 지내기도 했다.

♡ 균형과 불

그만큼 위력한 불을 잘 다스리고 조절할 수 있는 사람이야말로 균형을 잘 잡는 사람이 아닐까 싶다. 불은 곧 균형의 전유물로, 앞서 말했듯 균형이 깨지면 불이 순식간에 번지는 것처럼 말이다.

공부하는 도중 인간의 문명 생활에 가장 큰 영향을 끼치는 불의 관여는 바로 '철의 제련' 과정 속 불의 역할이다. 사실상 불이 직접적으로 관여하지 않고 열풍 즉, 불로 인한 뜨거운 바람을 통해 철을 제련하는 것이나, 이 열풍도 불로 인해 일어난 하나의 현상이니 불로 분류하도록 하겠다.

하여튼, 철의 제련이란 산화철이 주성분인 철광석에서 순수한 철을 얻는 방법으로 고등학교 학생들은 산화와 환원의 대표적인 예시라고 배웠을 것이나, 이 산화와 환원의 반응에서도 불의 역할이 막대하다.

철광석을 코크스와 석회석과 함께 뜨거운 용광로에 넣으면 선철과 슬래그가 나온다.

이렇게 철의 제련을 통해 인류 문명은 산업혁명에 점진적으로 한 발짝 더 나아갈 수 있었고 결국 산업혁명을 야기하는 것처럼 불의 특징 하나하나가 나비효과로 우리 생활의 많은 방면에 편리함을 주었다.

균형이 깨짐으로 불이 나고 어찌 보면 이례적으로 균형이 깨진 것에 있어 하나의 편리함을 누리는 인간의 모습이 상당히 모순적이라고 할 수 있으나, 이 깨진 불의 균형을 잘 다스리고 더 이상 큰 피해가 야기되지 않게끔 노력하는 것이 인간의 본분이라고 할 수 있겠다.

입버릇처럼 하는 '속에서 천불이 난다.' 같은 말은 모두 감정의 균형과 몸의 균형이 깨져 걷잡을 수 없이 성질이 날 때 쓰는 말이니, 역시 우리 몸의 균형도 불을 어린아이 다루듯이 잘 다루어야 할 것이다.

물이고 불이고 우리 몸과 비슷한 것이 참 많고 생태계의 그 균형은 우리의 몸의 균형과 쏙 빼닮아있다. 흙에서 나 흙으로 간다는 말이 있는 것처럼 말이다.

불을 잘 이용하고 균형을 다스리는 사람이야말로 진화한 사람이자 균형이 잘 맞는 사람이라고 할 수 있지 않을까.

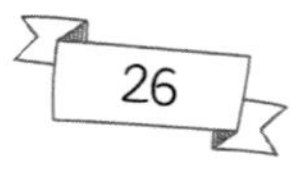

지구 사랑

KEYWORD

제시어를 보고 우리가 지구를 사랑해야 한다고 읽으면 고등학생답지 않아 "지구야 고마워~" 하는 글 수준이라면 미소답지 않다. 지구는 우리가 사랑할 대상 같지만 알고 보면 사랑을 퍼 내리는 대상이라는 걸 알아야 한다. 그간 지구 공부를 했으니 알 거다. 우리가 지구에게 줄 사랑이 열이라면 지구가 우리에게 주는 사랑은 천만이라는 사실. 그러니 천만 가지 감사를 알고 내 할 바 고마움을 알아야 할 것인데 넌 백 가지는 알 것으로 믿으니 요약하는 글로 지구 편을 마쳐보아라. 예를 든다면 지구는 부모의 부모 할아버지시다. 태양을 직장삼아 자녀와 후손들이 살 의식주의 근본 책임을 진다는 사실, 기권 수권 지권 알지? 잘 써보아라.

♡ 지구에게 면목이 없다

할아버지께서는 제시어에서 단순 "지구야 고마워~"라고 하는 수준은 고등학생답지 않다고 하셨는데, 참 면목이 없다.

학교에서 지구 관련 소양 교육을 들으며 꼭 하는 활동은 지구온난화 관련 포스터 그리기 등등인데 그럴 때마다 포스터에 적을 것이 없어 고작 적는다는 게 '지구야 고마워'다.

왜 고마울까? 사실 전에도 이런 비유를 든 적이 있는데 마치 지구는 아낌없이 주는 나무 같다. 워낙에 저명한 책이기에 이 글을 읽고 있는 독자들도 알고 있을 거라고 생각한다.

무분별하게 나무를 사용하는 소년 때문에 나무의 80%가 없어졌음에도 마지막 순간까지 한 소년만을 위해 자신을 내어준 나무에 관한 이야긴데, 나무는 정말 자신의 모든 것을 다 바쳐 주지만 소년은 오로지 받아가기만 한다.

비유를 들자면 지구와 우리의 관계는 아낌없이 주는 나무의 나무와 소년이다. 물론, 아낌없이 주는 나무가 지구이고 우리는 자원을 낭비하는 소년이다.

글의 제목은 지구 사랑이지만 결국 사랑이라고 하기에는 변변찮은 구석이 있어 지구의 사랑이다.

♡ 지구를 위한 행동 맞아?

할아버지께서는 단호하게 이렇게 말씀하셨다. 단순히 쓰레기를 줍는 것이 지구를 위한 행동의 다는 아니라고, 모든 사람이 지구를 사랑한다는 것은 어쩌면 모순된 것이라는 것.

할아버지께서는 또 우리가 까짓것 해봤자 쓰레기 하나 줍는 것은 지구에게 있어 먼지 한 톨보다 작은 존재일 텐데 그까짓 쓰레기 하나 백날 주워봤자 지구가 갑자기 환경오염에서 구제되거나 하지 않는다고 하셨다.

물론 쓰레기를 밖에 아무 데나 버리면 안 되는 것은 사실이지만, 생각해 보면 그깟 쓰레기 하나 줍는다고 지구가 눈에 띄게 달라지는 것도 아니다. 우리는 애당초 끊임없이 쓰레기를 생산하고 있다는 점에서 문제이다.

지구에게 우리는 기생충과도 같겠지. 과학적 이론으로 원숭이가 진화해 사람이 되었다면 지구 입장에서는 고작 해봤자 바나나나 따 먹던 동물이 갑자기 두뇌를 사용하며 급격히 진보하여 기술이 발전하고 그로 인해 자연스럽게 지구 파괴가 가속화된 것.

할아버지께서는 이러한 지구와 인류의 관계를 부모와 자식 관계라고도 표현하고 있다. 지구가 하나님의 대리 역할을 하고 있다고 하셨다. 지구는 우리에게 근본적으로 살아갈 공간을 내어주고 아낌 없이 내 준다는 것에서 우리의 부모와 비슷하다는 말씀이다.

우리는 부모에게 자식이라는 이유만으로 보살핌을 받지만 그것이 익숙해져 있어 단순히 고맙다는 인사조차 하지 않는다. 어버이날에 드리는 카네이션과 편지는 이제는 더욱 형식적이 되어가니, 고마움을 모르는 내 자식이 짐승과도 같을 것이다.

지구도 그렇다. 부모는 단순히 몇십 년을 도맡아 키웠지만 태초에 하나님이 6일에 걸쳐 지구를 만들어 놓고 아담과 하와를 만들어 그들이 살 공간을 만들어 주었다.

하나님이 처음으로 만든 것이 하늘 등 지구이고 그 마지막이 사람이니, 태초의 인간부터 지금의 인류까지 지구는 우리를 끌어안고 살아온 것이나 마찬가지다.

♡ 결국 보여주기식

그러한 지구에게 단순히 우리가 하는 것은 학교에서 소양 교육에 불과해 포스터 정도나 만들고, 심지어 이 포스터도 잘 그린 것들만 학교에 잠시나마 전시한 다음 폐기하고 나머지 포스터들은 집에 가져가라며 학생들에게 각각 자신의 작품을 손에 쥐어주는데 이마저도 짐이라며 길 가다가 버린다.

분명 지구를 위해 캠페인 하는 것인데 어찌된 것이 쓰레기를 더 생산하고 있으니, 만약 지구가 말을 할 수 있다면 우리에게 열과 성을 다해 사람들 귀에 피가 나도록 욕을 한다는 것이 나의 생각이다.

할아버지는 이렇게 말씀하셨다. 우리가 부모에게 할 수 있는 가장 최고의 효도가 감사함을 표현하는 것처럼 기본적으로 지구에 대한 감사함도 알아야 한다고 말이다. 이것이 정신교육의 문제이다.

부모에게 최고의 선물이라고 돈을 주고 물량 공세를 하는 것도 삶을 풍요롭게 해 줘서 또 다른 감사의 물결을 느낄 수 있겠지만, 그마저도 역시 '감사'하다는 원초적인 감정(효심)을 표현할 줄 알아야 한다는 것이다.

♡ 난 당연한 줄 알았지

이 글을 쓰기 전까지 나는 내가 지구에 대해서 감사함을 당연히 느끼는 줄 알았다. 하지만 심지어 유치원 때부터 지구를 사랑해야 한다느니, 지구를 보호해야 한다느니 많은 캠페인에 참석해 왔지만 딱히 감사하다고 생각한 적은 없는 것 같았다.

당연히 내가 태어났을 때부터 지구는 나에게 발을 디딜 공간을 제공해주고 아무런 노력 없이도 밖에 나가면 보이는 것이 산과 나무였기에 내가 누리는 이 지구 환경이 당연인 줄만 알았다.

음, 참 표현하기가 애매하다. 사실 어떻게 따지고 보면 우리가 태어나기 전부터 인류와 공존했던 것이 지구 환경이기 때문에 이것을 당연하게 인간이 누릴 수 있는 것이라고 해야 할지… 사실 인간'만' 누린다고 보기에도 뭔가 이상하다.

감사해야 할 것이 많다. 불현듯 우리가 누려왔던 것들이 어쩌면 당연하게도 우리와 맞닿아 있는 것들에게도 필히 감사해야 할 줄 알아야 한다.

자원은 무한한 존재가 아님에도 우리가 이렇게 사용할 수 있다는 것에 대한 감사를 해야 한다. 추수감사절에 음식을 하나님께 올리며 감사하다고 기도하는 것처럼, 농사를 잘 짓게 해준 하나님께 대한 감사도 당연하지만 근본적으로 농사를 지을 수 있는 원천을 내어준 지구 환경에도 감사를 표해야 한다는 것이다.

하나님이 우리를 위해 만드신 세상이자, 이 지구 환경은 하나님의 대리자이니 당연히 감사하는 것은 성경 말씀이며 곧 이것이 하늘의 법이라고 할 수 있겠다.

사실 우리가 고마움을 표현한다고 해서 각자가 쓰레기를 줍는다, 분리수거를 잘 한다, 이러한 행위들이 이른바 '나비효과'라 하여 조금의 영향력이 있을 수는 있겠으나, 할아버지가 말씀하시기로는 고작 많아 봤자 몇 Kg에 달하는 사람이 지구를 지탱하는 힘이 어떻게 있냐는 말씀이시다.

나도 참 멍청하다고 해야 할지, 이리 무지한 게 많은지 이 세상의 인구가 몇인데 지구 무게 하나 지탱 못 하고 헥헥 대겠나 싶었지만 뉴턴의 만유인력의 법칙을 통해 지구의 대략적인 무게를 가늠해보니 1,000(6.0×1024)Kg이란다.

생각한 것보다 많이 나가는 수준이다. 6하고도 0이 24개나 더 있다고 생각하면 대충 어림짐작할 수 있겠다. 거기에 추가로 우리 인간들의 몸무게까지 합해서 우리를 모두 짊어지고 있는 지구는 과연 대단하다고 할 수밖에 없는 지경이다.

그런데 정말 지구 환경에 관련한 문제가 심각해진 것이 지구의 평균 온도가 높아졌다는 것이다.

♡ 지구 왈 "너희 왜 그래?"

지구가 더위 먹었다. 열병이 들었다는 것이다. 한 TV 프로그램을 보며 알 수 있었는데, 고작 1도가 뭐가 문제냐는 사람들의 여론에 이렇게 대답했다. 지구 전체 온도 1도를 순전하게 핵폭탄으로 높이기 위해서는 1초 동시에 핵폭탄 4개를 터트려야 한다고 한다.

공부해 보니, 실제로 현재를 기준으로 0.4도가 높아지면 티핑 포인트라 하여 더 이상 예측도 조절도 안 되는 시점이 야기된다고 한다. 조절은 불가피해도 예측은 할 수 있었던 우리였는데, 예측조차 안 된다니… 속수무책이다.

이렇게 무시무시한 현상이 지난 200년간 지속되고 있었다는 것인데, 참 모순되고 웃긴 것이 그런 이야기를 하며 지구 환경 문제에 대해 심각성을 느끼는 패널들이 에어컨을 빵빵하게 튼 카페에서 일회용 컵과 플라스틱 빨대를 통해 커피를 마시고 있다.

사람들이 얼마나 간과하고 있는지를 보여주는 수준이다.

떡 먹으면 안 된다고 하는데 앞에 다과로 떡이 놓여 있는 셈이나 마찬가지다. 나라고 지구 환경에 엄청난 열과 성을 쏟아 부은 것은 아니다. 심지어는 감사할 줄도 모르는 사람이었기 때문이다. 감사할 줄도 모르는 사람이 지구 환경 문제점을 통찰하고 이 문제점을 바로 잡기 위해 행동할 수나 있을까?

♡ 감사가 우선이다

먼저 우리는 첫 번째로 감사함을 느낄 수 있는 지식이 있어야 한다.

감사는 돈이 안 든다. 또한 감사를 통해 더욱 긍정적인 시선으로 세상을 바라볼 수 있다. 또 감사는 초월적인 힘을 지니고 있는 것 같다. 우리에게 식별할 수 있는 혜안의 힘을 길러주고, 실행에 옮길 수 있는 힘이 되어준다.

사실 지구 환경에만 감사를 느껴서도 안 된다. 다만, 내가 원초적으로 살아갈 수 있는 터전을 부여하는 지구 환경에 감사할 줄 아는 사람이라면 아마 세상 만사에 감사하는 사람이 아니겠는가? 더 높이 올라가 하나님께도 감사할 줄 아는 사람이어야 하는 것이 아닌가?

우리는 이런 마음가짐을 가지고 살아야 한다. 그것이 곧 하나님의 뜻이라 할 것이다.

나 래 패

박 미 소

세종인성학당 방송반 1기생
세종양지고등학교 방송부장

이 학생은 세종인성학당 방송반 1기생으로, 말하기, 글쓰기, 영상 만들기에 힘써 일찍(초등학교 3학년)부터 수백여 회 각종 행사의 사회자로 드림아나운서의 꿈과 재능을 키워온 가운데, 전국, 세계, 문화 역사 교육의 중심지를 찾아 영상 리포터로도 활약했던 그 성실함과 열정을 치하하는 동시에, 금번 1년여에 걸쳐 1일 10시간씩 240,000자의 이 어문저작물 '여고나래'를 탈고 출간함을 더욱 높이 칭찬하면서, 더 튼튼한 인격과 지식의 나래를 펴 이웃, 국가, 인류의 인성 도아에 크게 이바지할 것을 믿어 응원하며 치하하고 우리 학당의 당교(교수)로 임명하면서 이 패를 준다.

2021년 8월 31일
세종인성학당장/작가
천 광 노

여고나래

초판인쇄 2022년 6월 20일
초판발행 2022년 6월 20일

지은이 박미소
도운이 천광노
펴낸이 채종준
펴낸곳 한국학술정보(주)
주 소 경기도 파주시 회동길 230(문발동)
전 화 031-908-3181(대표)
팩 스 031-908-3189
홈페이지 http://ebook.kstudy.com
E-mail 출판사업부 publish@kstudy.com
출판신고 2003년 9월 25일 제406-2003-000012호

ISBN 979-11-6801-503-6 03300

책에 대한 더 나은 생각, 끊임없는 고민, 독자를 생각하는 마음으로 보다 좋은 책을 만들어갑니다.